冲突与未来

向晓凌 著

华夏出版社
HUAXIA PUBLISHING HOUSE

图书在版编目（CIP）数据

冲突与未来 / 向晓凌著. —北京：华夏出版社有限公司，2022.5
ISBN 978-7-5222-0240-2

Ⅰ.①冲… Ⅱ.①向… Ⅲ.①军事战略—理论研究 Ⅳ.①E81

中国版本图书馆CIP数据核字（2021）第261015号

冲突与未来

作　　者	向晓凌
责任编辑	刘　伟
责任印制	周　然

出版发行	华夏出版社有限公司
经　　销	新华书店
印　　装	三河市万龙印装有限公司
版　　次	2022年5月北京第1版
	2022年5月北京第1次印刷
开　　本	880mm×1230mm　1/32
印　　张	11.625
字　　数	230千字
定　　价	78.00元

华夏出版社有限公司　地址：北京市东直门外香河园北里4号
　　　　　　　　　　　　邮编：100028　　网址：www.hxph.com.cn
　　　　　　　　　　　　电话：（010）64663331（转）

若发现本版图书有印装质量问题，请与我社营销中心联系调换。

前　言

　　人类社会自产生以来，就一直纷纷扰扰，冲突不断，伴随了人类文明漫长的发展过程，其中既形成了特定文明兴起、发展和消亡的历史，也构成了不同文明互动成长的历史，并且在政治、经济、社会、宗教、科学和文化等各个领域呈现出对立统一的发展规律，反映了不同时代的人类经验和社会面貌。当我们穿越时空，对过去数千年的文明史进行考察，我们就会发现，人类不仅塑造了他们生存的世界，也不断地被他们生存的世界所改变。不同的民族与地区、不同的环境与接触交流的方式，以及历史中不同的困境所形成的各种冲突，决定了人类社会复杂的演变过程。有时，是一些独立的重大事件决定了未来，如部落时代的族群融合（联合）、王朝时代的民族大迁徙、欧洲文艺复兴、拿破仑战争和美国用原子弹轰炸广岛，等等；有时，则是经历了成百上千年的历史锤炼，需要经历数代人甚至十几代人的精心谋划和艰苦卓绝的斗争才能争取到未来，如罗马帝国的建立、秦始皇统一中国、蒙古帝国的扩张以及美国全球霸权的兴起，等等。但无论是什么样的重大事件和历史过程，围绕它们的产生与发展，都无一例外是各种冲突所产生的结果。因此，冲突是人类社会历史发展进步的重要枢纽，研究冲突是

冲突与未来

我们理解过去、现在和未来的钥匙。

首先，是围绕物质世界的冲突（包括食物、土地、资源和生存环境等）。史前时期的历史几乎都是围绕争夺生存利益而发生的，不同族群或不同部落之间的冲突，以及他们的兴衰消亡，构成了人类几十万年乃至数百万年的历史。根据历史学家们的研究推测，那是一个蛮荒丛生的时代，一切冲突的目的都与物质利益直接相关。在经历了长期的无序发展和无数的冲突之后，一些民族不断融合而强盛起来，形成了后来的国家（王国），而更多的族群则消失在历史长河中。即使在人类文明出现之后，这样的冲突仍持续了数千年之久，直到今天也没有消失。这一点已得到了有文字记录以来的历史的反复证明。历史学家认为，人类文明肇始于东方的大河流域和西方的沿海地区，前者最早出现在五六千年前的西南亚和东北非地区，如底格里斯河与幼发拉底河之间的美索不达米亚文明、尼罗河畔的埃及文明以及黄河流域的华夏文明等，它们因此成为当时人类冲突最为激烈的地区。比如，苏美尔人最早在底格里斯河与幼发拉底河流域的三角地带建立起了城市，乌尔城就是其中的代表。大约在公元前2340年，来自北部的阿卡德人的持续入侵，摧毁了苏美尔文明。此后的2000多年间，由于这个地区非常富庶，一直历经着巨大的动荡，巴比伦人、赫梯人、迦勒底人、米堤亚人和波斯人在这块土地上轮番登台、血战不休，目的都是追求成为该地区的主宰。①后者以地中海文明为代表,是由米诺斯人以克里特岛为中心,在公元前3000年—前2000年建立的海上文明,后遭多利安人的入侵而衰落(发生在约公元前1200年—前1000年)。三百年后,希腊人开始出现,并迅速发展强盛起来,此后该地区就是希腊城邦国家之间的长期冲突。②而从公元前509年起,罗马人开始崛起,他们在摆脱伊特鲁里亚人的统治而独立后,经过数百年的征战扩张,逐步建立起了对意大利半岛、西地中海地区、整个地中海盆地乃至欧洲大部分地区的统治,时间长达近千年之久(公元476年西罗马帝国灭亡)。③华夏文明也同样如此,在约公元前3000年—前2000年,我国黄河、长江流域一带居住着许多氏族和部落,经历长期的冲突之后,最后是黄帝部落成为该地区的主宰,从而决定了今天中华民族生存的基本格局。因此,人类从原始社会末期到整个奴隶社会和封建社会时期,围绕争夺领土和资源,血腥的冲突持续上演了数千年,直到20世纪的两次世界大战,西方列强还在为了争夺殖民地大打出手,战火几乎遍布世界的各个角落。即使到了21世纪,世界上还有许多地区存在着领土、资源和海洋权益争端,而这些争端导致冲突(战争)的可能性仍居高不下。尤其是当这些争端与意识形态、霸权主义交织在一起时,将对

---

① 丹尼斯·舍曼、A.汤姆·格伦费尔德、杰拉尔德·马科维茨、戴维·罗斯纳、琳达·海伍德:《世界文明史》,李义天、黄慧、阮淑俊、王娜译,中国人民大学出版社2012年版,第1页。
② 同上,第74页。
③ 同上,第101页。

世界和平与发展构成严重威胁。

其次，是围绕意识形态斗争所导致的冲突。意识形态是伴随着人类社会的产生而出现的，它是对客观世界的映像和反映，因而是一种存在于人类社会历史长河中的普遍现象，并伴随着人类社会的进步而不断丰富和发展，经历了从无到有、从简单到复杂、从迷信到科学的过程。发展到20世纪，意识形态已经达到了一种无处不在的地步。因此，以历史的眼光来看，它对人类社会冲突的影响呈逐渐上升的趋势。如果说人类社会早期的冲突主要是围绕"物质世界"展开，那么在这一时期意识形态对冲突的影响则相当简单、模糊，因而只是辅助性的因素。今天，虽然冲突仍然围绕着"物质世界"而展开，但意识形态因素的影响则日益上升，变得越来越强烈，甚至已成为更重要、更主要的因素。比如，"冷战"时期的美、苏对抗就是如此，它是自法国资产阶级大革命以来，资本主义意识形态与社会主义意识形态斗争愈演愈烈的结果。从早期阶级意识的觉醒，到阶级斗争的实践，在经历了两次世界大战的"催化"之后，形成了由社会主义意识形态所主导的国家治理模式，最后发展成社会主义国家与资本主义国家之间的全面对抗。事实上，这一时期的意识形态斗争已经深刻反映了无产阶级和资产阶级、无产阶级政党与资产阶级政党以及两种不同政治制度之间的全面冲突。而且，20世纪的国际秩序也与意识形态斗争有着密不可分的历史联系，尤其是社会主义意识形态在全世界的广泛传播，对于世界落后民族（国家）反对殖民主义和民族解放运动的蓬勃发展起到了思想向导的作用，极大地推动了人类社会的进步与发展。同样，苏联的解体以及"冷战"的结束，本质上也是两种意识形态斗争的结果，表明了国际共产主义运动所遭遇的重大挫折。进入21世纪后，在经济全球化浪潮的推动下，世界各国之间的政治、经济联系日益紧密，形成了人类社会既共同拥抱普遍共识，又充分地接受和尊重不同地区的历史和文化现实——因为任何一个国家都不可能独立解决日益增多的全球性问题，包容、合作、共赢与共享将成为历史发展的必然趋势。这一现实背景决定了人类社会即将出现一种全新的意识形态，从而为超越现有意识形态斗争、避免大国冲突的历史重演以及建立新的国际秩序奠定基础。基辛格认为："要建立真正的世界秩序，它的各个组成部分在保持自身价值的同时，还需要有一种全球性、结构性和法理性的文化，这就是超越任何一个地区或国家视角和理想的秩序观。"[1]毫无疑问，如果这样的发展趋势得以成为现实，人类社会必将进入一个全新的时代。毋庸讳言，在实现这样一个目标的过程中，伴随着旧秩序的瓦解，必然要面临一个全球性冲突日益增多的时期，尤其是大国冲突的风险将随之上升。因此，人类社会的发展何去何从，是对我们这个时代政治家的重大挑战。

当然，在今天这样一个世界里，任何冲突都是上述两个方面的交织互动，这也使冲突的产生、发展、演变更为复杂。历

---

[1] [美]亨利·基辛格：《世界秩序》，胡利平、林华、曹爱菊译，中信出版社2015年版，第489页。

冲突与未来

史表明，人类社会从它产生的那一天起，就充满着变化和冲突，人类不断在建立秩序和破坏秩序的历史过程中确立自己的存在，既适时地建立秩序，又适时地破坏秩序，周而复始，直到今天。在早期，这一过程主要服从人类出自"本能"的意志。到了原始社会末期，由于人们对于大自然的惊异以及对自身命运的困惑不断加深，对冲突的理解开始受到迷信和神秘主义的影响，但决定冲突的主要因素仍然是客观利益。到了封建社会，宗教信仰日益成为禁锢人类意识形态的工具，对社会冲突的理解完全为统治阶级所垄断，冲突也主要发生在统治阶级和被统治阶级之间，但使被压迫人民开始有了自我意识的觉醒。中世纪之后，随着欧洲文艺复兴运动的发展，人文主义意识开始成为一股强大的思潮，促进了人类自我意识的大觉醒，人类开始日益关注个人与社会的关系。而17、18世纪欧洲自然科学和资本主义的发展，使科学世界观的产生成为必然的趋势，这极大地推动了世界范围内的社会革命，不仅产生了资本主义意识形态，也逐渐发展出了与之对立的社会主义意识形态，各种社会思潮也如雨后春笋般涌现。广大人民的意志逐渐成为一切冲突产生、发展、演变和结局的决定性因素，如19世纪的资产阶级革命战争、20世纪的人民革命战争和民族解放斗争的胜利就证明了这一点。因此，当代国家利益、民族利益、社会利益以及集团利益日益与广大人民的意志密切相关，物质世界与意识形态因素已经成为推动人类冲突潮起潮落的左右手，它们之间相互联系、相互作用，缺一不可，而意识形态似乎更成为冲突各方加以充分利用和积极影响的对象，谁能站在历史发展趋势的最高处，谁就能获得最后的胜利。

当今时代，历史潮流滚滚向前，如何认识和把握冲突产生、发展的规律，顺应时代要求，既是实践给我们提出的重大课题，也是战略理论研究的重要领域。本书试图透过历史的迷雾，寻找通向未来的道路。全书分为10章，包括历史的启示、对与错、冲突的历史逻辑、利益及利益观念的影响、不断产生的意识形态对抗、霸权主义、多边主义、变化的秩序、战争与和平、通向未来的道路。由于这一课题研究难度很大，笔者只是作了一个初步的探讨，不足之处在所难免。本书仅是抛砖引玉，希望为这一领域的深入研究贡献自己绵薄的力量。

本书系国家社会科学基金军事学重大项目（新时代军事战略理论创新研究）（2019-SKJJ-A-011）资助完成的成果，衷心感谢来自国防大学国家安全学院及军事战略教研室同仁的支持与帮助。

向晓凌

2021 年 8 月 2 日于北京

目 录
CONTENTS

第一章　历史的启示 1

第二章　对与错 34

第三章　冲突的历史逻辑 80

第四章　利益及利益观念的影响 106

第五章　不断产生的意识形态对抗 135

第六章　霸权主义 170

第七章　多边主义 202

第八章　变化的秩序 228

第九章　战争与和平 265

第十章　通向未来的道路 306

第一章　历史的启示

我们是谁、我们将要到哪里去，这是自地球上产生人类以来，一直都没有确定答案的两个问题。

人类的历史有数百万年之久，由于没有可靠的实物或文字记录，这其中的绝大部分对我们而言都是模糊不清的。早期人类历史的痕迹大多只能以流传下来的神话与传说为载体。但由于太过久远，以及传说本身的夸张与添油加醋式的口口相传，事实与想象相互混杂，真伪莫辨，很难确定其历史的真实性。不过，有一个确切无疑的事实是，虽然世界上不同的民族或不同的地域都有自己的神话与传说，各民族的图腾与宗教也是五花八门，教义纷繁，但都无一例外地贯穿着"是非善恶"的观念。这就意味着，冲突几乎是人类社会与生俱来的产物。

我们知道，中国史书上记载的历史大约有五千年，更远古时期的记忆大多来自神话和传说。其中，关于我们是谁，就与两个神话有关。一个是盘古开天地的神话。传说在天地开辟之前，宇宙不过是混混沌沌的一团气，里面没有光，没有声音，这时候出现了一个叫盘古氏的神仙，他用一把大斧把这一团混沌劈了开来，轻的气往上浮就成了天，重的气往下沉就成了地。以后，天每天高出一丈，地每天加厚一丈，与此同时盘古氏本身也每天长高了一丈，就这样经过了一万八千年的日积月累，形成了天高地厚的世界。后来盘古氏死了，他的身体的各个部分就变成了太阳、月亮、星星、高山、河流和草木等。另一个就是女娲造人的神话。传说女娲人面蛇身，一天之中有七十种变化，能腹化为各种神，但她最大的神迹是在天地开辟之初，抟黄土创造了人和动物，因而是人类的始祖。刚开始时，她是一个一个地倾心创造人类，但由于费时费力，她便在泥土中放一条绳子，通过用力抽打批量地生成人类。因为女娲前后创造人类的方式不同，前者富而贵，后者贫而贱，从而创造出了一个不平等的世界，冥冥之中昭示了人类社会冲突的根源。

当然，这只是神话传说。后来随着科学的进步，人们通过考古和历史研究，逐渐形成了对人类社会冲突的产生、发展及其规律的正确认识。

首先，通过从考古发掘出来的化石判断，人类最早的祖先是一种从古猿转变而来的猿人。根据先后挖掘出的许多猿人的遗骨和遗物的化石分析，中国境内最早的原始人已经有两百万年的历史。比如，云南发现的元谋猿人大约有一百七十万年的历史，陕西出土的蓝田猿人大约有一百一十五万年的历史，而北京猿人也有五十万年的历史。早期的人类处在茹毛饮血的蛮荒时代，凶猛的虎、豹、狼、熊等野兽统治着山林，而这些山林又是早期人类获取食物的主要来源地，因此同大自然和野兽作斗争，就成为当时人类生存最艰巨的任务。但是，由于早期的人类对自然界的认识非常有限，在动物界也不是凶猛野兽的对手，加上所拥有的工具十分简单——要么是木棒，要么就是石头，单靠个人的力量无法生存下去，因此人类自早期起就学会了以群居的方式生存。他们共同劳动，共同对付野兽的侵袭，共同狩猎谋生，从而形成了"原始人群"。在经过了漫长的岁月后，猿人在艰苦的斗争中不断进化，出现了简单的分工，并逐渐脱离了猿人的习性，直到有了现代人的样子。事实上，在北京周口店龙骨山的山顶洞穴里所发现的原始人的遗迹和化石表明，这一时期人类的样子已经和现代人没有什么两样。

到了山顶洞人的时代，人类的群居生活已经按照血统关系固定了下来，同一个集体的成员通常都是一个祖先的后代，也就是后来所说的"同一氏族的人"。这样，人类社会就进入了氏族公社时期。而关于这一时期的历史，有更多的传说流传了下来。比如，教人"构木为巢"的"有巢氏"，发明钻木取火的"燧人氏"，教人学会饲养、结网、打猎的"伏羲氏"，以及教人种植五谷的"神农氏"，等等。1952年，在陕西西安半坡村发现了一处六七千年以前的氏族村落遗址，从该遗址的考古中就能确切地知道，这一时期的人们已经形成了较为成熟的饲养和农耕文化。由此可以推断，从这一时期开始，由于生存能力和环境的改善，人类主要与严酷的自然和凶猛的野兽进行斗争的

冲突与未来

历史告一段落,取而代之的是不同氏族或部落之间的冲突。因此,氏族与部落的形成,是人类社会一切冲突的开端。

研究表明,在四千多年前,在我国的黄河、长江流域一带已经形成了许多古老的氏族和部落。黄帝就是传说中最有名的一个部落首领,这个部落最早居住在我国西北方的姬水附近,后来迁移到涿鹿(今河北省涿鹿、怀来一带),并开始发展畜牧业和农业而定居了下来。与黄帝同时期的另一个部落首领叫作炎帝,最早住在我国西北方的姜水附近。传说中这一部落与黄帝族是近亲,由于受到其他部落的侵扰,在不断的冲突中,炎帝族渐渐衰落。而黄帝族在各种冲突中日益强盛起来。这时候,有一个九黎族的首领名叫蚩尤,十分强悍,传说他有八十一个兄弟,他们有着猛兽的身体,铜头铁额,吃的是沙石,凶猛无比,而且还会制造刀戟弓弩等各种各样的兵器。这一部落势力强盛,经常侵略其他部落,不断扩大势力范围。有一次,蚩尤带领族众侵占了炎帝的地盘,炎帝不得不率族众抵抗,但炎帝族不是九黎族的对手,被蚩尤杀得一败涂地,逃到涿鹿向黄帝求助。而黄帝也早就想除掉这个在中原地区横行霸道的蚩尤,于是就联合各部落人马,在涿鹿的旷野上和蚩尤展开了一场大战。由于黄帝族占有天时地利人和,蚩尤兵败被杀。这就是中国历史上得以流传下来的第一次大战——涿鹿之战。

关于这场大战,有多种传说。据说,黄帝平时驯养了熊、罴、貔、貅、貙、虎六种野兽,在打仗的时候就把这些猛兽放出来助战。蚩尤的士兵虽然凶猛,但是遇到训练有素的猛兽也无法抵挡,只能纷纷败逃。传说在黄帝带兵追杀蚩尤的过程中,忽然天昏地暗,浓雾迷漫,狂风大作,雷电交加,使黄帝的士兵无法追赶,因为蚩尤请来了"风伯雨师"助战。但黄帝也不甘示弱,请来了天女助战,一时间驱散了风雨,刹那之间,风止雨停,晴空万里,最终打败了蚩尤。还有一种传说,说是蚩尤用妖术制造了一场大雾,使黄帝的士兵迷失了方向,而黄帝则使用"指南车"引导,突破了迷雾的重重障碍,对蚩尤紧追不舍,最终捉住了蚩尤,然后杀了他,结束了这场对历史产生深远影响的大战。由此可见,当时影响冲突的因素已经涉及了人、武器、外援、气候、地理等诸多方面。

涿鹿之战以黄帝领导的联军大胜而结束,从此黄帝毫无争议地成为中原地区部落联盟的首领。这场战争决定了此后中华民族生存的基本格局。由于黄帝对中国历史的影响之大,中国古代的传说中都十分推崇黄帝,后代的人们都认为黄帝是华夏族的始祖,自己是黄帝的子孙。因为炎帝族和黄帝族原来是近亲,后来又融合在了一起,所以今天的人们也常常把自己称为炎黄子孙。为了纪念这位传说中的共同祖先,后代的人们还在陕西黄陵县西北面的桥山上造了一座"黄帝陵",它尽管经历数千年的历史变迁,至今仍被人祭祀不衰。

黄帝之后,又先后出了三个很有名的部落联盟首领,即帝尧、帝舜和大禹。在涿鹿之战后,华夏、东夷两族加速融合,战争的规模更大,也更加激烈,主要发生在两大部落联盟——华夏族部落联盟与三苗(九黎族)部落联盟之间。

传说中,帝尧受命于危难之时,先是"十日并出",禾稼焦枯,继而洪水泛滥,淹没田园,然后又是各地部落方国趁乱割据称雄,独霸一方。部落之间的冲突此起彼伏,其中尤以华夏族与三苗族的冲突最为激烈。冲突与战争的起因主要与三苗势力向中原地区的扩张有关,最后以苗蛮集团的失败而告终。其中苗族的一部分被迫迁往"三危"(今甘肃河西走廊地区),而华夏集团的一些部落则大量迁往汉水流域,与当地文化相融合。帝尧以其雄才大略削平了群雄,重新统一了中原地区。对此,《吕氏春秋·召类篇》云:"尧战于丹水之浦以服南蛮,舜却苗民,更易其俗。"舜继尧为联盟领袖之后,与三苗的关系开始是以和平交往为主,虽有"舜伐三苗"(《战国策·秦策》)和"舜……迁三苗于三危"(《孟子·万章》)之说,而《韩非子·五蠹》又说"当舜之时,有苗不服,禹将伐之。舜曰:'不可。上德不厚而行武,非道也。'乃修教三年,执干戚舞,有苗乃服"。表明舜帝时主要是为伐三苗作了长期准备,综合运用了政治、军事手段,即一方面发展生产,施德于民,巩固联盟内部团结;另一方面又大习武事,为发动征苗战争作准备。禹继位后,除了领导人民治水有大功,还对不听教化,多次叛乱的苗族进行征伐,打败了苗军,杀死了三苗部落酋长,把势力范围扩大到了江淮流域,之后"四方归之,辟土以王"(《太平御览》卷823引《随巢子》)。其中,禹伐三苗是两大联盟集团之间决定性的一战,《墨子·非攻》载"昔者三苗大乱,天命殛之","禹亲把天之瑞令,以征有苗",表明为了终结华夏与三苗族的长期冲突,在经过了几代人的力量积蓄之后,禹乘三苗发生天灾、人心惶惶之际,借口受命于天大举进攻。征苗前,禹先祭祀天地、祖先,举行誓师大会,并在大会上说:"济济有众,咸听朕言。非惟小子,敢行称乱。蠢兹有苗,用天之罚。若予既率尔群对诸群,以征有苗。"(《墨子·兼爱》)意思是说,你们大家都要听我的话,不是我敢于轻举妄动,只因那些不顺从的苗蛮得罪了上天,上天要给他们以惩罚,选择我率领各部落的酋长去征服有苗。征苗战争非常残酷,传说战场上犹如雷电一样震天动地,"人夷其宗庙而火焚其彝器,子孙为隶,不夷于民"(《国语·周语下》),战争的结果是"黎苗之王"战死,其族"亡其氏姓",其民沦为奴隶,由此可见当时部落之间冲突的残酷。

大禹死后,禹所在的夏族部落拥戴禹的儿子启继承了禹的王位。这样一来,氏族公社时期的部落联盟选举制度被废除。启建立了中国历史上第一个奴隶制王朝,联盟首领的禅让制度由王位世袭制度所取代,从此围绕争夺统治权的内部冲突不断增多,并成为此后中国历史发展的重要内容。

比如,夏启继位后,有一个叫有扈氏的部落不服,起兵反抗,遂爆发了夏启讨伐有扈氏的甘之战。最后夏启大败有扈氏,并把俘虏的有扈氏族人罚为奴隶,在中原建立起了第一个"家天下"的奴隶制王朝。夏王朝建立以后,由于国家机器还很不完备,统治阶级内部的权力斗争十分激烈。先是武观之乱。传说夏启的儿子武观争夺继承权失败,被流放于西河(今河南安阳一带),后又发动叛乱,夏启即派彭伯寿征西河,诛灭武观。

冲突与未来

夏启死后，传位于儿子太康。传说太康是一个十分昏庸的君主，他"盘于游田，不恤民事"①，即荒废政事，专爱打猎，从而引起民众的不满。有一次，太康带着随从到洛水南岸去打猎，一打就是一百多天。这时候夷族有穷氏有个叫后羿②的部落首领，乘机带兵袭占了夏都，并派兵守住了洛水北岸，阻拦住了太康的归路，迫使太康在洛水南岸流亡。后羿则以太康昏庸无德为借口，另立太康的兄弟仲康继为夏王，但把实权牢牢控制在自己手里。这就是历史上太康失国的故事。仲康死后，后羿即把仲康的儿子相撵走，夺取了夏王朝的王位。后羿建立自己的统治以后，同样"不修民事，恃其善射而田猎无度"，"弃其良臣武罗、伯姻、熊髡、龙圉，而信寒浞"。寒浞"行媚于内，而施赂于外"，收罗、拉拢和培植自己的势力，暗地里为篡权作准备。在寒浞的策动下，后羿为其族人所杀。寒浞代立为王，不仅占有了后羿的妻室，还"袭有穷氏之号"③。太康失国以后，流亡依附于同姓氏族。仲康、相、相之子少康在世的大部分时间里，不断遭到后羿和寒浞的追杀。最后少康在原夏朝贵族伯靡的帮助下，集合斟灌、斟鄩二氏残部，重新组建军队，消灭了寒浞，恢复了夏氏的统治，这就是"少康中兴"的故事。据历史记载，从大禹传位、夏启立国到少康中兴，中原地区在经

---

① 高锐主编：《中国军事史略》，军事科学出版社1992年版，第19页。
② 又称夷羿，是东方部落领袖，又传为颛顼之后裔，世代以善射闻名。他不是远古五帝时射日英雄后羿。
③ 高锐主编：《中国军事史略》，军事科学出版社1992年版，第20页。

历了大约 100 年的内部冲突之后,夏王朝才得以稳固下来。由此可见,继人类社会早期血腥的外部冲突之后,内部冲突也成为影响人类历史的重要方式。

当然,如果我们再考察此后四千年的中国历史,以及全世界各个古代文明的发展史,最后都不难得出结论:不同族群、部落或政治实体的社会发展与进步,都摆脱不了内部和外部冲突这两个方面。但有一个基本的规律:当内部冲突减弱或趋于消失时,外部冲突的主观意愿与客观可能性就会随之上升;而当内部冲突加剧或趋于复杂化时,挑起外部冲突的主观意愿与客观可能性就会明显下降。战争就是冲突发展的终极产物,它既有对外战争,也有对内战争。因此,从战略上来看,人类社会的发展无论简单还是复杂,都与内、外冲突这两个方面有着紧密的联系。

可以断定的是,在人类社会的早期,由于内部政治因素简单,族群之间的对抗即外部冲突是冲突的主要形式,后来就发展到较大规模的战争。它们通常是围绕着各自生存的需求而产生,比如争夺果实、猎物、土地和水资源等,完全遵循着弱肉强食的丛林法则。一些氏族或部落在不断的冲突中逐渐消亡,而另一些氏族或部落则日益发展壮大,从而为后来的部落联盟和国家的产生创造了条件。到了原始社会后期,尤其是自奴隶制社会以来,外部冲突主要表现为强权政治与扩张主义,由此产生了一个接一个庞大的帝国,如亚述帝国、波斯帝国、罗马帝国、奥斯曼帝国等。一些地区性的霸权国家更是不胜枚举,因而外部冲突构成了世界历史的链条。与此同时，政治因素的复杂化也为各种政治实体（如部落联盟、政治集团、奴隶制国家、封建制国家等）种下了滋生内部冲突的"政治基因"。

　　事实上，随着国家的产生和社会的复杂化，内部冲突几乎是整个奴隶社会和封建社会最常见的政治现象。它既可以让一个国家或政治实体分崩离析，也有机会让一个民族凤凰涅槃。比如，从西周王朝末年到秦始皇统一中国的几百年间（公元前770—前221年），就全面地诠释了这两个完全不同的历史过程。据史料记载，西周灭亡之后，中国历史就进入了一个动荡时期。周天子的权力逐渐丧失，周王朝经历了一个分崩离析的过程，其中诸侯之间以强并弱，攻伐频繁，齐、晋、楚、秦相继坐大，出现了"政由方伯"（《史记·周本纪》）的政治局面。在周王朝的统治力不断削弱的情形之下，原本天下的共主周王室，其影响力很快衰落到了连一个中等诸侯国都不如的境地。在各大诸侯国叱咤风云的同时，一些诸侯国的卿大夫亦纷纷效法国君，强化各自所在的宗室，把持朝政，削弱公室，甚至决定国君的废立，如晋国就发生了几次诛杀公族的惨案，由此可见当时周王朝内部冲突已成鼎沸之势，并蔓延到了社会的各个阶层。与此同时，西方戎族、北方狄族和南方蛮族乘机侵扰中原，构成了严重威胁，内忧外患的局势持续达数百年之久。直到战国时期秦国崛起之后，历史的发展才走向了一个完全相反的过程，华夏民族迎来了再次统一的契机。公元前221年，秦始皇扫平六国，实现了中国的统一，结束了西周灭亡以来数百年的冲突，建立了中国历史上第一个封建王朝,极大地推动了中国历史的进步。

当然,内部冲突与外部冲突也存在着相互的联系,它们在一定的条件下甚至会相互转化。首先,内部冲突与外部冲突是两类性质不同的事件,需要实行不同的甚至完全相反的政策和策略,因而没有任何一个政治实体在面对内部冲突时,又去制造外部冲突,或者在面对外部冲突时,又去扩大内部冲突,因为这样做无异于战略上的"自杀"。这决定了政治家的战略选择的底线,即内部冲突与外部冲突存在着否定之否定的关系。但从对抗的关系来看,问题要复杂得多。一种情形是,敌对一方的内部冲突是另一方进行战略突破的最有利时机,这时候实施战略进攻,战略效益最高,所付出的战略成本最低,因而这一形势比较有利于外部的敌人,并会使敌对一方陷入内忧外患的局面。围绕这样一个局面,若内部冲突一方的战略选择正确,使内部冲突得到有效控制甚至停止,外部冲突将上升为主要矛盾,内部冲突就将向着外部冲突转化;反之,内部冲突一方将遭受重挫甚至失败。前者如中国的抗日战争,日本帝国主义对中国发动的侵略战争促使国共两党合作,从而赢得了全民族抗战的胜利;后者如太平天国起义,虽然势如破竹,但在定都南京后,在强敌环伺的背景下,因为内部的争权夺利诱发了"天京事变",内部冲突的结果导致了迅速失败。另一种情形是,在内部冲突中,处于弱势的一方为了改善不利的局面,引入外部势力作援手,借助外部力量改善局面。为了平衡这种战略上的变化，另一方也会如法炮制，这就将使更多的外部势力介入内部冲突中，结果将导致内部冲突国际化。在这样的冲突格局中，除了多国及各方的利益，发生内部冲突的国家将因此深陷一个不可预知的未来。因此，内部冲突与外部冲突之间的关系决定了现实的社会冲突的结构。这不仅是政治家关注的对象，也是战略研究的重要内容。

不过，无论是内部冲突，还是外部冲突，或者是在内部冲突与外部冲突相互交织的局面下，不管参与冲突的政治实体有多少，冲突发展的最后状态都将趋于两大阵营的对抗模式，这是人类社会冲突发展的基本规律。比如，第一次世界爆发前，欧洲就已形成了以德、意、奥三国为核心的"同盟国"和以法、英、俄为核心的"协约国"两大阵营。此后一直到大战爆发，国际上所有重大事件，几乎无一不是这两大集团利益冲突的集中体现。1914年6月萨拉热窝事件点燃战火后，更是把世界五大洲30多个国家15亿人口拖进了血与火的海洋。同样，在第二次世界大战中，形成了以德、意、日为核心的法西斯轴心国和以美、英、苏、中、法为核心的反法西斯同盟国，双方的战火遍及欧洲、亚洲、非洲三大洲，以及太平洋、大西洋、印度洋和北冰洋，席卷了60多个国家和地区，参战总人数达20亿。其实道理很简单：假如冲突中有三个相互敌对的力量中心，这就意味着其中一个若不属于另外两个中的任何一方，要么选择中立，要么就必须与两者同时为敌，而后者是任何政治家都不会做出的疯狂举动。这就说明，现实的冲突中，绝不会有三个或以上的力量中心相互对抗的局面产生。

那么，在两大阵营对抗的状态下，除了此强彼弱和彼强此弱的情形，还有可能出现一种势均力敌的局面，即战略均势状态，我们称其为对抗性和平状态。由于冲突的发展只是受到了制约而不是消失，这样的和平通常都是暂时性的，任何不稳定因素的出现，都会导致冲突重新发展。事实上，这种冲突状态在历史上经常出现。比如，三国时期（魏、吴、蜀三国），曹操统一了北方，孙权割据江东，刘备崛起荆襄，曹操以兵多将广实力最强，孙权次之，刘备最弱。此时的刘备在诸葛亮的辅佐之下，以联吴抗曹之策，形成了两弱（孙权、刘备）抗一强（曹操）的战略格局，两大阵营的对抗性均势决定了三国鼎立的局面。因而在赤壁之战后的十多年中，虽然魏、吴、蜀之间的冲突仍然存在，爆发的战争有魏吴争夺淮南之战、魏蜀争夺汉中之战和吴蜀争夺荆州之战，但战争的范围有限，整个社会保持了总体上的和平稳定。蜀国后期，蜀吴联盟名存实亡，这导致263年魏灭蜀，正式结束了三国鼎立的局面，也注定了此后吴国的灭亡（280年），最终结束了自汉末以来90多年的分裂局面，自此三分天下再归一统。再比如，第二次世界大战之后，全球形成了分别以美国和苏联为中心的两极对抗格局，"北约"与"华约"的对抗持续了近半个世纪，最终以苏联的解体打破了两大阵营对抗的僵局，使世界历史进入了一个新的阶段。

这就是说，人类社会冲突的基本模式，都是以大国为中心。当然它们可能是地区性的，也可能是全球性的。具体来说，20

冲突与未来

世纪以前，由于人类活动受地理条件限制，冲突大多都是地区性的，虽然也存在着全球性大国，但主要是地区性大国主导着人类社会冲突的产生、发展和演变，从而决定了人类文明的多样性，比如分别形成了中华文明、印度文明、古埃及文明、巴比伦文明以及玛雅文明等。进入 20 世纪以后，由于科学技术的巨大进步，人类活动的范围得到了前所未有的扩大，全球性大国逐渐成为主导人类社会冲突的主要因素，这势必导致人类文明向着融合的方向发展。因此，在我们所处的这个时代，虽然地区性大国仍然是影响人类社会冲突的重要因素，但起主导作用的将是全球性大国。当然，在一定条件下，地区性大国在经历了一系列的冲突之后，有可能发展成为全球性大国，而全球性大国也有可能在冲突中不断衰落为地区性大国，甚至崩溃解体。这就是说，未来的人类社会，全球性力量中心之间的竞争过程与地区性大国的成长壮大过程相互交织，它们在历史舞台上的此消彼长决定着世界未来的面貌。这就像一场特殊的"升级"比赛，既有横向的对抗，也有纵向的竞争，更有内部冲突带来的不确定性，因而与人类社会过去的历史相比，未来冲突的复杂性将前所未有。

首先，从横向来看，未来的全球性冲突将由全球性大国决定，而地区性冲突则主要由地区性大国所主导。由于它们之间存在着各种联系，会出现全球性大国参与地区性冲突的局面。一旦两个全球性大国同时卷入某一地区性冲突，地区性冲突极有可能演变成全球性冲突。因此，理论上只要全球性大国之间以及各个区域的地区性国家之间都达成了均势，和平就将成为全球政治发展的主要方面；反之，冲突与战争就将上升为国际政治的主要内容。前者是一种理想的全球性和平状态，后者则是一种极端的全球性冲突局面。事实上，迄今为止，这两种局面在历史上都极为罕见，现实政治的发展大多介于二者之间，主要表现为以下四种情形：一是全球性大国关系相对稳定，地区性冲突此起彼伏；二是全球性大国直接介入地区性冲突；三是大国背景下两个或以上地区性大国之间的冲突；四是全球性大国之间的冲突。前两种情形在当代最为常见，是典型的局部战争，它们大多局限于"就事论事"，通常可在大国和国际社会的干预下得到控制，因而冲突不容易失控。而后两种情形的影响则完全不同，大多在战略上具有明显的不稳定性，极容易导致地区性混战和世界大战，因而是战略家们关注和警惕的重点。这就是说，考虑到多国之间的战略对抗，在地区或全球范围内，战略上的两极分化是爆发大规模战争的征兆，尤其当全球性力量中心在一定条件下形成泾渭分明的两个对抗性阵营时，全球性冲突的风险将急剧上升。如果其中的大国之间酿成了难以调和的矛盾，战争就不可避免了。因此，大国实力、对抗意志与战略阵线是决定当代战争的三要素，其中战略阵线的形成与发展起决定性作用。相对于两极格局，世界范围内的多极化局面更有利于世界和平。

其次，从纵向来看，当代主权国家或政治集团之间的竞争是一个历史的过程，而且这一过程与历史的进程相一致。其中，

冲突与未来

一些国家由小到大，或者由弱到强，或者由地区性大国发展成为全球性大国；而与之相反的是，一些国家则是一个由大到小、由强到弱甚至由全球性大国衰落至弱国、小国的过程。因此，国家之间纵向上的竞争更深刻地反映了人类社会发展进步的本质，它涉及政治发展、经济进步和军事能力等诸多方面，因而与一个国家的内政密切相关。当然，这样的竞争首先是以和平的方式进行的，并遵循着一定的秩序和规则。比如，20世纪以前，小国会避免与大国冲突、弱国不会与强国对抗，竞争通常是按照周边竞争、区域竞争和全球竞争的顺序发展的，即大国对大国、小国对小国，再加上一定的战争手段与合纵连横策略的运用，在客观上为小国的成长壮大提供了一个循序渐进的途径。比如，罗马帝国就源于意大利半岛中部的小型城邦国家；秦帝国则脱胎于中国西部的边陲弱国；美国更是由英国13块小的殖民地扩张而成；俄罗斯则是由一个小小的公国发展而来；等等。但是，进入20世纪以后，随着经济全球化的深入发展以及人类社会政治文明的进步，制约战争的因素明显增多，不同地区政治、经济上的联系日趋紧密，从而把国家之间的和平竞争引向了区域化和全球化时代，各国的发展开始面临日益复杂的国际局面。这一方面使大国利用战争"自肥"要面对越来越多的限制；另一方面也使小国企图通过领土扩张成为传统大国的可能性越来越小，以至于和平竞争日渐成为推动社会进步的主要方式。这是一个与旧时代完全不同的战略局面。概括起来主要有以下四个特征：一是小国、弱国的生存权得到了国际社会的认可,具有了不可侵犯性;二是经济发展水平成为社会进步的重要标志,具有不可替代性;三是政治发展决定着国家发展的前途,具有越来越明显的一致性;四是大国、强国的战争主动权日益受到国际政治、价值观念和规则制度的制约,具有了一定的有限性。这就是说,任何一个小国或弱国,在当代国际战略格局下,只要经济上不崩溃、政治上不瓦解,就难以被武力彻底征服,否则征服者一定会因此而深受其害。

最后,从冲突的性质来看,人类社会冲突的历史经历了早期以外部冲突为主到外部冲突和内部冲突相互交织,再到内部冲突日益占主导地位的过程。具体来说,在人类社会的早期,由于阶级尚未出现,内部政治因素简单,群体(氏族、部落或部落联盟)成员的平等关系使生存安全成为最重要的共同利益,他们唯一需要应对的是来自外部的威胁。这决定了外部冲突在人类社会早期发展中的主导地位,形成了以大欺小、以强凌弱的丛林法则,造成了胜者为王、败者为寇的社会格局。进入奴隶社会以后,直到封建社会瓦解,以及在资本主义社会的初期,外部冲突与内部冲突相互交织,这一情形决定了人类社会几千年的历史。当外部冲突在某一地区占主导地位时,我们看到了大国的崛起;而当一些国家或地区陷入内部冲突时,无论大国还是小国,都会走向衰落的不归之路。这就是历史上朝代更替的社会密码。两次世界大战之后,人类社会产生了史无前例的意识形态斗争,这极大地推动了人类个体意识的全面觉醒,保障"民主"与"人权"的健康发展逐渐成为人类社会政治发展的必然要求。这使得以主权扩张为主的传统战争日益不得人心，战争的空间大幅度收缩，内部冲突逐渐上升为人类社会冲突的主要方面，从而对主权国家和国际社会的影响越来越重要。在这一背景下，当代主权国家之间的竞争将更加激烈，也更加复杂，不仅存在着小国与小国、大国与大国之间的竞争，还会出现越来越多的小国敢于对抗大国的局面。由于外部冲突的风险有所降低，战略上会越来越关注对手内部冲突的产生与发展，寻求介入对手内部冲突的可能性上升，国际政治斗争形势日趋复杂化。而为了在国际竞争中获胜，不仅对抗国家之间会在政治上不择手段，更多非传统、非正规的战略手段也会受到小国、弱国以及非国家、非政府组织的青睐。

总而言之，历史发展到今天，当代人类社会冲突的基本格局决定了未来全球冲突产生、发展的基本趋势。

1. 内外政治、经济因素是滋生冲突的主要根源

在人类社会的早期，冲突与战争的目的主要是获取土地、资源、人口和财富，以及基于上述因素的血腥复仇等客观因素。从原始社会后期开始，以及整个的奴隶社会和封建社会，冲突与战争的目的进一步扩展到了对权力的追逐，导致冲突与战争的主观因素明显增多。这也使得这一时期里的冲突与战争非常频繁和残酷，杀人如麻、毁国无数，战争的血腥程度登峰造极。进入资本主义时代以后，冲突与战争的目的扩展到了对价值观的追求，导致全球范围内的革命战争、民族战争和人民解放战争风起云涌；而以侵占土地、掠夺资源和人口为目的的传统战

争则越来越不合时宜，即使发生，也无一例外地会受到人类社会政治文明的抵制和谴责。价值观日渐成为决定冲突与战争的主要因素。

当然，价值观总是与人们的生存状态和所追求的信仰有关。前者体现了他们的历史，后者则决定着他们的未来，正是这两者的统一构成了价值观。比如，20世纪50年代，美国社会仍然存在着种族隔离政策，黑人在社会上遭受种族歧视司空见惯。有一个叫帕克斯的黑人女裁缝，生活在亚拉巴马州州府蒙哥马利市。1955年12月1日，帕克斯下班后与三位同伴一起乘公共汽车回家。当时的公共汽车上的座位分为前后两部分，白人坐前排，黑人坐后排，中间是"灰色地带"。黑人可以坐在"灰色地带"，但是如果白人提出要求，黑人就必须让座，即白人优先。那天晚上由于乘车的人多，白人的座位已经坐满，一位刚上车的白人男子要求坐在"灰色地带"的帕克斯和她的同伴让座。帕克斯的三个同伴让了，但帕克斯愤而拒绝。她因为公然藐视白人而遭到警察逮捕。这一事件直接导致了美国历史上一场惊天动地的人权运动。1956年，美国联邦最高法院裁决，禁止公交车上实行"黑白隔离"制度。帕克斯不仅赢得了法庭上的胜利，也成为一面正义的旗帜，从此她被尊为美国"现代民权运动之母"。1996年，帕克斯被美国总统克林顿授予"总统自由勋章"，以奖励她为美国人民的生活所作出的杰出贡献。2005年10月24日帕克斯逝世，在她的葬礼上，美国国务卿赖斯说："没有她，我不可能站在这里。"毫无疑问，帕克斯的行为诠释了她的价值观,并且得到了全社会的认可。

战争史表明,随着对价值观的追求成为人类社会的普遍需要,现代社会的内部冲突,以及民族与民族、集团与集团、国家与国家之间的外部冲突,已不局限于统治阶级、精英阶层或国王的意志,而是越来越多地与它所涉及的全体人民息息相关,即与他们共同的生存状态和所追求的信仰有关。正是在这一前提下,整个19世纪和20世纪,就是一个人们的价值观意识大觉醒的时代,世界的面貌也因此而与旧时代完全不同。这也意味着,内外政治、经济因素将是滋生未来冲突的主要根源。比如,就内部冲突而言,不同族群、不同阶层以及不同领域的人们,由于对自身生存状态和利益的主张不同,社会矛盾将普遍地存在,不仅贫困与贫富不均会导致冲突,政治主张和观念上的冲突也是社会不稳定的根源。

2. 内部冲突将成为主权国家失败的主要原因

历史上,大多数弱小国家的灭亡,都是由外部力量造成的,而大多数失败的强国则是因发生内部冲突而走向崩溃。前者自20世纪以来所有的兼并扩张战争都无一例外地失败了,包括第二次世界大战中德国先后吞并奥地利、捷克斯洛伐克、波兰和法国等一系列欧洲国家,以及1990年伊拉克吞并科威特等;后者最近的事实就是苏联(1991年)、南斯拉夫(1991年)和捷克斯洛伐克(1992年)等国家相继解体,造成了地区和国际战略格局的重大变化。这意味着,主权国家无论大小,因战争而亡国的可能性越来越小,但大国因内部冲突而瓦解的历史仍在继续。换句话说，人类战争的功能受到了限制，任何一个强国再也不能把消灭一个民族和灭亡一个国家作为战争的目的。这显然是人类社会政治文明进步的结果。事实上，传统的征服战争已经越来越不得人心，即使再发生这样的战争，也难以将战争进行到底。这是自18世纪资产阶级革命战争以来历史发展的必然结果：一方面，小国（民族）的生存权获得了保障；另一方面，大国的战争主动权受到了限制，以大欺小、以强凌弱的兼并战争成为历史，人权政治将对人类未来战争的发展产生深远影响。

一般来说，导致内部冲突的可能性有两个。一是由内部矛盾所引发，类似于肌体的不健康因素发生了病变，包括主权国家内部的政党、阶级或民族间的政治对抗，以及人权遭到破坏、社会不公、利益分配不均、经济发展失衡、腐败泛滥等各种因素。二是由外部因素引起，类似于输入性"病毒"攻击，以诱发主权国家内部矛盾激化，包括通过思想文化传播、宗教渗透、价值观宣传、政治制度影响和无数经过包装的谎言，以及境外媒体、学者或智库对境内特定事件进行"舆论轰炸"，策动"革命"等。显而易见，前一种情形将考验政党和政府的执政能力，后一种情形则更为复杂。对于主权国家而言，这两种情形之间的基本关系，是由现实问题与未来发展方向的矛盾统一构成的，也正是这种统一性决定了内部冲突的性质。具体而言，当导致内部冲突的外部因素减弱或消失时，内部冲突的发生主要取决于国内政治的发展，是由现实问题决定的，冲突的性质大多具有进步性和建设性；反之，内部冲突的产生就与国际政治的发

冲突与未来

展密切相关，并成为一个国家对付另一个国家的手段，因此冲突的性质大多具有复杂性和破坏性，其中对象国在政治上越落后，冲突的复杂性和破坏性就越大，"病毒"的传播也就越快。这就是当代西方发达国家征服发展中国家的新途径。总而言之，内部冲突是未来主权国家面临的最大挑战，尤其是大量外部因素涌入并在社会上起主导作用时，在内外因素的综合作用下，将极大地威胁到主权国家的政治安全。

以制造或扩大内部冲突的方式征服一个国家，是当代国际政治发展中最阴暗的一面，它通过释放"病毒"破坏对象国的政治、经济秩序，摧毁其历史发展进程，弱化其文化心理坚守，最终的目的是让对象国的社会发展无所适从。塞缪尔·亨廷顿坦言："西方的病毒一旦植入另一个社会，便很难根除。病毒会继续存在但并不致命，病人能活下去，但永远不会是个完好的人。政治领导人能够创造历史，但他们不能逃避历史。他们造就了无所适从的国家，但不能创造出西方社会。他们使国家染上了一种文化精神分裂症，这成为那个国家持久和确定的特征。"[1] 毫无疑问，这一结果必然会导致一个国家的失败。因为通过对一个主权国家进行价值观的输出与渗透，尤其是由西方定义的作为所谓"民主"的传播，事实上已经成为一种分化、瓦解国家主权的意识形态利器。它在打击独裁与专制的同时，也会导致政府逐步成为"弱政府"，使国家社会陷入混乱，并最

---

[1] [美] 塞缪尔·亨廷顿：《文明的冲突与世界秩序的重建》(修订版)，周琪等译，新华出版社 2010 年版，第 134 页。

终为西方国家进一步扩张权力创造有利条件。它们通常会以民主化、私有化为口号,"与自由化、全球化相呼应,通过'八国集团'、世界银行、国际货币基金组织等在世界范围强力推广,给世界经济带来了空前的影响"①。在这一背景下,由于教条主义和形而上学的推波助澜,民主、自由观念沾了国家失败的血腥,其所到之处,灭党夺权,乱人之邦,结果在一个个美好的口号下,一个个主权国家倒下了。

事实上,在"冷战"结束以来的近三十年里,美国就是以这样的方式在"重塑"世界,完全不顾别国的国情和历史的特殊性,企图在一夜之间用美国的民主价值观统一世界,让其他国家崇尚民主、有限政府、人权、自由市场、个人主义、政教分离、法治等西方价值观,并将这些价值观纳入它们的体制。但这些原本进步的理念,由于美国的强加,其在很多国家制造了无数的混乱,给国际社会带来了破坏性的影响。事实上,自第一次世界大战以来,美国历届政府都宣称为"民主而使世界变得安全"而斗争,热衷于促进世界各地的"民主"或"自由",但结果适得其反。因为伴随着苏联解体、东欧剧变和"历史终结论"的欢呼声,美国成为唯一的全球性大国和国际关系的主导者,更多的国家成为失败的国家。

3. 分化、分裂与肢解战略将大行其道

人类社会的历史表明,随着政治文明与物质文明的不断进

---

① 林光彬:《私有化理论的局限》,经济科学出版社2008年版,第2页。

步，政治斗争与经济发展将日趋区域化、全球化，这将进一步促进人类个体意识的全面觉醒，"人权政治"因素对国际政治发展的影响将日益上升，因而任何形式的传统兼并战争将越来越不得人心，从而使得企图通过扩张战争改变世界的战略阻力急剧上升。当然，这并不意味着人类战争将要消亡，而是战争产生的政治基础正在发生改变，即由以"主权政治"为核心向以"人权政治"为核心转变。战争的基本性质将发生改变，战争将从对"目的物"的争夺转向保卫"人权"。不过，在当前及今后相当长的一个时期，甚至包括整个21世纪在内，传统战争仍将继续存在，并且仍有可能爆发较大规模的地区性冲突。譬如在中东、北非、东南亚和东北亚等地区，至今还存在着领土、岛屿和海洋权益争端。这就是说，我们正处在一个"主权战争"与"人权战争"并存的时代，但前者存在的范围已明显有限，不会再是未来战争的主要领域，而且任何以争夺主权为目的的战争都会构成对人权的破坏，这样的战争一旦旷日持久，同样有可能成为点燃第三方甚至更多方"人权战争"的导火索，导致战略形势和战略格局复杂化。因此，随着"人权战争"时代的到来，传统战争不仅面临的战略限制会越来越多，更有可能带来战略上的风险。这是今天的战略家们必须认清的现实。

　　自然，"人权战争"不是始于国与国之间的地理边界，而是始于主权国家内部，是由内部冲突决定的，比如民族冲突、宗教冲突、恐怖主义、社会动乱、价值观对立以及各种人为制造的人道主义灾难等。这表明"人的因素"日渐诱发人类冲突的旋涡，战争不再仅仅是"帝王"的霸业，而是与许多人乃至天下所有人的命运息息相关。因此，"人权战争"的本质不是简单的一国对另一国的战争，而是一部分人对另一部分人的战争。他们既可能是生活在同一个主权国家的人们，也有可能是生活在不同主权国家的人们，并且因政治理念和价值观相同而形成一个统一的阵线。"人权战争"与"传统战争"的区别就在于在对方的阵营里一定有政治同盟军。他们可能是一个集团、一个阶级或者一个阶层，也可能是某一个具体的个人。他们之间在思想理论上或者在事实上相互需要、相互呼应，并且这种需要和呼应构成了进行战争的合法性。"人权战争"可以为一个人而战，也可以为一个国家、一个集团或一个民族而战，这是"人权战争"的基本特征。它是建立在共同价值观的基础上的政治战争，实质是通过军事手段推动社会冲突和变革。这样的战争通常以颠覆对方的秩序开局，以破坏秩序控局，以重建秩序收局。这是"人权战争"的基本方式。这意味着，战争的过程要借助对方的政治冲突和社会动荡因素，要求武力征服与政治介入相结合、政治强权与战争手段相结合。因而战场上除了军队，还有"第五纵队"；除了武装冲突，还有社会冲突；除了来自外部的威胁，还有来自内部的威胁。毫无疑问，这样的战争将是一种多元化的混合型战争。

因此，从战略上来看，未来人类战争将存在着三个基本格局。一是以主权为中心的外部战略格局，反映了主权国家之间的合作、联合与对抗关系，其中地区性大国和全球性大国的影响最为显著，明显地打着传统战略思维的烙印。二是以冲突为中心的内部战略格局，体现了主权国家内部不同派别、不同政治集团、不同阶级、不同民族或不同宗教等各种力量所形成的对抗关系。它们通常是由历史问题和现实冲突的相互作用而形成的，是主权国家内部政治复杂化的表现，也是外部势力介入的战略条件。三是以价值观念为中心的内外战略格局。这是一种当代政治、经济全球化背景下最重要的政治现象，通常表现为内外政治实体在政治、外交、军事和经济上的联合、对抗或妥协与合作关系，具有明显的主观属性，其中既有大国的影响，也有小国发挥作用的空间，反映了国与国之间的战略影响力。很明显，这三个战略格局之间的相互影响和相互作用，决定了内部冲突的产生、发展及其演变将成为战略关注的主要内容。因为若不考虑内部冲突的战略地位及其影响，以及基于对内部冲突的价值观判断，就没有了当代"人权战争"，而这正是当代战略的基本特征。事实上，上述三个战略格局的形成，标志着由帝王主导的传统战争成为历史。这意味着战争中除了军队之间的厮杀，更需要面对广大人民的意志。而后者才是决定战争最后结局的关键。因此只要广大人民意志统一、众志成城，哪怕它只是一个小国，也是征服者达成战争目的难以逾越的战略障碍。主权国家内部的政治生态已成为当代战略研究的主要对象，是决定战争胜负的战略因素，而对战略对手内部冲突的影响、介入与利用则是战略的重要内容。由于未来战略的这一特点，战略家们将会把关注的重点，由传统的国家、军队、边界、边缘地带等战略要素，转向战略对手的内部政治版图。他们会公开地利用冲突，隐蔽地制造冲突，大张旗鼓地扩大冲突，以达到削弱或征服对手的战略目的。与"传统战争"的主权扩张战略不同，未来战争必然会导致分化、分裂与肢解战略大行其道。这也将是大国扩张的新"法门"。

4. 世界将进入多极化时代

人类社会的历史就是一部在不断的冲突中寻找未来的历史。这是一个漫长的历史过程，已有上百万年之久，其中有文字记载的历史不过几千年。从战略格局的特征来看，我们可以把这上百万年的历史划分为几个不同的时代。一是蛮荒时代。这一时代持续的时间最长，有上百万年之久，是人类社会开始萌芽和缓慢的生长期，大量的族群冲突、氏族冲突、部落冲突以及民族冲突在世界各地此起彼伏。这是人类文明社会产生的前夜，在漫长的冲突历史中，一些族群逐渐强大起来，直到一些古老的方国出现，这一时代才告终结。这一过程从一百万年以前持续到了公元前5000年左右（苏美尔人在两河流域创造了人类历史上第一个文明）。由于这是人类文明诞生以前的历史，我们对这一时代的认识，只能通过考古发现作推测性认知，掌握的资料非常有限。二是地区霸权时代。这个时代持续了大约4000年，终结于公元前8世纪前后。这仍是一个盛行丛林法则、信奉以武力争夺霸权的时代。这一时代人类社会进行战争的能力极其有限，所有的霸权都是地区性的，甚至只能在一个较小的区域内产生影响，因而在人类早期文明出现的所有地区，都存

冲突与未来

在过类似的地区霸权王朝（民族或部落）。比如，公元前3100年，古埃及就建立起了称霸于北非地区的第一个王朝，直到公元前525年才被波斯帝国征服[①]；公元前3000年到公元前2000年，地中海地区就出现了米诺斯文明，他们以克里特岛为中心，在公元前2000年到公元前1000年崛起并统治希腊大陆，是一个崇尚军国主义的印欧语民族[②]；同样，公元前3000年左右，在中国的黄河、长江流域形成了许多古老的氏族和部落，其中黄帝部落最为强盛，在打败了蚩尤部落之后，黄帝成为该地区部落联盟的首领；等等。三是全球霸权时代。这个时代始于公元前8世纪前后的亚述帝国[③]，从此人类社会的冲突与战争扩大到了对全球霸权的争夺，后来相继又出现了波斯帝国、罗马帝国、奥斯曼帝国、大英帝国，以及美国和苏联这样两个全球性的超级大国。这一时代至今尚未完全终结，但以1991年美苏"两极"格局的解体为标志，在美国经历了几场越来越不如人意的战争之后，美国的全球霸权开始衰落，全球霸权时代正在接近历史的终点。这是历史必然，原因有以下两个方面：一是全人

[①] 柯春桥主编：《世界军事简史》，解放军出版社2015年版，第6页。
[②] 丹尼斯·舍曼、A.汤姆·格伦费尔德、杰拉尔德·马科维茨、戴维·罗斯纳、琳达·海伍德：《世界文明史》，李天义、黄慧、阮淑俊、王娜译，中国人民大学出版社2012年版，第74页。
[③] 公元前883年，那西尔帕二世登上王位，开始了一系列大规模的侵略战争：在东部，他打败了阿拉美亚人，迫使他们向亚述称臣纳贡；在西部，他越过了幼发拉底河，一直打到了地中海东岸，占领了腓尼基的沿海城市；在北部，他打败了乌拉尔图，成为两河流域的霸主。亚述帝国开启了全球霸权时代。这是世界上第一个军事帝国，也是第一个横跨亚欧非三大洲的霸权国家。

类个体意识的全面觉醒，"民主"与"人权"日益成为世界政治发展的核心，这将彻底瓦解全球霸权生长的土壤；二是传统的主权扩张战争日益不得人心，这使得战争作为霸权的工具受到了限制，而正在兴起的"人权战争"本身包含着与霸权主义相抵牾的因素，这使得任何追求全球霸权的企图都难以实现。正是基于上述两个方面，我们可以断定，美国霸权的衰落必将伴随着一个新时代的诞生。

随着全球霸权时代的终结，国际秩序将向着有利于平等发展的方向调整，世界将因此进入多极化时代。这是当代民主与经济全球化背景下国际政治发展的必然结果，而且这一趋势将不可逆转，它将是未来1—2个世纪或更长时期里人类社会政治发展的基本趋势。

首先，我们已经看到，美国企图继续维持其全球霸权的努力再也不会成功。虽然美国仍是世界上唯一的超级大国，苏联的解体也并没有直接导致多极世界的来临，倒是美国相继发动了几场大规模的区域性战争（海湾战争、科索沃战争、阿富汗战争和伊拉克战争），企图改写全球地缘政治格局，以保持美国全球唯一霸主的地位，但时至今日它离成功仍然十分遥远。美国要达到这样一个目的，就必须控制欧亚大陆，而要控制欧亚大陆，就必须阻止一个占主导地位和敌对的欧亚大国的出现，以确保没有任何国家或国家的联合，具有把美国赶出欧亚大陆或大大地削弱美国所拥有的关键性仲裁的能力。美国显然已无法做到这一点，一方面是随着新兴国家的崛起，美国的相对实力正在大幅度衰退，已经心有余而力不足；另一方面是它在欧亚大陆面临的挑战太多，至少它无法控制中国、俄罗斯和欧盟三大力量中心，除非它准备发动大规模战争摧毁它们。然而传统战争的后果是美国无法承受的，它更没有足够的实力在做到这一切之后，还能让自己安然无恙。

其次，人类战争已进入空天时代，大规模摧毁能力和全域打击能力的扩散，使大国之间的战争意味着相互之间的毁灭，从而进一步加剧了国际社会对战争的厌恶，这决定了全球霸权时代的消退是历史的趋势。从宏观上来看，人类社会的进步既是一个不断发展的过程，也是一个东西南北中日趋均衡的发展过程。主权国家战争能力的发展也是如此，理论上这会导致全球性国家越来越多，而不是全球受制于某一个大国。当然，在这一过程中，世界上唯一的超级大国美国是不会甘心的，它会利用各种手段和借口在欧亚大陆"流连忘返"，以谋取对这一大陆的战略控制。比如，美国打着反恐的旗号构建起国际反恐统一战线，继续其传统地缘战略的扩张企图就获得了一定的成功；通过阿富汗战争和伊拉克战争，造成了有利于美国控制中亚、南亚和西亚的地缘战略态势也仍然有效；通过加强与亚太地区某些国家的政治军事联盟，延续着美国在亚太地区的战略影响力也依然是既成事实；等等。尽管这些战略举措在表面上来看，对于控制欧亚大陆继续发挥着作用，但是随着主权扩张战争的日益不得人心，这些战略举措都不足以继续支撑美国的世界霸权，只是起到暂停或延缓世界多极化发展的步伐而已。当前欧亚大陆的勃勃生机就说明了这一点，俄罗斯的复兴、中国的崛起和印度的快速发展就是例证。概括成一句话就是：美国的世界霸权将江河日下，而人类社会将进入一个致力于共同繁荣的未来。

最后，世界的政治、经济秩序已经在不断地刷新改写，从联合国的诞生到"两极"对抗，从"两极"对抗的瓦解到G7集团的引领，再从G7到G20峰会的闪耀登场，还有新兴国家集团对世界政治、经济发展的影响将进一步扩大等，世界多极化的趋势已是不可逆转的历史潮流。当然，人类社会现在还处在由全球霸权时代向全球多极化时代的过渡阶段，世界多极化出现曲折的可能性不能排除，短期内甚至还有可能出现历史性的反复，出现更复杂的局面也未可知。其中最为严峻的挑战就是世界发生大规模战争的风险依然存在，而现有战争手段的破坏力所带来的后果又是任何主权国家都难以承受的。这就决定了军事安全依然是国家安全的战略底线，这就要求在人类社会政治发展到更成熟阶段之前，战略家们必须保持清醒的头脑。

接下来的问题是，如果上述理念在未来相当长的一个时期是正确的，并继续成为人们所信奉的价值观念，即世界的多极化是在主权扩张战争日益不得人心的背景下，政治民主化与经济全球化不断发展的结果，那么，我们就可以推论，世界的多极化进程将经历以下三个主要阶段：

一是以主权国家为主的阶段。世界大国是这一时期多极化的主角，但在国家利益的驱使下，还会形成以大国为中心的区域化力量，以至于一些地区性大国也会与周边小国形成联合，以追求国家利益最大化。这一时期的冲突主要源于大国之间的竞争。由于人们的思想观念里还存在着大量霸权主义思想的残余，国际斗争形势将十分复杂，大国之间发生大规模战争的风险仍将长期存在。这一时期是世界多极化发展进程中最困难、最复杂的阶段，新旧战略观念混杂、进步与倒退交织的局面也将长期存在。

二是以区域力量为主的阶段。当全球经济发展达到一个更高、更均衡的水平时，大多数国家将进一步认识到区域力量的整合更有利于维护自身的利益，从而推动以主权国家为基础的区域一体化更快地发展，使世界多极化进入新的历史阶段。比如，欧亚大陆最终有可能出现3—4个以主权国家为基础的区域化政治经济实体，而美洲则有可能出现1—2个这样的政治经济实体，非洲则有可能作为一个整体成为世界政治力量的一部分，等等。在这一时期，各个地区或国际组织之间的矛盾冲突将成为诱发全球冲突与战争的主要因素。由于这一时期主权国家的观念仍然深入人心，发生大规模战争的可能性不大，但区域内部的矛盾与冲突有可能因此而被无限放大，非传统战争与冲突极有可能成为这一时期最大的安全隐患，这对区域内部的政治、经济与文化融合提出了更高的要求。

三是形成洲际一体化的阶段。世界多极化的极限是洲际一体化，其雏形实际上已出现在当代一些政治家的设想中。如早在1994年3月，哈萨克斯坦总统纳扎尔巴耶夫在莫斯科大学演讲时就提出了建立欧亚经济联盟的构想；2011年7月普京进一步提出建立这一联盟的具体方案，并于2011年11月与白俄罗斯和哈萨克斯坦签署《欧亚经济一体化宣言》；2014年5月29日三国总统签署《欧亚经济联盟条约》，以后又有吉尔吉斯斯坦和亚美尼亚等国家的加入。这都标志着区域一体化将向着更高的阶段发展。而中国于2013年提出的"一带一路"倡议有着比欧亚经济一体化更远大的战略设想。它更加强调合作发展的理念，提出了国与国之间加强政策沟通、道路联通、贸易畅通和民心相通的思想，顺应了经济全球化与世界多极化的潮流，因而产生了更广泛的国际影响。当然，上述设想在现阶段还主要停留在经济发展层面。未来的洲际一体化应该是：欧亚大陆的事务应由欧亚国家做主，美洲大陆的事务则由美洲国家决定，非洲大陆的命运也应该由非洲国家决定。显然，多极化发展到这一阶段，人类社会还需要经历一个漫长的过程。

第二章　对与错

对与错，构成了所有人的生存状态。虽然从表面上看与战略无关，但它们是一切战略的观念基础。

冲突，作为人类社会极为重要的政治现象，从最初的群体性（氏族或部落）冲突，发展到今天十分复杂的国际性冲突，已经有上百万年的历史，而这样的历史肯定还会继续下去。它要么是旧的冲突的延续，要么是新的冲突。虽然它们都有起有落，有着不同的缘由和面貌，但总是在浩浩荡荡地产生、发展和演变，伴随着人类社会继续前进。因此，冲突是无法避免的，斗争也不会终结，这既是人类自身的宿命，也是人类社会得以发展进步所必须经历的过程。事实上，任何国家、民族、阶级和政治集团，都是在经历了各种各样的冲突后成长起来的，因而如何在冲突中选择和行动，是一切实践活动的起点，也是一切战略的开端。

首先，经验告诉我们，除了阳光和空气，人类的生活需要不断地选择与行动，衣食住行是这样，工作和学习也是这样。国家要有更好的未来更得如此，因为未来和今天的选择与行动有关，就如同我们在到达一个目的地之前，在走过的一个又一个十字路口都需要进行判断一样。当然，在应对冲突时，人们的选择与行动大都与事件的历史、现实环境以及决策者的经验和认知能力有关，即基于对事件的过去、现在和未来的了解程度，遵循一定的原则和依据，形成认识、判断、决策和行动要求。这就是说，对于同一个事件，不同的决策者由于经验不同、眼光不同、能力水平不同，在选择与行动上也会有所不同甚至会完全相反，如有的决策者高瞻远瞩，常能够顾大局而舍小义，而有的决策者则鼠目寸光，往往因近利而坏大局。因此，从战略上来看，所有选择与行动的对错决定着最后的结局。

那么，选择与行动是如何产生的呢？当然不是从天上掉下来的，也不是无缘无故形成的，而是在一定的客观条件下人们思想观念的产物，主要涉及情感和理性两个方面。其中，情感是人类源于内心的平衡与失衡、满足与失望的精神表现，并由此形成选择态度和行动方式，是一种存在于大众心理层面的共同语言。它们能够并且经常地揭示一个人或者整个社会的生命状态。理性则是指人类透过感性世界，思考和认识主客观世界的能力和结果，是一种比情感更高阶的思想语言，目的是把握事物的本质及其变化的规律，但感性和理性都反映了人类精神意识的能动性和主动性。具体来说，情感主要体现为人格或某

冲突与未来

一阶段的社会情绪，容易被当前形势的起伏所左右，而理性则是一种抽象思维之后的普遍共识，它不仅关注眼前形势的变化，更着重于研究形势变化背后的原因，以及对长远变化的影响。当情感在决策中占主导地位时，由于直接受是非善恶观念的影响，人们的选择与行动大多具有明显的时空局限性。当理性在决策中占主导地位时，逻辑与因果关系决定着人们的思想方式，人们的选择与行动会更强调全局，更追求现实与历史的合理性。但人类社会的历史表明，在战略上绝对的情感决定论是有害的，绝对的理性决定论也难以存在，实际上两者缺一不可，其中情感决定着人类在面对冲突时的立场和最初的选择，而理性则是确保人们在冲突中选择正确道路的向导。正是这两者的统一，塑造了人类战略活动的全过程。除此以外，任何一个方面的绝对化，都有可能把冲突引入歧途，使结果与愿望背道而驰。

下面我们就以20世纪50年代的朝鲜战争为例，对美、中两国在这场冲突中的战略选择与行动作一个回顾，然后再就上述观念作进一步的探讨。

朝鲜，原本是一个与中国有着深厚渊源的国家，1895年中日甲午战争后，中国战败，日本继中国之后成为朝鲜的保护国。1910年，日本人撕掉了保护国的假面具，正式吞并朝鲜。1943年11月，在开罗会议上，美国总统罗斯福、中华民国国民政府主席蒋介石和英国首相丘吉尔同意，"我三大盟国轸念朝鲜人民所受之奴役待遇，决定在相当的时期，使朝鲜自由独立"①。这一政治决策事后也得到了斯大林的认可。1945年8月8日，苏联对日宣战，并对驻朝鲜的日军展开攻击，于8月10日占领雄基，12日和13日又连续实施登陆作战，解放了罗津和清津。8月15日，日本投降，而此时离朝鲜最近的美军还远在冲绳。为了限制苏军的行动，实现美、苏军队共同占领朝鲜，美国单方面划定"三八线"作为美、苏两国受降的分界线，规定在半岛北部的日本向苏军投降，在半岛南部则向美军投降。后来因为政治上的对抗，"三八线"以南在美国的支持下率先成立了大韩民国（1948年8月15日），北部则在苏联的支持下成立了朝鲜民主主义人民共和国（1948年9月9日），但南北双方都把统一朝鲜半岛作为自己的历史使命。1948年12月底苏军从朝鲜撤退，1949年6月29日美军也撤离了朝鲜，但在他们的身后留下了两个相互敌对的政治实体，导致了朝鲜半岛国家和民族的分裂，埋下了南北冲突的定时炸弹。

朝鲜战争于1950年6月25日爆发，朝鲜军队快速推进、越过了"三八线"，韩国军队则一溃千里，战局很快向着有利于朝鲜的方向发展。面对这突如其来的冲突，美、中两国立即作出了各自的反应。

时任美国总统杜鲁门认为，这是以苏联为首的社会主义阵营对"自由世界"的进攻。他说："我深切地感觉到，如果听任

---

① 军事科学院军事历史研究所编：《抗美援朝战争史》（上卷），军事科学出版社2014年版，第16页。

韩国沦丧,那么共产党的领袖们就会越发狂妄地向更靠近我们海岸的国家进行侵略。如果容忍共产党人以武力侵入韩国,而不遭到'自由世界'的反对,那么,就没有哪一个小国会有勇气来抵抗来自较为强大的社会主义邻邦的威胁和侵略。如果不对这种侵略行动加以制止,那就会爆发第三次世界大战,正如由于类似的事件而引起了第二次世界大战一样。"同时他还认为"除非这次对朝鲜的无理攻击得到制止,联合国的基础和原则将受到威胁"[1]。杜鲁门对这一冲突的性质的认定,实际上就决定了美国政府在冲突初期的选择与行动,即支持韩国、提请联合国安理会讨论以及直接出兵进行军事干涉。6月27日,联合国安理会以9票赞成、0票反对、1票弃权,通过了一项决议,宣布朝鲜的行动破坏了和平,并命令他们停止行动,撤退他们的部队。与此同时,美国国务院和国防部提出以下建议:(一)麦克阿瑟应将美国人——包括美国军事顾问团人员的眷属——撤离朝鲜,为此,应当守住金浦和其他航空港,击退对这些地方的一切进攻。在履行这项任务时,麦克阿瑟的空军部队应当留在"三八线"以南。(二)应当命令麦克阿瑟以空投和其他办法把军火和给养供给韩国军队。(三)应当命令第七舰队进入台湾海峡,以防止战争扩大到该地区。应当命令第七舰队立即从甲米地(位于菲律宾群岛,美国的一个海军基地设在此地)北上。(四)应当发表一项声明:第七舰队将阻止对台湾的任何进攻,

---

[1] [美]哈里·杜鲁门:《杜鲁门回忆录》(下卷),李石译,东方出版社2007年版,第416页。

而台湾也不得进攻大陆。①上述建议经杜鲁门批准于27日晚间开始执行。6月30日，杜鲁门向麦克阿瑟授予全权，由他根据战场需要，自由支配他所统辖的部队参与作战，并决定对朝鲜实施全面海上封锁。不到一个星期，美军就在远东完成了以侵略朝鲜为中心的军事部署，从此打开了二战后大国干涉主权国家的内部冲突的潘多拉魔盒。

与美国不同的是，中国政府主张，朝鲜统一问题属于朝鲜民族的内部事务，采取何种方式、在何时实现统一，应由朝鲜人民自己作出选择，外部势力不应干涉朝鲜内政。6月27日，《人民日报》发表题为《朝鲜人民为击退进犯者而奋斗》的社论，阐明了中国人民对战争的看法和立场，指出："朝鲜的全面内战爆发了，对于朝鲜人民今天的处境，中国人民是特别容易了解的，正义是完全属于朝鲜民主主义人民共和国方面。"②显然，中国政府面对朝鲜半岛冲突的第一反应是支持北方正义的战争，认为任何国家都不应干涉朝鲜内政，而应由它的人民作出自己的选择。6月28日，中央人民政府委员会紧急举行第八次会议，强烈谴责美国的侵略行径，毛泽东在会上发表讲话，他指出："中国人民早已声明，全世界各国的事务应由各国人自己来管，亚洲的事务应由亚洲人民自

---

① [美]哈里·杜鲁门：《杜鲁门回忆录》（下卷），李石译，东方出版社2007年版，第418页。
② 军事科学院军事历史研究所编：《抗美援朝战争史》（上卷），军事科学出版社2014年版，第75页。

冲突与未来

己来管，而不应由美国来管。"① 随后，中国进行了声势浩大的和平运动，极大地激发了全国人民的爱国热情，并从道义上声援朝鲜人民所进行的正义战争，全面支持苏联驻联合国代表马立克于8月4日在安理会所提出的关于和平调处朝鲜问题的全部提案。从军事上来看，战争初期朝鲜人民军势如破竹，发展顺利，但美国出兵后，局势开始复杂化。中共中央判断，朝鲜战局的发展有两种可能：一种可能是人民军一鼓作气，驱逐已经投入朝鲜战场的美军，歼灭韩国军队，解放全朝鲜，结束战争，至少是告一段落；另一种可能是，美国迅速大量向朝鲜投入部队，守住滩头阵地，人民军进攻受阻，战局呈僵持状态，战争将会长期化，而如果美国继续增兵，朝鲜的局势甚至有可能逆转，导致朝鲜国家不保，美国还有可能直接进攻中国大陆。按照这一判断，考虑到美国第七舰队进入台湾海峡，中国政府于朝鲜战争爆发伊始就作出了"支援朝鲜人民，推迟解放台湾"的重大决策，决定组建东北边防军以应不测。8月4日，毛泽东在中共中央政治局会议上指出："对朝鲜，不能不帮。如果美帝得胜，就会得意，就会威胁我们，甚至挑衅。……时机当然还须选择，我们不能不有所准备。"②

1950年9月15日，美第10军在飞机和舰艇的密集火力的

---

① 军事科学院军事历史研究所编：《抗美援朝战争史》（上卷），军事科学出版社2014年版，第76页。
② 同上，第147页。

第二章　对与错

支援下，在仁川登陆成功，标志着朝鲜战局开始发生逆转。之前，冲突双方都是在按照自己的意愿行动，一是朝鲜方面的长驱直入，二是美军、韩军节节败退，两者构成了整个战争的基本形势。之后，冲突的发展便进入复杂的战略阶段，一方面是朝鲜军队的攻势瓦解，战场形势不断恶化；另一方面是美军、韩军在战场上日益得势，从被动防御转为积极进攻。这两个方面的充分发展，加上当时并不明了的国际局势，使得战略上的"理性"变得越来越重要。

对以美国为首的联合国军而言，随着战场形势的好转，首先是美军过不过"三八线"的问题。

事实上，从美军介入朝鲜半岛冲突后不久，关于美军是否越过"三八线"占领朝鲜全境，就成为一个有争议的问题。比如，1950年7月3日，美国广播公司在新闻节目中报道，韩国总统李承晚宣布，在消灭朝鲜军队之后，军事行动将不会停止于"三八线"。但美国陆军发言人则宣称，美军部队只为将朝鲜军队赶过"三八线"而战，并将停止于"三八线"，如果韩国军队越过"三八线"向北推进，美军将阻止之。[①] 为此，杜鲁门于7月17日召开国家安全会议，研究是否应该越过"三八线"的问题。会上多数人认为，美军过不过"三八线"本身并不是一个重要问题，最大的问题是如果美军越过"三八线"，苏联和中国会作出什么反应。因为苏联或中国军队介入战争，将导致

---

① 军事科学院军事历史研究所编：《抗美援朝战争史》（上卷），军事科学出版社2014年版，第207—208页。

冲突与未来

一场新的战争，而这样的战争有可能引发世界大战。不过，杜鲁门并没有在会上作出结论，只是要求有关部门继续加以研究。相反，美国国务院政策设计委员会在7月22日提出的研究报告认为：如果美军出于作战需要将地面军事行动扩大到"三八线"以北地区，那么与中国军队或苏联军队发生冲突的危险将大大增加，而这种冲突所冒的风险要远远超出所可能得到的政治利益，同时这样的军事行动也很难得到其他联合国成员国的支持。因此，从美国目前的军事实力考虑，美军应该尽一切可能将军事行动限制在"三八线"以南地区，并在可以接受的条件的基础上，尽快停止冲突。① 但这一报告遭到了美国国务院负责远东事务的官员的猛烈抨击，迫使政策设计委员会对报告作了修改，重新表述为：保持目前美国的行动方针不变，关于美军地面部队逼近"三八线"时美国的行动方针，应该视军事和政治形势的发展而确定，并把握三个原则：一是与当时朝鲜和世界其他地区的形势相适应；二是得到盟国在联合国的支持；三是有利于保持美国军事力量与目标之间的平衡。美国军方则坚定地认为：美军"应该寻求占领朝鲜，消灭位于'三八线'以北和以南地区的所有朝鲜武装部队"。为了实现这一目标，应该授权麦克阿瑟不受"三八线"的限制，"在朝鲜采取一切必要的军事措施"。②

由于当时美军和韩军在战场上正处在节节败退阶段，被压

---

① 参见 Foreign Relations of the United States, 1950, Vol.VII, Korea, 449—454 页。
② 同上，502—510 页。

缩在朝鲜半岛南部釜山一带，所占地域仅1万平方千米左右，研究过不过"三八线"问题并无实际意义。到了8月中旬，美军通过大量增兵釜山，逐渐在战场上站稳了脚跟，建立起了釜山环形防御阵地，美国政府内部关于是否越过"三八线"、占领全朝鲜这一问题才变得迫切起来。8月10日，美国国家安全委员会第64次会议决定，责令有关人员着手准备美军未来在朝鲜的行动方针的文件；8月23日，美国国务院为国家安全委员会起草了《美国未来在朝鲜的行动方针》初稿，交由高级参谋人员和国务院、国防部的高级官员共同讨论，集中研究了万一中苏介入，美军是否越过"三八线"的问题。最后认为，麦克阿瑟有权在朝鲜北部实行两栖登陆作战，但联合国军应该与苏联边境保持明确距离，美国地面部队则不得越过北纬39度线[1]，海空军也不得轰炸离苏联边境线17英里（约27.4千米）的地区；如果有情报表明，中国或苏联进行了大规模有组织的抵抗，联合国军总司令在向华盛顿报告之前，不得下令继续前进。9月9日，美国国家安全委员会形成了正式文件，编号为美国国家安全委员会第81/1号文件，主要内容包括：（一）美军将越过"三八线"，消灭朝鲜军队。但前提是，苏联或中国未派遣大批军队进入或没有宣布准备派遣军队进入朝鲜，也没有威胁对美军采取军事反击行动，并不得在苏朝、中朝边界地区使用非韩国部队。（二）参谋长联席会议（以下简称参联会）授权联合国

---

[1] 军事科学院军事历史研究所编：《抗美援朝战争史》（上卷），军事科学出版社2014年版，第212页。

军司令官制定占领朝鲜的计划,但规定在计划实施前,必须得到总统的批准。(三)一旦发生苏联军队或中国军队进入朝鲜的情况,联合国军司令官不得下令进入朝鲜进行地面作战,但应指挥部队重新占领"三八线",并可继续在朝鲜的海空军行动。(四)如果苏联军队在"三八线"以南或以北公开或秘密参战,麦克阿瑟应尽可能守住防线,但不得采取使局势进一步严重的行动,并迅速报告华盛顿。(五)一旦中国的主力部队在"三八线"以南公开或秘密参战,美国不应使自己陷入同中国的全面战争,但如果在朝鲜的美军有成功的机会,则应继续作战,同时可以考虑授权麦克阿瑟在朝鲜之外,对中国采取适当的海空军事打击行动。(六)在摧毁朝鲜军队后,以韩国政府为朝鲜半岛的唯一政府,美国的军队将继续留在朝鲜,执行占领任务。9月15日,美军在仁川登陆成功;9月25日,美军参联会建议新任国防部长马歇尔向麦克阿瑟下达越过"三八线"的作战命令;9月29日,美国驻韩国军事顾问团给位于朝鲜东海岸江陵的韩国第3师下达命令,指示该师立即越过"三八线",向元山推进,随后韩国第1军团主力也沿东海岸越过"三八线"。与此同时,美军也沿"三八线"全线展开,作好了北进的准备。这就是说,按照美国政府确定的方针,美军越过"三八线"作战是有条件的。

但是,麦克阿瑟从不这样想,而是继续循着他介入朝鲜半岛冲突时的思路,不断地增兵,不断地扩大战场,直到他认为能够取得全面、彻底的胜利为止。他常常有意无意地突破杜鲁门政府所设置的战略底线。比如,8月26日,麦克阿瑟私自发表了一份"致国外战争退伍军人全国野营会主席的信",公开批评杜鲁门政府应对朝鲜冲突的有关战略举措,"他要求采取一种以台湾为据点的军事侵略政策"①,目的是要求进一步扩大战争,为美军在朝鲜半岛的行动塑造更有利的"战略态势"。这显然与美国政府的战争政策相反。再比如,在仁川登陆成功后,麦克阿瑟更陷入盲目的乐观主义,认为战争会在1950年感恩节前结束,而且在中国政府发出不得越过"三八线"的严正警告之后,在10月15日与杜鲁门总统在威克岛的会面中,他仍然认为"他们进行干涉的可能性很小。最多,他们可能派出五六万人进入朝鲜,但是他们没有空军,'如果中国人南下到平壤,那一定会遭受惨重的伤亡'"。②这使得他对杜鲁门政府的战略指导置若罔闻。10月19日,美军攻占平壤,麦克阿瑟的部队毫无顾虑地继续北进,并违背美参联会有关韩军在前、美军在后的训令,指挥美军领头向北快速推进,重蹈朝鲜军队此前所犯的错误。11月4日,麦克阿瑟的行动更加离谱,于11月6日命令美空军轰炸朝鲜新义州和中国丹东之间的鸭绿江大桥,完全违背了美国政府规定的"如果对中国境内的目标进行任何军事行动,都必须事先得到华盛顿的批准"③的戒律。事实上,这时候中国

---

① [美]哈里·杜鲁门:《杜鲁门回忆录》(下卷),李石译,东方出版社2007年版,第446页。
② 同上,第460页。
③ 同上,第456页。

冲突与未来

人民志愿军早已开始大规模入朝参战，麦克阿瑟突然觉得"有使我军全部被歼的危险"[①]，并把这一危机局势报告给了华盛顿，迫使杜鲁门同意他扩大战争范围，但美参联会还是带着严重的忧虑发电报批准了麦克阿瑟的行动："我们同意摧毁鸭绿江的桥梁对于保证你指挥下的部队的安全有重大的帮助，除非中国共产党把这种行动解释为对满洲的进攻，而激起更大的努力，甚至苏联也投入他们的力量。其结果不仅危及你的部队，还会扩大冲突地区，而陷美国于极其危险的境地。""如果在你收到这封电报时你还认为这种行动对你的部队的安全是必要的话。上述命令并没有授权你轰炸鸭绿江上的水坝和发电厂。"[②] 更不可理喻的是，形势如此不利，麦克阿瑟还于11月24日以他的第8集团军发动了一次他所认为的"结束战争的总攻势"，并告诉他的士兵可以在圣诞节回家了。这已经是在战略上一错再错了。直到11月28日第8集团军遭到志愿军重大打击，在经历了这种前后矛盾的情绪变化之后，现实终于让麦克阿瑟求胜的希望彻底破碎。此后，利令智昏的麦克阿瑟"在四天之内，他居然有时间用四种不同的方式发表了他的一个看法：他之所以倒霉仅仅是因为华盛顿的命令把敌对行动限制在朝鲜境内。他谈到什么'军事史上没有前例的'啰，'惊人的限制'啰；他推得很

---

① [美]哈里·杜鲁门：《杜鲁门回忆录》(下卷)，李石译，东方出版社2007年版，第472页。
② 同上，第473页。

干净，他和他的部下没有一点过失"①；并且一再向参联会建议，"说在他看来，战争应该扩大，办法是袭击满洲机场、封锁中国海岸和利用福摩萨（指中国台湾）的中国人"②。1951 年 3 月 24 日，麦克阿瑟更是发表公开声明：如果联合国改变它力图把战争局限在朝鲜境内的容忍决定，而把我们的军事行动扩展到中国的沿海地区和内部基地，那么，中国就注定有立即发生军事崩溃的危险。③他明目张胆地公开威胁要扩大战争。按照这样的思路，很难避免发生新的世界大战，麦克阿瑟又一次公然地与美国政府的战争政策背道而驰。这一切最终导致了麦克阿瑟被解职。杜鲁门在记者会上公开发表解除麦克阿瑟的职务的声明，让麦克阿瑟不光彩地离开了朝鲜战场。这就是历史上的麦克阿瑟，一个所谓的美国名将。当时的人难以想象他在战略上如此浅薄甚至幼稚。

而对中国共产党和新中国而言，随着朝鲜人民军战场形势的恶化，首先面临的是出不出兵的问题。

从 1950 年 8 月 27 日开始，随着战场形势日益有利于美军，美空军不但对朝鲜狂轰滥炸，也开始不断侵入中国领空，对中国东北边境地区的城镇、乡村进行侦察、轰炸和扫射，直接对中国进行军事挑衅。8 月 28 日，周恩来以中华人民共和国外交部部长的名义致电美国国务卿艾奇逊，就美国飞机侵入中国领

---

① [美] 哈里·杜鲁门：《杜鲁门回忆录》（下卷），李石译，东方出版社 2007 年版，第 481 页。
②③ 同上，第 544 页。

冲突与未来

空的挑衅和残暴行为向美国政府提出了严正抗议。同日,周恩来又代表中国政府致电联合国安理会轮值主席马立克及联合国秘书长赖伊,要求制裁美国空军的残暴行为。8月29日17时45分,4架美国战斗机再次侵入鸭绿江右岸中国宽甸县拉古哨上空侦察,并沿鸭绿江右岸飞至长甸河口,向中国民船袭击,造成中方人员伤亡和财产损失。8月30日,周恩来再次致电联合国安理会,要求制裁美军的暴行,制止美军扩大侵略的行为。然而,美国不顾中国政府的一再抗议,9月20日发生美国驱逐舰威胁中国由胶东半岛东南角石岛开往安东的"安海21号"商船,并向商船发炮达25分钟,迫令停航、强行检查;9月22日22时15分,美军1架B-29型轰炸机在中国城市安东市投掷重磅炸弹12枚,炸伤2人,摧毁房屋28间、菜园5亩多,造成重大损失,制造了轰炸安东的严重事件;等等。由此可见,随着美军逐渐由防守转入进攻,战火也开始越出朝鲜半岛,中国的安全受到越来越严重的威胁。

  1950年9月15日,美军在仁川登陆成功,朝鲜半岛的战争形势发生逆转,中国政府面临是否出兵援朝的战略选择。首先,对于美军地面部队可能越过"三八线"所引起的危险,中国政府作出了强烈的反应,并向美国政府提出了严正警告。9月28日,金日成主持召开朝鲜劳动党中央政治局紧急会议,认为已经无力阻止美军越过"三八线",请求苏联和中国提供直接的军事援助。但是,苏联没有接受朝鲜直接出动军队给予援助的请求,而是建议朝鲜与中国商量,由中国组建并派出国际

第二章　对与错

"志愿部队"。10月1日，金日成正式向毛泽东提出出兵援助朝鲜的请求：在目前敌人趁着我们严重的危急，不予我们时间，如要继续进攻"三八线"以北地区，则只靠我们自己的力量，是难以克服此危急的，因此我们不得不请求您给予我们以特别的援助，即在敌人进攻"三八线"以北地区的情况下，盼中国人民解放军直接出动援助我军作战。[①] 这就使中国政府和中国领导人不得不面临重大战略抉择。

事实上，8月上旬，毛泽东就已对朝鲜局势发生逆转有了心理准备，在中共中央政治局会议上，明确可能要以志愿军的形式帮助朝鲜，同时未雨绸缪，先行组建了东北边防军，并在8月中旬就把这一思想在边防军高级干部中作了传达。9月5日，毛泽东主席在有各民主党派委员在内的中央人民政府委员会第9次会议上，阐述了他对朝鲜半岛政治军事形势的基本看法，指出："现在美国在朝鲜已经增加了它的军队，因而战争持久的可能性也就增加了。""朝鲜战争虽然持久不如速决的好，但持久了更可以教育朝鲜人民和世界人民。""美帝国主义在今天是有许多困难的，内部争吵，外部也不一致。……敌人是不可怕的，它的装腔作势和气势汹汹是吓唬人的。但是，美帝国主义也可能在今天要乱来，它是什么都可以干出来的。假如它要那样干，我们没有准备就不好了，我们准备了就好对付它。所谓

[①] 军事科学院军事历史研究所编：《抗美援朝战争史》（上卷），军事科学出版社2014年版，第242页。

冲突与未来

那样干,无非打第三次世界大战,而且打原子弹,长期地打,要比第一、第二次世界大战打得长。我们中国人民是打惯了仗的,我们的愿望是不打仗,但你一定要打,就只好让你打。你打你的,我打我的,你打原子弹,我打手榴弹,抓住你的弱点,跟着你打,最后打败你。对战争打起来的时候,不是小打而是大打,不是短打而是长打,不是普通地打而是打原子弹,我们要有充分准备。"①但是,当时新中国成立还不到一年,各方面都面临严重的困难,尤其是中国军队的武器装备相当落后,作出出兵援朝与美军作战的战略抉择,是对中国共产党的智慧与胆识的考验。10月上旬,中共中央政治局举行了多次会议研究出兵问题,一种意见主张暂不出兵,主要的顾虑是国内困难太多;另一种意见则积极主张出兵援助朝鲜,理由是虽然我们准备不够,但帝国主义集团的准备也是不够的。毛泽东认为,如果我们不出兵支援朝鲜,国内外的反动气焰就会高涨起来,亲美派就会更加活跃。如果让美帝侵占朝鲜,对我们就是一个直接威胁,它就会把兵力转向越南、缅甸,到处搞鬼,我国就将陷入被动,国防、边防都处于极不利的地位。彭德怀在会上坚决主张出兵,他认为:"美国占领朝鲜与我隔江相望,威胁我东北;又控制我台湾,威胁我上海、华东。它要发动侵略战争,随时都可以找到借口。老虎是要吃人的,什么时候吃,决定于它的肠胃,向它让步是不行的。它既要来侵略,我就要反侵略。

---

① 军事科学院军事历史研究所编:《抗美援朝战争史》(上卷),军事科学出版社2014年版,第247页。

第二章　对与错

不同美帝国主义见过高低，我们要建设社会主义是困难的。"①

经过政治局会议的进一步讨论，意见逐渐趋于一致，认为："中朝是唇齿之邦，唇亡齿寒。朝鲜如果被帝国主义压倒，我国东北就无法安定。我国的重工业半数在东北，东北的工业半数在南部，都在敌人轰炸威胁范围之内。"一方面，"朝鲜要胜利，也必须得到国际的援助。尤其是在困难的时候，更需要国际的援助。我们应该发扬革命的道义。只有朝鲜胜利了，和平阵营才不会被打开一个缺口。如果朝鲜这个缺口被打开，则其他方面要相继被打开。东方阵线门户洞开，敌人打进我们的大门了，怎么还能谈建设？"另一方面，"我们采取消极防御的办法，那是不行的。消极防御也要花许多钱……工厂搬家，许多工业无法按计划生产下去。军事上，除装备外，还有兵力问题，鸭绿江一千多公里防线，需要多少部队！而且年复一年，不知它哪一天打进来。……况且敌人如果将朝鲜侵占了，也不会就此罢手。所以，从朝鲜在东方的地位和前途的展望来说，我们不能不援助；从唇齿相依的关系来说，我们也不能不援助。这是敌人把火烧到了我们的大门口，并非我们惹火烧身"，②"而且，中共中央政治局全面分析了战争双方的优劣条件，认为与美国军队在朝鲜进行较量，美国虽强也有弱点，中国虽弱也有有利条件。美国在军事上是'一长三短'。'一长'是钢铁多。'三

---

① 军事科学院军事历史研究所编：《抗美援朝战争史》（上卷），军事科学出版社 2014 年版，第 255 页。
② 同上，第 256—257 页。

冲突与未来

短'一是战线太长,从欧洲的柏林到亚洲的朝鲜,首尾难以相顾;二是运输线太长,要横跨大西洋和太平洋;三是战斗力不如德国军队和日本军队。除此之外,美国的盟国西德和日本在第二次世界大战战败后尚未武装起来,英国和法国在第二次世界大战中已伤了元气;美国虽然有原子弹,但苏联也有原子弹,并且原子弹不能轻易使用也不能决定胜负。因此,美国尽管在综合国力和军队武器装备上占有绝对优势,但并不是不可战胜的"。[①]为此,中央政治局会议在权衡了利弊,研究了参战的困难和有利条件之后,作出了"抗美援朝、保家卫国"的战略决策,并立即组成中国人民志愿军,以协助朝鲜抗击美国侵略。

同时,毛泽东还考虑到,中国虽然以志愿军名义同美军作战,美国还是有可能向中国宣战的,至少可能使用空军轰炸中国的大城市及其工业基地,使用海军攻击中国沿海地带。而这时中国是无力保护这些目标的,甚至有可能把苏联也拖进这场战争,有引发世界大战的危险。因此,中国就有关问题与苏联的党和政府进行了协商。苏共中央政治局于10月5日举行会议进行了讨论,会后斯大林给毛泽东回电,指出:"当然,我也考虑过,美国尽管没有作好大战的准备,仍可能为了面子而被拖入大战,这样一来,自然中国将被卷入战争,苏联也将同时被拖入战争,因为它同中国签有互助条约。这需要害怕吗?我认为不需要,因为我们在一起将比美国和英国更有力量。德国现

[①] 军事科学院军事历史研究所编:《抗美援朝战争史》(上卷),军事科学出版社2014年版,第257—258页。

在不能给美国任何帮助，而欧洲其他资本主义国家更不会成为重要的军事力量。如果战争不可避免，那就让它现在就打，而不要过几年以后。"[1] 毛泽东在了解了苏联的态度之后，对这场战争的战略指导就更有了底数。对中国人民志愿军参战后可能出现的战局形势，毛泽东也作了估计：一是志愿军在苏联志愿军空军的掩护下，协同朝鲜人民军，有可能在朝鲜境内歼灭和驱逐美国及其他国家的侵略军队，从而根本上解决朝鲜问题。这是最理想的结果。二是美国仍可能对中国宣战，或至少以其空军轰炸中国许多大城市及工业基地，以其海军攻击中国沿海地带，并且支持台湾的蒋介石军队或美蒋军队联合进攻大陆。同时，由于志愿军武器装备落后，在朝鲜不能大量歼灭美军，战争形成僵局，影响中国的整个恢复和建设计划，引起国内许多人不满。这是最不利的结果。三是在苏联不能出动空军直接支援作战的情况下，志愿军实施灵活的作战指挥，充分发挥自己在作战上的战术特长，能够在朝鲜坚持作战，能够攻打除大、中城市以外的其他地区，那么，有可能迫使美国通过谈判解决问题。[2] 综合各种情况后毛泽东认为，出现第一种情况的可能性很小，后两种情况的可能性较大，尤其是第三种情况的可能性更大些。后来朝鲜战争的结局证实了毛泽东的判断。

---

[1] 军事科学院军事历史研究所编：《抗美援朝战争史》（上卷），军事科学出版社 2014 年版，第 268 页。
[2] 中共中央文献研究室、中国人民解放军军事科学院：《建国以来毛泽东军事文稿》（上卷），军事科学出版社、中央文献出版社 2010 年版，第 226、278—279 页。

冲突与未来

1950年10月19日，中国人民志愿军开始入朝作战，同以美军为首的"联合国军"进行了5次战役的较量。经过第一、第二次战役，志愿军将已进至鸭绿江边的"联合国军"全部打退到"三八线"及以南地区，根本上扭转了朝鲜战局。从第三次战役开始，战争双方均形成了连贯的战线，并且在北起"三八线"附近，南至"三七线"以北地区，出现了反复拉锯的形势。由于战线延长，志愿军后勤补给困难，没有后续部队投入作战，"联合国军"集中所有地面部队，在海、空军支援配合下，发起全线反扑，中朝联军被迫休整，转入防御作战，即第四次战役。经过87天顽强作战，中朝联军将"联合国军"阻止于"三八线"南北地区。第五次战役中，志愿军投入后续力量，先后在西线和东线进行了两个阶段的攻势作战，又将战线从"三八线"附近地区向南推进了60—70千米。后敌军又乘志愿军休整之机进行反扑，经中朝联军主力阻击，至1951年6月，将"联合国军"阻止在"三八线"南北地区，使战局稳定下来，战争进入了相持阶段。1951年5月16日，美国国家安全委员会通过了一个有关朝鲜问题的政策备忘录，即美国国家安全委员会第48/5号文件，确定寻求以谈判的方式结束战争。1951年7月10日，战争双方开始坐下来谈判，到1953年7月27日签署停战协定，战争终于落下了帷幕。中国人民取得了抗美援朝战争的伟大胜利。

当我们对美、中两国在朝鲜战争中的战略选择与行动作了

第二章　对与错

上述回顾之后，至少可以得出以下三个结论。一是战略的选择与行动都源于国家、民族、阶级或政治集团的生存态度和基本立场。这一点在朝鲜半岛冲突的初期，从美、中两国的反应就足以说明，前者认为冲突是共产主义对"自由世界"的进攻，必须予以反击，而后者则认为各国的内部事务应由各国人民自己决定，因而反对美国的军事干涉。二是战略的成功依赖于对事件产生、发展和演变形成科学理性的认识，任何靠直觉的蛮干，既会对战略造成损害，也是导致失败的重要原因。朝鲜战争爆发后，美国决定支持朝鲜半岛南方政府，以当时美国的立场来看，其所采取的战略不能不说是符合其利益的，如果能得到一以贯之的执行，就不会导致中国的介入，后来中、美两国对抗的局面也可能会因此而完全不同。但由于麦克阿瑟的一意孤行，"脚踩西瓜皮"式地跟着感觉走，以至于战略上一错再错，不断地突破美国政府的战略底线，最终把美国拖入了一场持续三年的东西方大战。三是情感因素与理性因素的融合与统一，决定着战略发展的前途。众所周知，最好的战略也只是主观意志的体现，没有现实力量的推动和努力，任何战略都会落空。因此，士气、战斗意志和人的主观能动性是战略活动中最活跃的因素，只有当这些因素普遍地存在，并与战略紧密地结合起来，战略才会有改变世界的力量。比如，三年的抗美援朝战争，虽然中国人民志愿军在武器装备上远远落后于"联合国军"，但其作战能力并不输于对方，并最终把战线推回到了"三八线"，迫使美军放弃了全面占领朝鲜半岛的战略企图。对于两军之间

冲突与未来

的这种区别，正如毛泽东所说的：敌人钢多气少，我军钢少气多。这里的"气"就是指士气、战斗意志和人的主观能动性。

　　因此，如何确定生存态度和基本立场、形成科学理性的认识，以及如何实现情感因素与理性因素的融合与统一，是一切战略成功的不二"法门"。首先，生存态度和基本立场是战略活动的起点。无缘无故的冲突是不存在的，尤其是人类社会的冲突，其起源都与不同群体的生存态度和基本立场有关。这一现象是一切冲突的有序性和规律性的基础，因而是我们思考战略问题的逻辑起点。这决定了冲突中各方的选择与行动，只能以服从己方的意愿为最高准则，而决不会去为自己的敌人着想。其次，随着人类社会的发展进步，以及对冲突规律的不断认识，人们坚信仅通过简单的暴力冲突难以获得稳定而长远的结果，必须考虑战略环境、战略格局、战略途径和各种战略力量的影响，这就是战略活动的复杂性。因此，科学理性的认识，包括了解冲突的历史、现状和未来可能的发展等，对于形成正确的战略指导极为重要，这是区分战略家与非战略家的标志。历史上，除了在人类社会早期（氏族社会、部落社会和奴隶社会），缺乏科学理性的战略指导而能获得最后的胜利几乎是不可能的，如历史上绝大多数的农民起义都以失败而告终，就充分地说明了这一点。最后，战略目标的实现取决于战略活动的过程，没有绝大多数人的体力、智力和意志的奉献，就不可能获得冲突的最后胜利。因此不管是通过强制的、自觉的还是其他物质与精神的方式，确保个人的情感与群体的理性相统一，是一切战略领导人的基本任务。这决定了战略家与战略领导人的区别，前者可能只是一个战略理论家，理性认识的正确与否决定了他的地位，而后者则必须既是战略家，又是战略实践活动的领导者，是引领社会进步的领袖，他的地位是由历史进程的进步与落后决定的。

毫无疑问，上述三个方面，既相对独立，又相互联系，只有当选择与行动在这三个方面都正确时，冲突的发展才有可能与战略的预期相一致，否则得到的只能是挫折与失败。中国革命所经历的历史过程，就充分证明了这一点。

早期阶段，中国共产党刚组建就明确了自己的纲领：（1）革命军队必须与无产阶级一起推翻资本家阶级的政权，必须支援工人阶级，直到社会的阶级区分消除的时候；（2）承认无产阶级专政，直到阶级斗争结束，即直到消灭社会的阶级区分；（3）消灭资本家私有制，没收机器、土地、厂房和半成品等生产资料，归社会公有；（4）联合第三国际。[①] 而这一纲领也符合当时大时代的背景，符合自鸦片战争以来受尽压迫的中国人民救国救民的时代召唤，它表明了中国共产党的政治态度和基本立场。但事实上，这最初的历史性的第一步，是在共产国际的帮助下完成的。因此，在建党初期，由于中国共产党对中国革命的实际、所面临的困难以及斗争可能面临的复杂形势认识不足，更没有形成科学理性的认识，因而在整体上还处在幼稚阶

---

① 德辰主编：《光荣与辉煌》（上卷），红旗出版社1996年版，第50—51页。

冲突与未来

段，缺乏领导革命斗争的经验和符合实际的理论。这就注定了在中国革命的初期，必然要经历各种挫折，这也是第一次大革命失败的根本原因。

直到毛泽东领导的秋收起义在攻打城市失利后转向农村，建立革命根据地走上农村包围城市的道路之后，中国革命才开始露出了一丝胜利的曙光。在这一时期，毛泽东的革命实践为红色苏区的发展积累了丰富的经验，他在理论上的探索也远远走在同时期其他革命者的前头。继大革命时期发表了《中国社会各阶级的分析》（1925年12月1日）、《湖南农民运动考察报告》（1927年3月）等重要文章之后，这一时期他主持制定了《井冈山土地法》（1928年12月）以及发表了《星星之火，可以燎原》（1930年1月5日）等文章。可惜后来由于王明"左倾"冒险主义的错误路线在中央占据着统治地位，毛泽东在政治上遭到排挤，最终红军不得不放弃根据地进行长征。由于当时党的政治、军事路线错误，中央红军在长征途中经历了残酷的湘江战役，8万中央红军折损过半。直到1935年1月，中央红军抵达遵义后，党中央在遵义会议上总结了几次反"围剿"胜利和失败的经验教训，实际上确立了毛泽东的领导地位，才引领着中国共产党从幼年走向成熟。

此后，红军在毛泽东的正确领导下，打破了国民党军的围追堵截，实现了北上抗日的战略转移。中国共产党把中国革命与全民族争取自由、独立的历史洪流紧密地结合起来，实现了全民族抗战；抗战胜利后，又团结全国人民进行反对国民党统治的斗争，创造了人民战争的辉煌篇章。而这一伟大事业更是得益于毛泽东思想（科学的理论）的正确指引。毛泽东在这一时期相继发表了一系列指导中国革命的理论著作，对中国革命的历史进程产生了极其深远的影响，包括《论反对日本帝国主义的策略》（1935年12月27日）、《中国革命战争的战略问题》（1936年12月）、《实践论》《矛盾论》（1937年7—8月）、《论持久战》（1938年5月）以及《新民主主义论》（1940年2月）等。在这些论著中，他深刻阐述了中国革命战争的特点、规律，提出了统一战线、农村包围城市以及人民战争的战略战术。总而言之，中国革命理论上的成熟，预示着中国共产党所领导的革命走向最终胜利是历史的必然。从这个意义上讲，毛泽东是他所处时代最伟大的人物。

显而易见，选择与行动的正确与否，不仅和一个群体的生存态度、基本立场有关，也与人们的认识水平和实践能力有关，更与群体共同的情感和世界观有关。因此，即使我们确定了自己的生存态度和立场，如果不能对事物形成正确的认识，也不可能有正确的战略。同样，无论战略在理论上多么完美，如果不能使战略与人们的实践活动相结合，再好的战略都是空想。不过，纵观历史，有一个非常有趣却又总是令人遗憾的现象经常出现：往往那些有先见之明又具有能力进行正确的选择，能够把事业引向成功的人，常常会遭到迫害、曲解甚至暗杀，而那些不当的选择与错误的行动，却总是因为多数人眼界的局限性而得势。像毛泽东在中国革命斗争初期，只是在短时期内受到排挤,很快又得到大多数人的认可,实在是中国革命的万幸。不过,从长远来看,在历史的紧要关头,在经历了深刻的经验教训之后,正确的主张终究会占上风——或者是正确主张的本人,或者是他的思想,最终总是会为人民所接受,这又是人类社会历史趋于积极的一面。但是,战略上的对与错还可能存在另一种局限性,即对于那些有权力决定选择与行动的人来说,若是完全为周围的情势所左右,不能因势利导,他就很难选择"正确",这也是战略领导人经常面临的挑战。因此,对于战略家而言,如果他认为是对的,就不能过于顾虑别人和特定的利益集团是否喜欢他的作为,或者因担心来自外界的"政治围剿"而作无原则的妥协。重要的是保持清醒的头脑,因为无可置疑的是,大多数人在内心深处总是希望做正确的事情。更重要的是,战略领导人能否及时地让人民理解他的选择。如果战略选择与行动是正确的,又能让人民及时地了解它,正确的事情就一定会占上风,即使眼前需要作出某些牺牲,人民也会心甘情愿。

如此说来,战略上的对与错,并不是一个一目了然的问题。它们既深植于历史之中,也纠缠于现实世界,更争端于对未来的判断,因而抉择之难是常态。这就是战略的复杂性。首先,冲突中的不同民族、阶级、国家或政治集团,不管他们是相互对抗还是处于同一个阵营,由于他们的生存态度与基本立场不同,即使面对同一个事物,他们的看法也会不同,甚至完全相反,因此战略上的对与错都是相对的。其次,面对人类社会冲突的复杂情形，我们所界定的"对"与"错"大多也并非指事物本身，而是根据我们的喜好、能力和信仰对它们所下的定义。当这种定义愈接近事物的本质，关于"对"与"错"的判断也就愈接近真理。因此战略以及战略指导是智者的领域，应尽量避免把缺乏经验、理性思维能力有限以及缺乏信仰的人放到战略领导人的岗位上。最后，冲突中战略选择的对与错，极易受各种主、客观因素的干扰而发生变化，包括政策与制度、群体与共识、感性与理性、愚昧与无知、民族与阶级以及权力、利益、信仰和意识形态，等等。因此，任何冲突中的选择与行动，都交织着内部与外部的政治博弈，这使得战略上的对与错的关系会随着时间而发生变化，甚至会向着各自的对立面转化，即对的变成错的、错的变成对的。这已经是历史上经常出现的情形。战略上的对与错，既与客观世界密切相关，也与人类的主观世界密切相关。因而从冲突的产生、发展以及战略指导的介入过程来看，关于"对"与"错"的判断，通常都遵循着下面的普遍性原则。

■ 是非与善恶

是非与善恶是人类社会产生冲突的根源，自然也是判断选择与行动正确与否的基本依据。

修昔底德认为，"恐惧、利益和荣誉的综合体"造就了这个冲突和强权层出不穷的世界，这意味着在民族、阶级、国家以

冲突与未来

及政治集团的互动之中，追求"支配地位"是一个必然的趋势，而在追求"支配地位"的过程中，存在着动机和结局的是非与善恶之分，其中动机是区分是非与善恶的心理基础，体现了人类社会不同群体的生存态度和基本立场。比如，在人类社会早期，随着农耕文明的兴起，土地对于生存越来越重要，大部分肥沃的水浇地逐渐得到了开垦和种植。这时某个氏族部落的土地就有可能延展到另一个部落，由于没有一个权威机构来解决边界争端，以及缺乏合理分配水资源的制度，冲突和接连不断的战争就出现了。基于简单的"是非"关系，冲突的双方都会认为选择对抗是正确的，而退让则是错误的，即对于对抗双方而言，"对"与"错"是相对的，最终的结果自然是强者胜、弱者败。同样，到了奴隶社会，私有制得到了快速发展，逐渐有了阶级和权力的概念，形成了王朝政治，奴隶与奴隶主之间的阶级矛盾日益尖锐，最终导致了奴隶起义。在统治阶级看来，奴隶起义是破坏社会秩序的祸首，他们出于维护其统治的需要，认为镇压奴隶起义是正确的，而受压迫的奴隶阶级则认为奴隶主的反动统治是一切罪恶的根源，显然对抗的双方都有自己的"善恶"观，因而善恶也是相对的。因此，在人类社会的早期，对于冲突的选择与行动，简单而直接，即凡是对手拥护的，就是己方反对的。只要能够得到大多数人的认可，就可以作出"对"与"错"的判断。

不过，历史的经验告诉我们，随着人类社会的不断发展，冲突的结局所产生的影响更加深远，因而人们在思考选择与行动的对与错上，不能仅仅局限于"动机"的是非与善恶，而是要有历史眼光和长远观点，要进行更加广泛的是非与善恶判断。首先，需要避免自取灭亡的结局。这与冲突所能运用的手段、力量的大小以及冲突发展的过程有关，因此发展和应对任何冲突都需要审时度势，其中的算计既有心理上的，也有物质上的，更需要把握有利的时机。只有这样，冲突的结局才有可能向着有利于自己的方向发展，这就需要更广泛地考虑是与非的问题，而较少地涉及善与恶的问题。其次，要考虑到人心向背。尽管冲突的产生与发展有各种各样的原因，但决定最后结局的一定是"人心"。自古道得人心者得天下，这是千古不移的真理，而且不仅要在冲突的初期"得人心"，也要在冲突的整个过程中进一步"团结人心"，更要在大局已定后不断巩固"得人心的政治"，否则就不可能获得最后的胜利。这是历史上一切成功的战略指导所具有的共同特征，因此政治上的"对"与"错"才是决定冲突的发展方向的根本依据。再次，要避免被孤立的后果。人类社会的任何冲突，既与冲突中的双方有关，也与冲突以外的民族、阶级、国家或政治集团有关。尤其是进入现代社会以来，全球范围内的政治、经济联系日益紧密，任何被孤立的一方，都将在冲突中陷入困境，一旦无法脱"困"，失败就无法避免。比如，在20世纪90年代，南斯拉夫被欧洲社会孤立，导致政府垮台，国家也因此四分五裂，历史上从此再也没有南斯拉夫这样一个国家；同样，在21世纪初，利比亚被国际社会孤立，不仅导致政府垮台，利比亚国家至今失去了发展的方向。

最后，要寻求政治上的进步。从宏观上看，人类社会的历史就是一部不断进步的发展史，因此寻求政治上的进步是一切民族、阶级、国家和政治集团生存竞争的"秘诀"，谁高举起了所处时代进步的旗帜，谁就能拥有更广泛的支持，这是争取一切胜利的保证。相反，一切逆历史潮流的选择与行动，最终都会以失败而告终。因此，寻求政治上的进步，是人们判定是非与善恶的最高准则。

显然，冲突中的选择与行动，不仅与"动机"有关，更与"结局"有关，涉及各种理念和人类社会的基本属性。这就是下面我们要讨论的第二个普遍性原则。

■ 信仰与意识形态

人类会观察世界、反思自身，因而几乎从人类开始出现，人类便有了信仰。比如，当人类意识到死亡是自己的宿命，是无法回避的结局时，就出现了精神上的痛苦，那么死亡到底是什么、人死后会去何处等疑问，自然成为人类关注的大问题。但现实是至今都无法提供让所有人都能接受的答案，于是信仰就产生了，如宗教信仰中的"死亡是轮回""死亡是救赎"等。同样，对世界本源的思考，更会形成形形色色的信仰，如"上帝创世论"就是一种信仰，而且诸如此类的信仰名目繁多、不胜枚举。意识形态则是人类诞生很久以后才出现的，是人类文明不断发展积累后的产物。这一概念最早出现于19世纪初的法国，但其发展则始于人类文明的开端，甚至更早。现有的证据最早可以追溯至古希腊柏拉图所著的《理想国》，表明那时的人们就已经有了对现实问题的深入思考，并得到了广泛的传播，从而在社会的不同阶层、国家或政治集团内部形成了共同的意识。它实际上是指在一定的群体或社会中形成的共同观念，是一种政治思想。因此意识形态不是人脑中固有的，也不是从天上掉下来的，它的根源是现实的社会存在，即意识形态是实用哲学的具体形式。这就是说，信仰和意识形态都是人们对客观世界的反映，它们同属于人类精神层面的存在，区别是前者通常源于对未知世界的看法，后者则主要出于对现实世界的认识。因此，信仰和意识形态既存在着相互的联系，也有着明显的区别。

当然，信仰和意识形态并不是静止的，也不是被动地作为客观世界的镜像存在着。它们既然是人的主观世界对客观世界的反映，就能够通过人们的实践活动，反作用于客观世界，然后又由于客观世界的发展，进一步推动人类精神世界的发展。因此，人类的信仰和意识形态是不断进步的，它与人类社会进步的大趋势相一致，始终存在着进步与落后的斗争。当进步的信仰和意识形态成为大众共识的基础，就会对人类的实践活动产生积极的影响。相反，落后的信仰和意识形态则会成为阻碍社会进步的因素。其中，信仰的形成相对稳定，是人的有限性与客观世界的无限性所决定的，很大程度上取决于传统、习惯和文化的影响；而意识形态则源于社会的现实矛盾与冲突，是动态的、发展变化着的，与人类社会的政治、经济利益密切相关。也就是说，信仰和意识形态在人类的精神层面上是一种互补的关系，前者注重永恒，后者注重现实。当它们之间发生冲突时，强化信仰就必然要求弱化意识形态，张扬意识形态就得削弱信仰。具体来说，现实斗争的需求，总是要求打破或弱化既有的信仰，目的是为社会的发展进步注入精神动力；而要保持现实社会的稳定，就需要巩固和稳定人们的信仰，以弱化意识形态斗争对社会稳定的破坏。这就是为什么在人类历史上，革命阶级通常都倡导"破除迷信、解放思想"，而统治阶级则总是要强化宗教信仰。比如，陈胜、吴广起义就提出了"王侯将相宁有种乎"，这就是对信仰"天命"的反抗，而西方国家则有"教随国定"的传统，等等。

人类社会发展到今天，信仰与意识形态更是无处不在，已成为一切冲突得以产生和发展的现实背景。事实上，人类社会的任何冲突都不是无缘无故的，也不是与生俱来的，而是由各种现实问题所诱发，是矛盾不断发展、激化的结果。它们源于不同的群体、阶层、阶级、国家以及政治集团对现实利益、权力和制度的不同需求。当持有同一需求理念的人们集结起来，反对持有相反理念的另一个群体、阶层、阶级、国家或政治集团时，冲突就会产生。而当这些理念上升到更为广泛的思想、文化和理论层面时，冲突所奉行的理念就会逐渐上升为意识形态，并最终发展为支撑社会冲突的心理基础，而信仰就是这一心理基础扩大的最后边界。因此，信仰与意识形态从其产生开始,就是人们判断选择与行动正确与否的观念依据,对人类社会的冲突具有直接的或潜移默化的巨大影响,一旦与人们的实践活动相结合,就会成为强大的思想武器和精神力量的源泉。它们对于削弱战略阻力、扩大战略空间、增大战略选择与行动的可靠性和有效性,具有极为重要的影响,因而历来是战略家手中的"王牌",是形成一切战略理论的思想基础。比如,从17世纪开始,欧洲政治思想领域出现了启蒙运动,资产阶级意识形态开始兴起,1690年英国思想家约翰·洛克出版《政府论》,宣称人类"生而自由、平等、独立";而法国的伏尔泰、孟德斯鸠和卢梭等人则以"自由""平等"的口号,直接反对传统的封建思想和宗教束缚,为法国资产阶级革命进行思想动员。随后出现了轰轰烈烈的资产阶级革命洪流,结束了欧洲上千年的封建制度。同样,马克思基于对人类历史的考察,于1848年发表了《共产党宣言》,认为"到目前为止的一切社会的历史都是阶级斗争的历史"[①],奠定了共产主义意识形态的基础,提出了一系列有关"阶级斗争"与"消灭私有制"的思想,为19世纪以来世界范围内风起云涌的国际共产主义运动和民族解放运动奠定了思想理论基础。

显然,相对于信仰,意识形态对于人类社会冲突的影响更直接、更显著,是人们判断战略选择与行动的观念基础。具体来说,只有当人们的选择与行动符合一定社会的理念、观念和

[①]《马克思恩格斯选集》(第一卷),人民出版社1972年版,第250页。

思想，才能动员和团结某一社会群体、阶层、阶级、国家或政治集团于共同的使命，其行动才可能具有现实可行性。因为意识形态是一种与一定社会的经济和政治状态直接相联系的观念、观点、概念的总和，是人们对现实世界的反映，并通常体现为政治思想、法律观念、道德、艺术、宗教、哲学和其他社会科学等。它们从不同的侧面反映了人类社会的现实生活，它们可能是进步的，也可能是落后的。这就是说，现实社会中的意识形态必然存在着三种不同的体系：一是占统治地位的意识形态；二是已经被消灭了的旧政治制度下落后的意识形态；三是正在孕育着的、不断萌芽的、新的意识形态。由此可知，意识形态不是一种抽象的理论，它有社会指向性，而且总是指向现实社会；它要么维护现存的政治制度，要么为了批判现存的政治制度，中间派是难以存在的。从这个意义上来看，人类社会的大部分冲突都是意识形态冲突。由于意识形态支配着一个人或一个社会群体对于现实生活的态度，它的本质就是政治，任何选择与行动若违背了一切现实政治的规定，或者是落后政治的产物，就必然会导致错误的结果。

信仰，则是一定社会群体（如部落、民族、政党等）在精神层面的共同追求和价值观所在，是人类灵魂的标注，也是人类社会所有道德生活的基石，其最直接的表现形式就是宗教和主义。当它们与人类现实生活的愿望（意识形态）相一致或者发生冲突时，就能够通过人的情绪、大脑激发出某种无限的渴望。当然，信仰对冲突的影响既可能是正面的、积极的，也可能是负面的、消极的,其区别取决于人们对现实生活的态度。比如,为了发动太平天国起义,洪秀全将外来的基督教信仰、中国古代的大同理想以及朴素的平等平均思想糅合起来,以"拜上帝会"的名义聚集起义力量,掀起了中国近代史上规模巨大的一次农民运动,极大地冲击了清王朝的统治。这就是说,信仰一旦与一定的意识形态相一致,就会对这一意识形态下的冲突产生推波助澜的影响,相反则会成为抑制一切冲突的因素。因此,统治阶级历来都是利用宗教信仰的后一种影响来巩固自己的统治,而被压迫阶级则总是利用前一种影响为自己所主张的意识形态服务。因此,社会一旦具有了积极的信仰,就意味着同时拥有了巨大的精神力量,而且这种精神力量会体现为永不放弃的行动,其中价值观判断是决定选择与行动正确与否最直接的方式。

毫无疑问,信仰和意识形态是人类实践活动的心理基础,决定了人们在冲突中进行选择与行动的基本原则,体现了人们的主观意愿和思考问题的方向。

■ 科学的理论

科学的理论,是人类的认识超越经验与直觉的产物,它源于人类共同的经验与实践,经过人类思维活动的加工创造,最后能够运用于指导实践。因此,任何科学的理论都是有条件的,当实践的性质发生变化时,理论也应随之而改变。总而言之,真理是相对的，这是由人类认识的局限性所决定的。

人类社会的一切冲突，其产生、发展和变化的规律，与不同群体的生存状态、他们各自所追求的信仰以及冲突的方式有关。如何认识他们的生存状态、他们所要追求的信仰，以及每个时代的冲突方式，是科学的理论必须解决的基本问题。在人类进入文明社会以前，经验和直觉是唯一的知识形式。这是当时人们理解和认识世界的主要方式，也是后世一切科学的理论的早期形态，至今我们每一个人仍然可以在自己的成长经历中感受到它曾经的存在。后来，人类发明了文字，前人的经验和直觉就被记录了下来，并成为历史，后人也就可以借鉴更多、更广泛的经验。这样不仅丰富了后人的知识，也扩展了他们的视野。与此同时，哲学也在神话和原始宗教的基础上开始萌芽，逐渐形成了以天、地、人为框架的思想方法。早期主要表现为禁忌和规范、恐惧与希望，后来日益趋向于思考认识与现实的统一，关注的是如何解释这个世界。这就是今天哲学的基本形态。正是因为哲学的产生，人类逐渐形成了对历史的认识，然后通过人类思维对历史经验的不断加工，科学的理论也就应运而生，因此历史与哲学是一切科学的理论的前提，二者的成熟发展以及二者之间微妙互动的关系，标志着人类开始摆脱了经验与直觉的局限性。战略思想正是人类思维徘徊于这二者之间的智力成果。比如，在中国，孙子是第一位奉献出这一智力成果的伟大人物，他留下的《孙子兵法》对后世产生了极其深远的影响。该书成书于公元前5世纪，总结了中国春秋以前的战争经验,提出了一系列带有普遍性的战争指导规律,对我国古代军事学术的发展和战争实践,均起到过重要的指导作用。他的论述几乎涉及与战争有关的所有领域,包括政治、经济、外交、军事与地理等各种战略要素,是一部至今仍具有重要参考价值的军事理论著作。同样,在西方也有这样一位开创性的伟大人物,他就是意大利的马基雅维利(1469—1527年)。他留下了《战争艺术》《君主论》《论李维罗马史》等著作,"是西方最早把战争与和平的问题当作学术来研究的人"[1]。他的著作是现代西方战略思想发展的起点。在这些著作中,马基雅维利以罗马时代的战争为主要范例,对古人的经验进行了加工整理,广泛而深入地讨论了政治与军事问题。其中,《战争艺术》是他最重要的理论成果,该书在16世纪就发行了21版,并陆续译成法、英、德以及拉丁文,被称为西方的"武经"[2]。不过其影响最终被克劳塞维茨的《战争论》超越。

显然,历史和哲学为科学的理论的发展提供了条件,前者通过历史与现实的关系,为科学的理论的产生提供了土壤,后者则通过主观与客观的关系,为科学的理论的发展提供了工具。这也决定了科学的理论得以形成和发展的过程。首先,人类需要了解历史,从历史中发现进步的阶梯。历史虽然代表着过去,但它的存在并非虚无,而是对现在和未来都产生着持久的稳定的影响。因为它能够通过每一个人、每一个群体以及社会的生

---

[1] 钮先钟:《西方战略思想史》,广西师范大学出版社2003年版,第101页。
[2] 同上,第102页。

存状态释放着历史的影响力，而这种影响力对于我们的思想与行动具有潜移默化的作用，或积极的，或消极的，或体现在物质生活的层面，或体现在精神与信仰的层面等，即任何人都不可能割断自己与历史的联系。历史的烙印在现实生活中随处可见，这是我们发现进步阶梯的唯一线索。其次，人类需要认识现实政治的发展，从差别、矛盾与统一中寻找进步的方向。进步是人类社会发展的基本特征，但进步的动力源于人类社会不断发展着的物质与精神需求，体现为物质文明的发展进步与精神文明的发展进步，因而人类社会中不同群体、不同民族、不同阶级、不同国家以及不同政治集团之间政治、经济、文化上的差别、矛盾与对抗，决定了政治发展的形态。当差别是社会现象的主要方面时，和平与发展就成为解决一切冲突的基本方式；当社会矛盾占主导地位时，妥协或斗争就将成为解决冲突的主要方式；而当对抗成为主要的社会现象时，战争就难以避免，并会成为解决冲突的最后方式。当然，现实政治的发展要复杂得多，人们需要从差别、矛盾与对抗的复杂局面中寻求共识，进而确定社会进步的方向。再次，人类需要把握社会发展的未来趋势，通过改革与斗争确定前进的道路。人类社会的发展充满了现实主义与理想主义的斗争，其中现实主义是一切理想主义得以产生的源头，理想主义则是对现实主义的超越。它们之间的关系决定了未来的趋势。因此，理想主义是基于对未来趋势的判断而形成的，它往往是社会进步的旗帜，能够引领人们不断地冲破现实的羁绊，去实现改造社会的目的。历史的经验告诉我们，这一目的的实现，要么走改革的道路，要么走斗争的道路，或者由这两者综合而成，再没有其他的道路可选。最后，需要实践经验与批判精神的统一，逐渐产生和形成科学的理论，用以指导事业的发展。任何理论都不是凭空产生的，也不是经验积累的直接结果，而是在经验的基础上经过抽象思维的成果。运用这样的成果，人们既能够合理地解释现有的经验，又能够科学地描述和预见正处在萌芽阶段的事物或尚未出现的未来现象。它是客观规律的体现，反映了人们把握真理的程度。因此，科学的理论至少具有三个基本特征，一是实践性，二是理论性，三是真理性。简而言之，若只有实践，没有批判精神，不会产生科学的理论；而没有实践，再有批判精神也是枉然；当然，即使这两方面都具备，由于社会发展的复杂性，真理也不可能唾手可得。这就是在人类社会发展进步的历史过程中，真理往往在一开始只掌握在少数人手里的根本原因。这也意味着，科学的理论的形成与发展，既与一个时代的实践经验有关，也与一个时代的理论思维水平有关，更与那些理论探索者个人的天赋、经历以及思维能力有关。这就是说，科学的理论注定总是由少数人率先发现和创造，甚至完全由个别人创建。

　　由于科学的理论具有实践性、理论性和真理性，它必然是人们在面对冲突时判断选择与行动正确与否的重要依据。这也是一切科学理论得以产生和发展的目的。因此，理解和掌握科学的理论，是战略指挥员必修的功课。

■ 政策和策略

政策和策略，体现了人类实践活动的目的性，反映了统治阶级或政治集团的主观意志，两者密不可分。前者是指实践活动的准则、规范和限度，后者则是指行动的方式方法，包括行动方针、斗争方式和手段等。若没有政策，在冲突中所要追求的目标和任务就无所遵循；若没有策略，要想实现目标和任务就可能会困难重重，甚至会完全落空。政策和策略都非常重要，它们共同决定着事业的成败，缺一不可。正如毛泽东指出："政策和策略是党的生命，各级领导同志务必充分注意，万万不可粗心大意。"① "政策是革命党一切实际行动的出发点，并且表现于行动的过程和归宿。一个革命政党的任何行动都是实行政策。不是实行正确的政策，就是实行错误的政策；不是自觉地，就是盲目地实行某种政策。"② 事实上，政策是科学的理论与实践之间的中间环节，是联结理论与实践的桥梁和纽带。它既受理论的指导，又受实践的制约，更是科学的理论的具体化与原则化。换句话说，任何科学的理论都是通过一定的政策落实到实践中，一旦离开了对政策的研究、制定、宣传和执行，任何行动都有可能偏离正确的方向，正如毛泽东所说："在每一行动之前，必须向党员和群众讲明我们按情况规定的政策。否则，党员和群众就会脱离我们政策的领导而盲目行动，执行错误的政

---

① 《毛泽东选集》（第四卷），人民出版社 1991 年版，第 1298 页。
② 同上，第 1286 页。

策。"① 策略则是服务于目的和任务的工具与手段，通常是根据一定时期的战略方针、战略环境和战略力量确定的，目的是实事求是地贯彻统治阶级或政治集团的意志，注重在实现目标的过程中突出原则性与灵活性的统一。

因此，政策和策略都源于科学的理论与实践活动的统一，强调客观性与针对性，甚至一事一策，道理简单直白。它与科学的理论相比，有两个明显的特征：一是与现实的实践活动密切相关，容易被更多的人理解和掌握，有利于推动实践活动有序、健康、快速的发展；二是根据具体问题制定对策，操作性强，实践的结果能直接反映政策和策略的正确与否，因而是判断一切选择与行动之对错的现实依据。比如，马克思和恩格斯在创立科学社会主义理论的同时，就从实际斗争的需要出发，在《共产党宣言》中提出了统一战线的思想，认为在一切农民人口占多数的国家里，农民是无产阶级最可靠的同盟者，在反对封建制度中，无产阶级有可能联合资产阶级。马克思指出："共产党人到处都努力争取全世界的民主政党之间的团结和协调。"② 并进一步强调："在政治上为了一定的目的，甚至可以同魔鬼结成联盟，只是必须肯定，是你领着魔鬼走而不是魔鬼领着你走。"③ 列宁在领导俄国革命的斗争实践中，进一步丰富和发展了统一战线的政策和策略，他说："要战胜更强大的敌人，

---

① 《毛泽东选集》（第四卷），人民出版社1991年版，第1286页。
② 《马克思恩格斯选集》（第一卷），人民出版社1972年版，第285页。
③ 同上，第443页。

就必须尽最大的努力，同时必须极仔细、极留心、极谨慎、极巧妙地利用敌人之间的一切'裂痕'，哪怕是最小的'裂痕'；利用各国资产阶级之间以及各个国家内资产阶级各个集团或各种类别之间利益上的一切对立。另一方面要利用一切机会，哪怕是极小的机会，来获得大量的同盟者，尽管这些同盟者可能是暂时的、动摇的、不稳定的、不可靠的、有条件的。谁不懂得这一点，谁就丝毫不懂得马克思主义，丝毫不懂得现代的科学社会主义。"[1] 总之，团结一切可以团结的力量，争取一切可能争取的同盟者，结成广泛的革命统一战线，以便集中力量反对最主要的敌人，这是马克思主义统一战线政策和策略的重要特征。毛泽东在领导中国革命的斗争实践中，更是把建立统一战线作为中国革命的一大法宝，不同时期提出了不同的政策和策略。比如，1919年夏，毛泽东在《湘江评论》上发表的《民众的大联合》一文中就指出：国家坏到了极处，民众穷苦到了极处，社会黑暗到了极处，必须进行一番彻底改造，而改造的根本方法即在于实行民众的大联合。1935年12月，中共中央在陕北瓦窑堡召开政治局扩大会议，通过了中国共产党关于抗日民族统一战线的新政策，号召在警惕右倾投降主义的同时，应着重克服"左"倾关门主义倾向。与之相适应，将抗日反蒋的方针转变为"逼蒋抗日"的方针。更在1936年西安事变后，转变为"联蒋抗日"的方针。全面抗战时期，毛泽东在总结历

---

[1]《列宁军事文集》，中国人民解放军战士出版社1981年版，第645页。

史经验的基础上，制定了一整套关于抗日民族统一战线的理论、政策和策略，提出了发展进步势力、争取中间势力（民族资产阶级、开明绅士、杂牌军、国民党中的中间派、中央军的中间派、上层小资产阶级、各小党派）、孤立顽固势力的总方针，建立起了包括统一战线、建立敌后根据地和减租减息的三大政策。中华人民共和国成立后，毛泽东又根据建设社会主义的时代要求，提出与各民主党派"长期共存、互相监督"的统一战线新政策，等等。

事实上，在人类社会早期，人们就已经有了政策和策略的意识。比如，公元前745年，亚述帝国在提格拉·帕拉萨三世时期，为了缓和阶级矛盾，废除了此前习惯于对被征服地区实行疯狂掠夺与滥杀的政策，将被征服地区的人民互相迁徙，既使其分散于各地难以集中起来进行反抗，又获得了大量的劳动力用于生产，这一政策对于当时的战后稳定与恢复生产起到了非常重要的作用。[1]再比如，公元7世纪，拜占庭帝国为了稳定国内局势、有效抵御外来入侵，在实行军区制的同时，实行份地兵役政策，即份地与兵役相结合，分得土地者须服兵役，士兵战死后，份地连同服役义务都可转给继承人。它要求将军以下各级官兵自备所需的武器、装备和粮草，不再依靠国库供给，从而大大减轻了中央政府的负担。份地世袭政策使拜占庭军队具有了广泛而稳定的兵源，这一政策在当时既有利于加强

---

[1] 柯春桥主编：《世界军事简史》，解放军出版社2015年版，第13页。

国防，也极大地缓和了当时帝国因土地垄断而日益尖锐的社会矛盾。[①]当然，人类社会早期的政策和策略，都是基于经验提出来的，局限性非常明显。直到资产阶级革命以后，尤其是马克思主义产生之后，政策和策略才具有了理论与实践的双重特征。因此，政策和策略的本质是政治，前者突出的是政治的原则性，后者突出的则是政治的灵活性。当只强调原则性而没有了灵活性之后，政策和策略就演变为人们必须服从的法律制度。这就是当代西方国家主要奉行的国家治理方式，制定和保障法律的实行是国家权力的核心，甚至国家的外交政策也是以法律的方式固定了下来。毫无疑问，在人民既知法又守法时，这样的治国方式最为简单，但当法律条文多如牛毛时，人民也会无所适从，发展到一定程度，其结果必然会导致治国效率急剧下降。相反，只强调灵活性而没有了原则性，政策就会蜕变成权宜之计，陷入朝令夕改的境地，其最终的结果必然是走向失败。第三种情形就是法律与政策相互结合的国家治理方式，即对那些涉及全局而长远的问题实行法律管辖，而对那些局部的或虽具有全局性但较为短期的问题，则按照一定的政策和策略进行管理。由于法律较为稳定，政策易于调整，这是两种手段相辅相成的社会治理模式。它既有坚定不移的原则性，又有易于管理的灵活性，因而相较于西方国家的法律治国，社会治理模式会更科学。

[①] 柯春桥主编：《世界军事简史》，解放军出版社2015年版，第55页。

由此可知，冲突中决定选择与行动的正确与否，既要考虑一般意义上的政策和策略，也要考虑法律因素的影响，尤其是在应对内部冲突时，法律是非常重要的依据。正确地制定、理解和把握政策与策略，遵守法律规定，是我们在一切社会冲突中确保战略甚至战役战术成功的基本要求。

第三章　冲突的历史逻辑

我们知道，人类社会自产生以来，从未是任何意义上统一的实体。各个社会群体（部落、民族、国家和政治集团等）得以产生和发展的机遇和生存的条件千差万别，包括地域的、文化的、宗教的、民族的、国家的以及阶层和阶级的差别，等等。那么，在人类社会的早期，由于时间和空间足以使各个社会群体拥有独立发展的环境，"差别"就成为当时最普遍的社会现象，而且由于生存空间广阔，以及资源相对丰饶，各个群体之间（如部落之间）保持着足够的独立性和迁徙的自由，相互之间的"差别"最终只是体现为某个群体发展的快慢，或在某个方面具有优势与劣势的区别，人们的社会意识主要表现为通过群体共同的劳动去满足成员日益增长的物质需求。随着群体的繁衍和不断扩大，每个群体对需求的增长也急剧上升。当优质的资源日趋紧缺时，不同社会群体之间的冲突也就不可避免。其中组织更有力、技术手段相对先进的群体，就会在冲突中获胜，逐渐形成了强者愈强、弱者愈弱的发展趋势，最后弱势的群体要么被消灭，要么被吞并，因而冲突推动了人类社会早期的进步。到了原始社会末期，尤其是进入奴隶社会后，私有制和阶级相继出现，各种内外差别逐渐上升为社会矛盾，并成为人类社会的普遍现象，而利益和权力则日趋成为主导冲突的关键因素。随着各种冲突的不断产生，除了外部冲突不断扩大，社会群体的内部冲突也开始出现，最终呈现出内、外冲突交织的局面。在外部冲突与内部冲突的综合作用下，统治阶级（阶层）的意志不断得到强化，被统治阶级（阶层）的意志也越来越不容忽视。前者激励着社会组织范式、生产生活方式以及先进技术的不断发展和进步，后者则不断孕育出反抗的精神、革命性的力量和斗争方式的创新。因此无论是外部冲突还是内部冲突，冲突的结果都在客观上进一步促进了社会的进步，即物质文明与精神文明的进步。这一局面决定了此后数千年世界范围内王朝更替的历史。

具体来说，在整个原始社会以及奴隶制社会的早期，人类文明处在萌芽阶段，冲突的形态与今天完全不同，不同的族群为了夺取资源和维持生存，不仅冲突方式直接、形态单一，冲突的性质也趋于绝对化，盛行的是丛林法则，因而这一时期冲突的产生和发展几乎只受利益观念的支配。直到奴隶制社会的中晚期，人类社会才逐渐走出这一原始的冲突模式。到了封建社会之后，随着农耕文明的发展进步，小农经济模式决定了人类社会生产生活的基本方式，进一步巩固了封建领地制度和王朝政治，各王权之间或国家之间，都是依照实力划分势力范围，而适合人类生存的无主之地则日渐减少。1492年哥伦布发现美洲大陆之后，这样的区域就基本上消失了，冲突的范围日渐受到了某种社会秩序（政治）的约束，但由于受小农经济意识的影响，民众的公共意识淡薄，社会冲突的产生和发展主要取决于王（皇）权、王朝政治与社会环境因素。一般来说，当王权和王朝政治进步、力量强大、外部环境有利时，就极易促成对外扩张；当王权和王朝政治落后、实力衰落、内部政治环境恶化时，就既容易形成内部冲突，也可能引来外部威胁。因此，整个封建时期注定了是一个冲突频繁、内外冲突交织的时代，冲突的目的要么是为了攫取领土和资源，要么就是为夺取统治权。发展到资本主义时代之后，随着市场经济和工业文明的兴起，广大人民在政治上日益觉醒，对平等、自由和民主精神的追求成为时代潮流，人民的意志逐渐成为决定冲突之产生、发展的重要因素。价值观不仅塑造了国家和民族的精神，也是一切政权（政府）得以存在的根据，这使得人类社会冲突的主观意志日趋平民化，人类社会"群体之间的心理边界"日渐成为一切冲突得以产生的根源，形成了内外冲突相互作用、相互渗透的局面，以至于局部冲突或地区性冲突极易演变为全局性的或国际性的冲突，因此冲突的目的通常是由客观利益和价值观利益共同决定的。这就是说，人类社会的冲突具有历史的必然性，它发端于族群和部落时代，随后就日益频繁而复杂化。

因此，不同族群之间的冲突，包括发生在不同民族、阶级、阶层或政治集团之间的冲突，是人类社会最为古老的一种冲突模式，它起源于部落时代并绵延至今。早期，族群之间的冲突是人类社会意识萌芽的必然结果，部落的每一个成员都意识到，个人的生存需要仰仗于整个部落成员的共同努力，他们通过建立起共同生产、共同战斗和共同进退的族群关系，形成了共同的意志，构成了文明发展早期各个族群共同的心理基础。到了部落联盟时代，尤其是进入奴隶制社会之后，社会制度和人类理性的发展，进一步强化了冲突需求的目的性和主动性，逐渐形成了服务于统治阶级的政治理念和律法制度，统治者个人的意志开始凌驾于公众意志之上，而且族群冲突的暴力性质非常明显，通常都是以战争的方式进行的。在这样的冲突中，谁的政治理念更先进，更能响应广大人民的愿望，谁就能更好地获得广大人民的支持，从而能够赢得最后的胜利。

比如，周灭商，就是中国奴隶社会早期发生的一次大规模的族群冲突。周族本是商王朝治下的一个弱小部族，位于商的西方（岐山），经过古公亶父、季历等几代人的努力经营，周族逐渐发展并强大起来，这使商王文丁感到了威胁，于是他借机杀了季历，以遏制周族的发展。此后，季历之子姬昌（即周文王）为报杀父之仇，在位五十年间始终把灭商作为周人的使命，为此进行了长期的政治准备。一方面，在形式上继续臣服于商，以麻痹商朝统治者；另一方面，则"阴行善"（《史记·周本纪》），在暗地里积极积蓄力量，招揽四方之士，笼络其他诸侯，不断扩大周族的影响，争取广大人民的支持，最后出现了"诸

冲突与未来

侯多叛纣而往归西伯"(《史记·殷本纪》)的局面,这标志着周族逐渐形成了社会进步与政治上的优势。加之后来商纣王征伐东夷的战争旷日持久,造成西部的统治力量空虚,而且此时商王朝的内部矛盾也日益尖锐,王子比干被杀,箕子被囚,微子逃走,少师、太师奔周,暴露出纣王在政治上日益不得人心。周族便抓住有利时机,由周武王亲率兵车 300 辆、虎贲 3000 人、甲士 4.5 万人东进伐商,并遍告诸侯会师于孟津,共同与商进行决战。这就是发生在公元前 1046 年的牧野之战。商纣王大败,后逃回鹿台自焚而死,统治中原 500 多年的商王朝从此灭亡。周灭商之后,周王更是以符合广大人民意愿的政治措施安定天下,因为当时商朝虽然被推翻了,但商朝的残余势力仍然很强大。为了安抚商朝的部落和遗族,周武王首先想到的是以政治举措安定天下,封纣王之子武庚为诸侯,仍在商地维持统治(为了防止武庚作乱,周武王另封自己的弟弟管叔、蔡叔、霍叔在武庚周围监视),并释放被商王囚禁的箕子,封比干墓,散鹿台之财以救济贫困。同时,分封夏朝后裔,包括封神农之后于焦(今河南省陕州区)、封黄帝之后于祝(今江苏省连云港市赣榆区)、封帝尧之后于蓟(今北京市西南一带)、封帝舜之后于陈(今河南省淮阳区)、封大禹之后于杞(今河南省杞县)等,表明了周武王崇德报功的政治理念。[①] 周武王死后(武王灭商后两年去世),周成王继位,由周武王的同母弟弟周公旦

[①] 台湾三军大学编:《中国历代战争史》,中信出版社 2012 年版,第 77—78 页。

辅佐，但引起了管叔和蔡叔的不满，他们不仅散布流言说周公旦要篡权，还勾结早有叛心的武庚，联合东夷的徐、奄、蒲姑等17个诸侯国起兵反周。这一政治上的裂痕产生了严重后果，反周势力一时遍及今河南、山东、河北、安徽等地，使周王朝顷刻之间陷入动荡不安的局面。周公旦正是以政治、军事两手妥善应对，才使周王朝得以转危为安，不仅击溃了武庚的军队，击杀了武庚，还处死了管叔，蔡叔则遭到流放，霍叔被贬为庶人。在内部安定后，周公旦亲率大军东征三年，灭了50多个部族，最终摧毁了商朝的残余势力，巩固了周朝的统治，为后来周朝的强盛奠定了基础，周公旦也因此成为中国历史早期最伟大的政治家之一，其战略艺术深受后人景仰，后来战国时期的兵家学术无不受其影响。

再比如，秦始皇统一中国，就是在中国奴隶社会末期、封建社会初期的一次大规模的族群冲突。它决定了中华民族此后两千多年的基本格局，其影响延续至今。战国初年（约公元前5世纪），在经历了春秋争霸长达200余年的兼并战争之后，周天子虽然在名义上仍为天下共主，但已无力控制天下诸侯，诸侯国之间的相互攻伐更成常态，加之铁制工具开始得到广泛的运用，生产力迅猛发展，社会财富急剧增多，因而在奴隶主贵族阶级之外，迅速形成了一个庞大的新兴的地主阶级。其中从旧贵族中分化出来的新兴地主阶级，通过斗争逐渐取代了旧势力的代表者——公室。他们不仅引领着社会的进步，促使着生产关系由奴隶制向封建制转变，也使得土地兼并战争愈演愈烈，进一步加剧了诸侯国之间的冲突。在这一背景下，各诸侯国为求自保、自强，竞相招贤纳士，进行社会改革，掀起了一场风行各诸侯国的"变法"运动，最终形成了秦、楚、魏、赵、韩、齐、燕七个强大的地方封建政权，以及几十个弱小的诸侯国（部族）。此后250多年的中国历史，就主要是上述七个诸侯国之间兼并与反兼并的斗争史。初期，在七个诸侯国中以魏国的实力最强，继魏国衰落后是楚国、齐国的强盛，但最后还是后起的秦国实现了扫灭六国、统一中国的目标，建立起了中国第一个大一统的封建王朝。研究表明，相较于其他几个诸侯国，秦国变法较晚，但赢得了兼并战争的最后胜利，这除了政策和策略运用得当以外，根本的原因就在于其变法比较周密而彻底。秦国从秦孝公即位（前361年）后，开始发愤图强，重用商鞅进行过两次政治改革。一是自前356年开始，制定连坐法，按户按人口征收军赋，鼓励开荒，按军功大小予以赏赐提升，无军功者虽宗室也不能授爵禄，游手好闲而致贫困者要没收其妻子为官奴，等等。二是自前350年进行第二次变法，开阡陌封疆（挖掉奴隶制井田的边界），土地可以自由买卖，彻底废除井田制，确认地主和自耕农的土地所有制，这极大地鼓舞了全社会的进取精神；又通过推行郡县制，设置县一级的行政机构，集中政权、兵权于中央，得以集中一切力量用于支持统一战争。两次改革所推行的军政措施，顺应了社会进步与生产力的发展，符合广大人民追求统一的愿望，并吸引了其他诸侯国大量的人才和劳动力资源进入秦国，最终汇成了推进统一的历史洪流，因此到秦惠文王继位时（前338年），秦国已成为战国后期最强大的诸侯国。最为重要的是，秦的各代君主皆以统一中国为己任，一代接着一代，持之以恒地实行变法图强。他们以适应时代进步的观念，施行了大量符合人民期待的政策，引领着时代进步的方向，从而为秦始皇最后扫灭六国奠定了强大的政治、经济基础。

从秦王朝开始，中国社会不同族群之间的冲突，就逐渐发展演变为统治阶级与被压迫阶级之间以及统治阶级内部的冲突。这两者贯穿于封建社会的全过程，构成了中国社会冲突的主要历史。前者，最早有陈胜、吴广起义，后来有西汉末年的绿林起义、东汉末年的黄巾起义，以后的中国历史就这样循着进步的方向，不断地一再重演，一直到太平天国农民起义。大大小小的农民起义在中国历史上此起彼伏，而冲突的产生和发展通常意味着一个旧王朝的腐朽与没落。统治阶级内部的暴力冲突更是屡屡上演，如西汉的吴楚七国之乱、东汉末年群雄割据到魏吴蜀三国鼎立、唐代的安史之乱以及民国时期的军阀混战等，这一类冲突往往都推动了对旧制度的变革。无论是哪一种冲突，都伴随着一定的政治主张或政治理念。比如，东汉末年的黄巾起义就经过十多年的准备，其领导人张角针对东汉王朝的政治腐败以及"虐遍天下，民不堪命"（《后汉书·宦者列传》）的社会背景，利用"太平道"进行宣传发动，提出了"苍天已死，黄天当立，岁在甲子，天下大吉"（《后汉书·皇甫嵩朱儁列传》）的政治口号，即东汉王朝必然要消灭、农民政权一定要建立。

这一口号既符合当时广大人民的愿望,也极大地鼓舞了广大人民积极投身于推翻东汉王朝的起义斗争。后来起义虽然失败了,但东汉王朝也因此走到了它的尽头。

当然,世界上的其他地区同样存在着由族群冲突发展到阶级冲突的历史过程。

到了17世纪,西方国家相继进入资本主义时期,人本主义思想得到广泛传播,人类自我意识进一步觉醒,继宗教信仰之后,多元化的意识形态(政治的、经济的)成为人类社会的重要标志,进而强化了民族意识、阶层意识、社团意识、个人权利意识以及主权观念、政党观念和利益观念等。意识形态与利益成为决定一切冲突的关键因素。尤其是随着工业文明的产生,催生了社会化的生产模式,资源、市场、企业和社团决定着人们的生产生活方式,任何个人的进步都与整个社会的进步紧紧地联系在了一起,社会化的协作关系改变了传统落后的小农意识,人们追求平等、合作、自由与民主的理念。这一关系极大地促进了人的思想解放,激发了个人与全社会的创新意识,推动着科学技术的快速发展,使得物质文明的进步与精神文明的进步日益相关并相互作用,社会发展的方向越来越取决于人们的价值观念。这也必然导致人类社会冲突的社会化趋势日益明显,国家、政府乃至各种政党或社会组织,都只能是大众"利益"的代表,而不再是他们"利益"的决定者。在这样的背景下,人类社会的一切冲突以及冲突的过程和结局,都与一定社会的意识形态有关,利益的冲突开始与意识形态斗争相互交织。

然后就是18世纪资产阶级革命的兴起，以及19世纪以来国际共产主义运动的不断发展，封建制度迅速瓦解，人们的思想获得了前所未有的解放，关心人类命运与自身发展逐渐成为人们普遍的意识与自觉的行动。具体来说，以法国资产阶级革命为开端，伴随着共产主义的广泛传播，在全球范围内掀起了反对封建主义和殖民主义的民族解放运动，民族国家随之兴起，追求民主、人权和自由成为历史潮流。这一切决定了人类社会的冲突不再是君主的意志和对王权的争夺，而是取决于大多数人共同的理想，正如美国历史学者R.R.帕尔默所说，国王之间的战争结束了，民族之间的战争开始了[①]，从而开启了人类社会冲突日益多元化的时代。

首先，是1789年的法国大革命。18世纪的法国，与世界上多数国家一样，是一个以农业为主的国家，农民数量约占人口总数的80%。法国的税收制度仍然主要是封建制度的残余。在这一制度的压迫下，农民不得不上缴巨额税款，绝大多数财富被国王和贵族掠夺。同时，随着城市工商业的快速发展，法国中产阶级日益庞大，他们对阻碍贸易的封建制度备感愤懑，渴望建立受市场驱动的自由贸易经济，而且法国的手工艺者、小商店主和做散工的人们都过着朝不保夕的生活，物价飞涨，城镇居民的生活状况也日益恶化。更为糟糕的是，这时的法国预算赤字严重，支出远远超过收入，而贵族和罗马天主教会又

---

① 指1793年以后的欧洲战争。

冲突与未来

不承担纳税义务,为此国王路易十六下令征税,被迫召开"三级会议"[①]以解决税收问题,这成为革命爆发的导火索。第三等级的代表声明自立为国民议会,反对国王及其统治阶级的压迫。在通货膨胀、高失业率和政府不作为的形势下,1789年7月14日愤怒的巴黎人民攻占了巴士底狱,从贵族手中夺取了城市的控制权。革命也迅速向整个法国的农村地区扩散,以至于农民频繁袭击贵族城堡,焚烧当地领主手中的地契。8月4日,制宪议会宣布法国封建制度的终结。三周之后,制宪议会发表《人权宣言》。1791年10月,制宪议会完成了历史使命,权力移交至立法大会。然而不到一年,封建制度虽然瓦解了,立法大会却在国内的不满情绪中解散,社会开始在意识形态上走向两极分化,中间派或温和主义者逐渐消失,法国社会的结构性冲突加剧。一方是保守派,包括王室、贵族、政府上层官员、国家军队和虔诚的天主教徒在内,联名抵制革命带来的改变。另一方是激进派,他们发动了一系列运动,将法国革命推向了高潮,其中以雅各宾派俱乐部最为知名,几乎成了法国大革命中最激烈时期的代名词。他们引领和鼓励普通民众走向街头示威,以日趋激进的政治理念不断争取和团结巴黎人民。1792年8月,巴黎人民起义,激进的革命席卷整个巴黎,仅9月份就有超过1000名反对革命的人被处以死刑。1793年1月,路易

[①] 又译为国民制宪会议。僧侣为第一等级,贵族是第二等级,其他各种人都归为第三等级。第一、第二等级只占全国人口的1%。从1614年以来,三级会议已中断了175年。

十六也以叛国罪被公开处死。此后，激进派与保守派的斗争趋于白热化，法国大革命进入"恐怖统治阶段"。到 1794 年 7 月，共计约有 4 万人被判处死刑，包括法国大革命激进时期的领袖罗伯斯庇尔在内。

接下来，就是 1917 年的俄国十月革命。受欧洲资产阶级革命的影响，1905 年俄国就爆发了一系列革命，虽然遭到了沙皇尼古拉二世的镇压，但沙皇还是转让了部分权力，允许建立议会杜马，以行使部分立法权。1907 年后，沙皇的权力进一步受限，俄国的温和派对沙皇所作出的让步表示满意，但激进派持反对态度，强烈呼吁继续革命。1917 年 3 月，由于俄军在第一次世界大战中屡尝败绩，尼古拉二世被迫退位，摇摇欲坠的沙皇封建政权终于崩塌。沙皇王朝一倾覆，俄国两大政治派别立即开始争夺政权。一派是以克伦斯基为首的由议会杜马转变而来的临时政府，他们声称自己是政权的合法继承者，并制定了明确的执政目标，但缺乏群众基础，得不到人民的支持。另一派是以工人和士兵为代表的彼得格勒苏维埃，包括了当时俄国大多数的激进政党，有社会主义革命派、孟什维克、布尔什维克等。他们真实地反映着普通民众对现实的不满，但无执政经验，而且在政治上时常产生分歧和裂痕，因此不得不放弃夺权，只能作为临时政府的竞争对手存在。1917 年夏，临时政府面对各种冲突，已无力控制日益恶化的局势，俄国经济崩溃。但此时第一次世界大战仍在继续，俄国不仅在战场上损失惨重，人数众多的贫农也强烈要求政府分配土地。在社会不断动荡的压力下，政权逐渐向左派转移。鉴于当时的局势，列宁发表了著名的《四月提纲》，呼吁布尔什维克拒绝与临时政府合作，要求布尔什维克领导正当权益没有被满足的工农阶级，积极引导他们反对临时政府。随着布尔什维克队伍的不断扩大，临时政府日渐衰弱，日益不得人心，国内社会分裂。列宁抓住这一时机，下令让布尔什维克发动进攻。1917年11月7日，布尔什维克的军队占领了彼得格勒大部分地区，冲进了"冬宫"，推翻了临时政府，夺取了政权，俄国革命掀开了历史的新篇章。但是，俄国的社会冲突并没有就此结束，1918年初内战爆发：一方是布尔什维克所领导的红军，代表着成千上万工农群众的利益；另一方是代表封建贵族利益的白军，包括反布尔什维克主义者、军职人员、君主主义者和保守派等势力，企图恢复旧制度，同时也引来了法国、英国、日本和美国等国对俄国内战的干预和封锁。白军一心要恢复革命前的土地所有制，很快失去了绝大多数人民的支持。内战持续了三年，死亡人数高达数百万。1921年初，列宁领导的布尔什维克基本稳定了国家政权。

革命的烽火也传递到了中国，形成了一个相对于法国资产阶级革命和俄国十月革命更为曲折的革命历史。1840年，鸦片战争的失利暴露了清王朝的腐朽没落。1895年，清王朝又在中日甲午战争中惨败，陷入内忧外患之中。20世纪初，中国的半殖民地化进一步加深，内外各种矛盾日趋尖锐，到1911年全国的租界已达30多处，清王朝实已沦落为"洋人的朝廷"。为了摆脱困境，清王朝于1901年1月29日宣布"新政"，目的是通过发展民族资本主义经济①增强国力，以继续维护封建统治。在西方资产阶级革命的鼓舞下，中国资产阶级爱国民主运动蓬勃兴起，掀起了拒俄运动②、收回利权运动③以及抵制美货④等爱国运动。一些革命团体随之产生，如"兴中会""中国教育会""爱国学社""青年会""华兴会""光复会"以及"科学补习所"等。其中孙中山领导的兴中会提出了明确的革命纲领，更加深入地领导革命运动，推动了资产阶级民主思想的广泛传播。随着资产阶级民主运动的勃兴和革命团体的不断成立，出现了许多进步刊物，如《译书汇编》《浙江潮》《江苏》《湖北学

---

① 在20世纪最初的10年间，平均每年出现新办民族资本主义企业35家，其中中小企业占多数。
② 1903年春，沙俄拒绝按《交收东三省条约》从东三省撤兵，反而向清政府提出七项无理要求，激起中国人民的极大愤怒。4月29日，留日学生召开有500余人参加的大会，组织"拒俄义勇队"。同时，上海各界的爱国人士也在张园集会，发起"拒俄运动"，上千人参加，数十人登台演说声讨沙俄侵略。北京、湖北、江苏的学生也先后集会抗议沙俄侵略。随后，拒俄斗争扩大到了武昌、安庆、南昌、南京、杭州、福州、长沙、开封等地，形成了一个具有全国规模的反帝群众运动。
③ 1897年起，民族资产阶级领导各界要求收回铁路、矿山、内河航行等利权，其中尤以要求收回铁路权的斗争最为激烈。清政府于1898年与美国合兴公司订立《粤汉铁路借款合同》，1900年7月双方又签订借款续约，规定粤汉铁路归合兴公司承办。社会各界掀起了"废约争路"斗争，迫使清政府在1905年8月以675万美元的高昂代价收回粤汉铁路，交由三省绅商筹款、分段修筑。
④ 这是由资产阶级领导的一次爱国运动。起因是美国掀起排华运动，煽动种族仇视，胁迫清政府续订华工条约，其条约内容之苛刻，甚至使中国驻美国的外交官也遭到污辱。1900年，檀香山的美国当局甚至以检疫为名，把华人居住区全部烧光，使华侨损失财产达260余万美元。

生界》，以及许多革命论著，如《革命军》①《警世钟》《猛回头》②和《驳康有为论革命书》③等，内容均是揭露清王朝的黑暗统治，以唤醒民众，号召人民起来改革内政、反抗侵略、争取人权和民主，推翻清王朝，实现民主共和制度。资产阶级民主思想的广泛宣传，从思想上和舆论上为1905年同盟会的成立创造了条件，从而把各个分散的革命团体统一为一个全国性的政党，确立了"驱逐鞑虏，恢复中华，创立民国，平均地权"的十六字纲领。1905年11月，孙中山进而把这一纲领概括为"民族""民权""民生"三大主义。这是近代中国意识形态领域的革命性进步，它对于改变人民的思想观念、动员人民起来推翻清王朝的封建统治，起了非常重要的作用，标志着中国社会一个新的时代的开始。同盟会成立之后，从1906年至1911年，革命党人组织武装起义达11次之多，屡败屡战，直至辛亥革命成功，彻底推翻了清王朝，结束了中国两千多年的封建历史。这是中国旧民主主义革命所取得的最伟大的成就，它在政治上、思想文化上和经济上，都对中国社会的进步产生了深远影响，开辟了不可逆转的中国民主革命的进程。

但是，辛亥革命并没有完成反帝反封建的根本任务。袁世凯乘机夺取了民国的权力，人们则在历史和现实利益的藩篱中，卷进了共和思想与传统帝制观念的对抗，导致中国社会内部冲

---

① 邹容著，被称为近代中国的人权宣言。
② 两书为陈天华著，主张反对帝国主义、推翻清王朝。
③ 章炳麟著，批驳康有为等人改良主义的政治主张。

突复杂化。为了对抗袁世凯，同盟会与四个小党派合并为国民党，发动了"二次革命"，但由于过于依赖会党和革命者个人，不仅脱离了人民，力量也过于弱小，最终失败了。孙中山逃亡到日本，参加武昌起义的2000多革命党人惨遭杀害。中国进入北洋军阀独裁统治时期，陷入政治动荡之中。1915年袁世凯又制造了恢复帝制的闹剧，激起了全国人民的反对。同年冬，反袁护国战争爆发，各地纷纷宣布独立并组织"护国军"，形成反袁潮流。袁世凯的独裁统治迅速垮台。1916年6月，袁世凯死后，中国陷入军阀割据的纷争局面，战乱频繁。孙中山等革命派在同他们斗争时，没有提出彻底的反帝反封建政治纲领，只是号召恢复"临时约法"和国会。国民党日益失去广大人民的支持，梦想的破灭使"三民主义"意识形态的凝聚力风光不再。

俄国十月革命后，李大钊等人号召人民沿着十月革命的道路前进，中国历史开始进入一个崭新的阶段。许多在辛亥革命后继续摸索救国救民真理的先进知识分子们，开始高举民主和科学的旗帜，掀起了新文化运动，进一步发动和推动民众的觉醒，中国革命开始进入新民主主义时期，促进了共产主义思想在中国的传播。一批具有初步共产主义思想的知识分子在社会上的影响越来越大，如李大钊、陈独秀等人，他们认为辛亥革命后民主政治并没有真正建立起来，人民在共和的招牌下备受专制政治痛苦，而要使中国强盛起来，唯有抛弃官僚、军阀的专制政治，实行"国民政治"。1918年初，李大钊发表《法俄革命之比较观》，指出十月革命的本质"是立于社会主义上之革命"，号召人们"翘首以迎其世界新文明之曙光"。1921年7月，中国共产党在共产国际的帮助下诞生。她从一开始就确定了无产阶级政党的性质，成立伊始就着手领导工农运动。8月，为了贯彻中国共产党"一大"关于组织工人阶级，加强党对工人运动的领导的精神，在中国当时的产业中心上海成立了中国劳动组合书记部，以指导全国工人运动。9月，共产党人沈玄庐[1]在浙江萧山县衙前村组织农协，发动农民进行抗捐减租活动，最早在中国社会点燃了农民运动的烽火，表明中国共产党从一开始建立，便沿着马克思主义的轨道前行，坚决摒弃了当时颇为流行的无政府主义思想，大力倡导和践行民众大联合的革命思想。

1922年7月，共产国际代表马林根据其在中国的考察，认为："国民党不是一个资产阶级的党，而是各阶级联合的党，无产阶级应该加入进去改进这一党以推动革命。"[2]8月30日，经中共中央西湖特别会议认可，决定共产党员可以个人身份加入国民党，形成了国共两党第一次合作的局面，目的是"在保持独立性的前提下，到国民党中去宣传革命思想，促使他们重视群众运动，并通过国民党组织接近和联系群众，和国民党人一道共同开展反帝斗争"[3]。通过深入发动民众，实现国共两党联合起来共同开展国民革命的主张。1926年7月，广州国民政府发动北伐战争，10万北伐军兵分三路由广东向北挺进，直指反动军

---

[1] 沈玄庐又名沈定一，后叛党被除名，1928年遇刺身亡。
[2] 德辰主编：《光荣与辉煌》，红旗出版社1996年版，第67页。
[3] 同上，第68页。

第三章 冲突的历史逻辑

阀吴佩孚、孙传芳、张作霖所代表的割据势力。为了配合国民党统一中国的政治任务，共产党人在北伐前就深入城市、农村发动群众，支持北伐战争。比如，1926年2月21日至24日，中共在北京召开特别会议，主要议题就是准备北伐和农民问题，会议指出："不维持住北方国民军的局面，以接应广州政府之北伐，则广州政府必陷入孤立；不努力取得农民支持、建立工农革命联合基础，则工人亦将陷入孤立。"[①] 会议认为："本党现时最主要任务是在各方面准备广州革命势力往北发展，尤其是北伐的过程中，必须以建立工农革命联合为基础，而达到国民革命的全国范围内的胜利。"[②] 因此，北伐出师不到半年，国民革命军就攻占了湖南、湖北、福建、浙江、江西、安徽、江苏等省，革命势力迅速从珠江流域发展到了长江流域。在这一过程中，共产党的群众路线功不可没。而且，为了配合北伐军向江浙地区的进攻，1926年10月至次年2月，中国共产党还在上海连续组织领导了三次工人武装起义，有力地配合了北伐军在这一地区的作战。随着北伐战争的迅速胜利，国民党势力不断扩大，国共两党的关系也迅速恶化。国民党为了一己之私，背叛了民主革命的理想，为了实现独裁统治的美梦，开始疯狂地屠杀共产党人和革命志士。1927年3月6日，蒋介石制造"赣州惨案"杀害共产党人，4月1日在上海召开秘密会议准备"清党"，4月12日就开始在上海制造大屠杀，无数共产党人惨遭杀戮。

[①][②] 德辰主编：《光荣与辉煌》，红旗出版社1996年版，第161页。

冲突与未来

1927年上半年，消灭军阀、统一中国的任务尚未完成，蒋介石就不断采取"清共"措施，国民党与共产党之间酝酿的冲突终于爆发了。1927年7月15日，汪精卫等控制的武汉国民党中央召集"分共"会议，正式作出了关于"分共"的决定，在"宁可枉杀千人，不可使一人漏网"的口号下，大肆捕杀共产党人。为了粉碎国民党的疯狂屠杀，共产党人相继领导了三次武装起义，即南昌起义、秋收起义和广州起义，开辟了领导人民武装夺取政权的道路。这也标志着在推翻了清王朝之后，封建专制统治的思想依然根深蒂固，不可能真正形成资产阶级民主革命的局面。加之受俄国革命的影响，中国社会逐渐发展为三个主要的敌对的政治集团：一是代表封建主义残余的军阀统治集团；二是代表地主、官僚、民族资本家和帝国主义利益的国民党；三是代表广大工人、农民等劳苦大众利益的共产党。1927年10月，毛泽东率秋收起义部队开辟了井冈山革命根据地。1928年4月，朱德、陈毅率领南昌起义保留下来的部队和湘南农民军也到达井冈山，与毛泽东领导的秋收起义部队会师，成立了工农革命军第四军，建立起了中国第一个红色苏区政权。随着北伐战争的胜利，国共两党之间的冲突开始演变为中国社会两大不同阶级之间的搏斗，随后愈演愈烈，双方之间的战争持续了近10年之久，直到1937年7月抗日战争全面爆发，国共之间的内战才得以暂时平息。日本投降之后，国民党与共产党之间的冲突再也难以避免，随后内战爆发。前者专制而腐朽，后者民主而进步，意识形态上的进步与落后决定了国民党最后的命运，因为人民认清了蒋介石反动独裁统治的面貌，绝大多数中国人民都选择站在了中国共产党一边。1949年，战争以毛泽东领导的共产党的胜利而告终，共产党夺取了政权，建立了中华人民共和国。

第二次世界大战之后，世界形成两极对抗格局，标志着人类社会的冲突进入一个全新的历史阶段。美国和苏联两个超级大国在全球范围内的战略角逐，使大多数国家都不得不选择从属于其中的某一个集团。世界主要划分为资本主义国家和社会主义国家两大阵营，对抗与竞争相互交织。两大阵营的对抗在客观上缓解了各国内部族群（阶级、阶层、政治集团）冲突的压力。在这一时期，资本主义和社会主义快速发展，包括在战后恢复、发展经济和人民当家作主等方面，都取得了举世瞩目的成就。同时，民主制度也得到了进一步的发展和完善。20世纪70年代和80年代，就有30多个国家和地区的政治制度从独裁转向了民主，如许多拉丁美洲国家、菲律宾、韩国等。其中，社会主义国家强化了国家独立与民族主义思想，共同的理想消除了导致族群冲突的根源，而资本主义国家的议会政治与民主思想也更加深入人心，不同族群之间的冲突得到了有效管理。因此二战结束后的近半个世纪里，大多数的族群冲突都发生在"边缘国家"。原因就在于，资本主义发达国家通过选举和议会斗争的方式，有效地释放族群之间不断积累的冲突压力；社会主义国家则以共产主义信仰和人民政府的模式，通过意识形态统一人民的思想，平衡不同族群的利益需求，不断以政策和法律的方式解决它们之间可能产生的冲突；而"边缘国家（地区）"不仅社会总体发展水平落后，其往往也是社会主义与资本主义意识形态对抗的前沿，如印度尼西亚、越南、柬埔寨、朝鲜半岛以及非洲一些国家等。因此，在二战之后相当长的一个时期，族群冲突的频度急剧下降，"冷战"一词就比较准确地描述了这个时期人类社会冲突的基本特征。

到了 20 世纪 80 年代末、90 年代初，两极格局瓦解，"冷战"结束，导致了两大战略性后果：一是苏联解体，国际共产主义运动陷入低潮，共产主义意识形态受到质疑；二是西方社会的政治理念获得了现实性的胜利，国际政治急剧向着西方价值观方向转变，形成了西方主导的所谓"自由与民主化"的世界潮流。这两大后果进一步强化了个人主义和族群利益观念，从而对人类社会的族群冲突产生了深远而广泛的影响。首先，共产主义信仰在苏联的坍塌形成了意识形态陷阱，由此产生的政治上的迷茫，极大地影响了人们对未来的判断，原本和谐共存的族群关系被撕裂，导致社会秩序失衡，从而点燃了族群冲突的导火索，在许多国家相继出现了国家分裂与民族对抗的局面，如苏联的分裂、科索沃战争等。其次，导致了极端化的民主与自由主义思潮，形成了越来越多的族群利益格局，团体观念、民族观念和区域观念等得到了强化，分离主义广泛地存在于东西方社会，如俄罗斯、西班牙、英国、意大利、伊拉克以及日本等国。冲突的广泛性成为当代族群冲突的主要特征，人类社会的族群冲突日益多样化和复杂化。最后，尚未完成社会转型的"边缘国家（地区）"迷失在极端民主化的混乱之中，它们不仅在政治制度上落后，经济上也陷入了困境。为争夺政治、经济利益，族群冲突此起彼伏，种族屠杀沉渣泛起。比如，1994年震惊世界的卢旺达种族大屠杀。由于卢旺达总统哈比亚利马纳（胡图族）的座机被不明武器击落，造成机毁人亡，胡图族极端分子以此为借口，煽动杀光图西族人。卢旺达两个主要民族由此陷入极端血腥的冲突，大屠杀甚至得到了当时卢旺达政府、军队、官员和大量当地媒体的支持。冲突从1994年4月7日持续至6月中旬，直到图西族人领导的军队赢得了这场内战并掌权时，大屠杀才得以停止，造成了近100万人死亡。再比如，在两极格局解体后的1993年至2003年，受卢旺达大屠杀事件的冲击，刚果（金）长期陷入内战，并使卢旺达等6个非洲国家卷入其中，政府军、外国军队和反政府武装制造了数百起大规模洗劫、摧残、强奸和杀害平民的事件，造成了至少350万人死亡。当然，受两极格局解体的冲击，还存在着很多这样的"边缘国家"，如印度尼西亚、缅甸、菲律宾、斯里兰卡、苏丹等国，族群冲突造成了大量平民丧生和社会动乱。

毫无疑问，这一切都与以美国为首的西方意识形态取得所谓的"压倒性胜利"有关。事实上，长期以来，美国一直认为自己承担着在其他国家建立、促进和巩固民主的责任，不断追求为发展中国家的"民主事业"作贡献。因此，美国政府既把输出意识形态作为构成外交政策的重要因素，也是美国外交政策最重要的表现形式，而这一传统使得美国的意识形态输出日益机制化、制度化和长效化。随着"冷战"的结束,尤其是自2001年"9·11"事件以来,美国更是打着推翻暴政和打击恐怖主义、在不稳定地区促进和平的旗号,以更加激进的措施,采取包括干涉别国内政、制造冲突和战争等手段在内,将意识形态输出提高到了国家战略的高度,并成为美国国家安全战略的核心内容和对外政策的基石,甚至被称为美国外交的"最先议程"。与此相应的是,受西方意识形态的蛊惑,大部分非西方国家往往被动而盲目地移植西方政治制度。其中不成熟的选举制度常常诱使政治家们提出那些最能为他们带来选票的诉求,而这些诉求通常都带有种族主义、宗教主义、民族主义或地域主义的色彩。它们作为冲突的根源,总是不可避免地引起或加剧国家的分裂,而冲突的结果往往又会导致反西方意识形态的产生。其中最为荒谬的是,采取西方民主制度的非西方社会,最后常常发展到鼓励排外主义的和反西方的政治运动,"民主"完全成为一种地方化的而非世界化的过程,这在本质上都是对民主的亵渎。因此,迄今为止,还很难说以美国为首的西方意识形态赢得了他们所宣称的胜利。对此,亨廷顿指出:"西方赢得世界不是通过其思想、价值观或宗教的优越(其他文明中几乎没有多少人皈依它们),而是通过运用有组织的暴力方面的优势,西方人常常忘记这一事实;非西方人却从未忘记。"[1]

这一切也就决定了在当前和今后一个相当长的时期里,人

---

[1] [美]塞缪尔·亨廷顿:《文明的冲突与世界秩序的重建》(修订版),周琪等译,新华出版社2010年版,第30页。

类社会的冲突将更加充满不确定性，冲突关系也将更加复杂化。一是西方意识形态的胜利只是表面的、不彻底的。所谓的"历史终结论"只是一种错觉，但由于它失去了政治上的对立面，将不可避免地向着极端个人主义和极端民主化的方向发展，进而削弱其作为人类进步观念的普遍价值，使意识形态的进步性面临挑战，而伴随这一过程的必然是当代世界秩序的混乱与瓦解。对此，我们只要看一看当前西方国家普遍面临的社会冲突，以及多数非西方国家无所适从的政治局面，就不难作出这一判断。二是意识形态的傲慢将使西方大国对他国的政治介入进一步增强，一些国家或地区由外部因素导致的族群冲突将明显增多。在不同利益集团的推动下，许多国家和地区将陷入反对政府、敌视西方和族群冲突交织的泥潭，社会对抗与族群分裂在政治上将成为常态。三是非西方国家意识形态发展的混乱状态，尤其是那些政治发展落后而又政党林立的国家（社会）会陷入内耗。为了族群利益，他们最后都会发动民众诉诸冲突，包括非暴力的和暴力的冲突在内。这些冲突大都会失控而导致难以预料的后果。

在世界各地，未来更多新的社会冲突还会不断地发生。这是人类进入现代社会以来意识形态斗争的平民化、多样化和多元化的历史产物，因而既是人类社会通向未来的漫长历史过程中的必然经历，也是一个始终交织着先进与落后、科学与愚昧、正义与邪恶、民主与专制的斗争过程。因此，不同社会群体、不同民族、不同政治集团以及不同国家围绕着利益的产生和发展，所发生的激烈的意识形态斗争具有历史的必然性。在这一过程中，最经常、最普遍的社会现象是新观念不断地取代着旧观念、先进的思想不断地战胜着落后的思想，即在不同意识形态（或观念）之间的矛盾和斗争中，人类社会不断进步的历史趋势构成了冲突的历史逻辑。

冲突的历史逻辑，是由人类社会的思想观念和意识形态不断发展和进步的过程决定的。亨廷顿认为："人们不仅使用政治来促进他们的利益，而且还用它来界定自己的认同。我们只有在了解了我们是谁并常常只有在了解了我们反对谁时，才了解我们是谁。"[1]这就是意识形态最一般的情形。不过，亨廷顿为了论证"文明的冲突"的历史必然性，故意忽视了意识形态对于人类社会冲突所产生的更为广泛的历史性影响。其实，人类社会的历史告诉我们，在不同的文明中一定存在着相同的意识形态（观念），在同一个文明中也必然地存在着不同的意识形态（观念），即不同文明之间的冲突不是绝对的，同一个文明之中存在冲突也是必然的。前者如我们所看到的，在一些国家（地区），基督教文明与伊斯兰教文明能和谐共存，而在一些伊斯兰教国家（地区），却存在着什叶派与逊尼派的冲突，等等。事实上，任何一个文明都离不开意识形态的存在而存在，譬如文明可以用民族、宗教、语言、历史、价值观、习俗和社会制度等来界定，但它们又绝不是静止不变的教条，而是在不断发展着

---

[1] [美]塞缪尔·亨廷顿：《文明的冲突与世界秩序的重建》（修订版），周琪等译，新华出版社2010年版，第5页。

的历史过程。意识形态就是在这一历史过程中，赋予文明最丰富、最富生机的内容。它以自身的逻辑决定着人类的文明史。由此可知，如果说当代存在着文明的冲突，那不如说人类社会正在陷入日益严峻的意识形态斗争更为切合这个时代的实际。因此，现代社会冲突的日趋多样化是必然趋势。比如，除了战争的形式，人口的增多、水资源日益匮乏、生存空间日趋拥挤、自然资源稀缺，以及民生问题、宗教问题、环境问题、社会公平问题等，都可能引发社会冲突事件，以至于内部冲突逐渐成为人类社会冲突的主要方面。在这一冲突的压力下，人类社会寻求进步的愿望会越来越强烈。这将导致社会竞争加剧，包括国家之间、社会之间、民族之间以及不同地域之间的竞争，因而现代社会的冲突已经扩散到了人类社会所涉及的各个方面和各个领域，对人类社会发展进步的影响更加深远而广泛。

　　总而言之，综观人类社会的历史，无论是史前文明时期，还是人类有文字记录以来的历史，也无论是政治上，还是经济上，总体上呈现一种加速度发展的态势，到近100年更是达到了日新月异的地步。那么，冲突作为人类社会迄今为止重要的政治现象，就不可能背离这样一个方向，而要服从这样一个方向。冲突的产生和发展一定是有规律的，一定有着它深刻的历史逻辑。这就是当代"人权战争""文明冲突"以及种族对抗、民族分裂和社会冲突事件的真实面貌。在这一历史性的背景下，任何把自身"利益"纯粹化、绝对化的企图，都有可能使自己在冲突中陷入危险的境地。

第四章　利益及利益观念的影响

我们无法确知人类起源于何时，但可以肯定的是，人类从一开始就是这个世界的一部分，其生存和发展与这个世界息息相关。在人类社会早期一段很长的历史时期里，从自然界获取维持生存所必要的水和食物，构成了人类早期的基本需求。当他们认识到不同地域的资源有种类多寡之分时，就学会了不断地或定期地迁徙，从而产生了对生存环境的需求。随着农耕文明的产生，人类又有了对土地、劳动力和工具的需求。毫无疑问，在原始社会早期（氏族社会），需求就是一切，满足需求就是目的，而且总是以氏族或部落全体成员"共同需求"的形式出现。由于不同氏族之间彼此独立，基本上处于相互隔绝的状态，相互之间很少因各自的需求而产生冲突，即使有也只是偶然发生的一些单独的打斗。到了旧石器时代（距今300万年前—1.5万年前）后期，以部落社会为标志，随着人口的繁衍，不同部落之间的联系不断增加。因为优质的资源总是有限的，对它的需求就产生了利害关系。这时对需求的区分就构成了各自的利益(利益是因对需求的分割而产生的),需求越难以满足,目的物的利益特征就越明显,争端也就会越多。当争端无法解决时,冲突就开始产生,于是出现了战争。到了原始社会后期,伴随着人口的增多,生存的压力进一步加大,不同部落之间为了争夺生活资料和生存地域,发生暴力冲突的可能性急剧上升。各个部落都具有了强烈的维护自身利益的集团意识,并把部落及其赖以生存的土地、土地上的动植物视为神圣不可侵犯的对象,由此又产生了对安全的需求,人类的利益观念也就随之产生。

因此,利益是需求在一定社会关系中的表现,是因稀缺、矛盾和冲突而产生的。利益观念则是人们的意识对冲突的历史和现实情形的反映,包括对利益的定义、对利益安全的描述、对冲突产生的原因的判断、对冲突过程的认识以及对冲突的结果的预见,等等。也就是说,利益及利益观念并非先天就存在,而是产生于人类的生存和发展过程中,是对某种客观需求的体现,也是个人、民族、阶级、国家或政治集团的生存及其延续、发展的内在要求,因而是比"需求"概念更丰富、更复杂的范畴,具有明显的政治性质。其产生一定与不同的社会群体有关,反映了人们通过社会关系所表现出来的不同需求,正如马克思所指出的:"人们奋斗所争取的一切,都同他们的利益有关。"[1]

---

[1]《马克思恩格斯全集》(第一卷),人民出版社1972年版,第82页。

冲突与未来

简而言之，追逐利益是人类社会的自然属性，而且随着人类社会的进步、实践活动的扩大以及矛盾冲突的发展，利益及利益观念也会随之发生变化。比如，从原始社会进入奴隶社会，私有制的产生催生出了不同的阶级，从而出现了对立的阶级利益，导致原始社会一个氏族、部落相对于另一个氏族、部落形成的共同利益形态的瓦解，取而代之的是私人利益、奴隶主阶级利益和奴隶阶级利益，以及与之相应的利益观念。再比如，到了现代社会，利益空间已经从传统的领土、财富和人口扩展到了海洋、海外市场、网络空间和太空等新兴领域，出现了利益相互交织、相互渗透的新局面。美国政府甚至认为海外的"人权"和"民主"状况也关系到美国的利益。由此可见利益及利益观念的发展，已经远远超出了早期人类的想象。

显然，利益是基于不同群体（个体）之间的关系而产生的，并与它们各自的需求有关，是人类社会发展到一定阶段的产物，也随着人类社会的发展而发展。它从一开始产生，就成为人类社会不同部落、民族、阶级、国家或政治集团的冲突的根源。

在人类社会早期（蒙昧时代和野蛮时代），人们的生存完全取决于自然条件。这时私有制尚未产生，"人类差不多完全受着陌生的、对立的、不可理解的外部大自然的支配"[①]。在这一背景下，任何人满足需求的方式都相同，或者各自从自然界直接获取，或者通过氏族成员共同的狩猎活动取得，即个人满足需

[①] 恩格斯：《家庭、私有制和国家的起源》，《马克思恩格斯选集》（第四卷），人民出版社1972年版，第94页。

求的方式就是自由地"索取",就如同我们自由地呼吸空气和享受阳光一样,需求的满足完全取决于目的物的自然状态。后来,随着氏族或部落的不断发展,自然供给与需求的矛盾日益突出,任何氏族或部落都有可能受到来自其他氏族或部落的集体侵扰,自由索取的自然状态就被打破了,围绕目的物的争夺、占领或各种形式的对抗随之产生。这让人类需求的满足受到了额外的限制,使满足需求的目的物具有了社会属性。而目的物的最终归属,取决于不同族群对抗的意志、能力及其所形成的习惯。由此所决定的对目的物的占有程度,就构成了双方(或多方)的既得"利益"。这些利益通常都具有集体的性质,正如恩格斯所指出的:"个人依靠氏族来保护自己的安全,而且也能做到这一点;凡伤害个人的,便是伤害了整个氏族。"[1] 这里所指的就是氏族或部落的集体利益,从而形成了氏族或部落之间维护与扩张既得利益的斗争。这种斗争通常涉及对土地、人口以及土地上的资源等目的物的争夺,这时的利益具有明显的界限。

研究表明,早期人类活动的范围相对有限,每一个氏族或部落除了自己实际居住的地方,还可能拥有一个较大的区域供狩猎和捕鱼之用,而紧临这个区域的可能是一个较为广阔的中立地带,并一直延伸到邻近部落或其他氏族的活动的边缘。由这一中立地带所隔离开的地区,就是该氏族或部落的公有土地,而这一区域通常也为相邻氏族或部落所承认,这就决定了某一

---

[1] 恩格斯:《家庭、私有制和国家的起源》,《马克思恩格斯选集》(第四卷),人民出版社1972年版,第83页。

个氏族或部落的生存范围。在这一范围内，"氏族、部落及其制度，都是神圣而不可侵犯的，都是自然所赋予的最高权力，个人在感情、思想和行动上始终是无条件服从的"[1]。因此，伴随着人类原始利益的产生，氏族或部落生存的范围开始受到来自外部的冲击，由此而形成的对抗关系逐渐支配着人类的利益观念，即集体利益至高无上。随着人口的繁衍，不同氏族或部落之间的对抗也更加频繁，"各个小民族，为了占有最好的土地，也为了掠夺战利品，进行着不断的战争；以俘虏充作奴隶，已成为公认的制度"[2]。这意味着，这一时期人类满足需求的方式就是两个，一是抢占，二是劫掠，二者决定了人类社会早期的利益格局。战争因此成为人类这一时期最重要的实践活动，以至于为攫夺家畜、奴隶和财富而不断进行劫掠，是氏族、部落时代人们最正常的营生。对他们来说，通过劫掠获取财富，既是最高的福利，也是备受赞美和崇敬的行动。想办法占有和夺取财富，就成为氏族、部落时代人类生存和发展最早、最主要的方式。

后来，随着生产工具、畜牧业和农耕文明的相继出现，人类逐渐有了创造财富的能力，私有制随之开始萌芽。尤其是冶金术和农业这两种技术的发明，导致了人类社会第一次巨大的变革，人类学会了生产谷物、驯化动物、酿酒、加工产品与货

---

[1] 恩格斯：《家庭、私有制和国家的起源》，《马克思恩格斯选集》(第四卷)，人民出版社 1972 年版，第 94 页。
[2] 同上，第 100 页。

物贸易等。在这一背景下,土地被逐渐分割而成了私有财产。其中,土地的私有化与货物贸易的发展,导致了农业和手工业、商业之间的分工。人们的迁徙日趋自由,不同氏族或部落的成员逐渐在新的生产生活方式的推动下杂居了起来,打破了此前氏族或部落之间的严格界限,于是就产生了凌驾于各个氏族和部落之上的社会治理需求。那些原本担任氏族和部落公职的人,开始在氏族和部落之外寻求联合。财富也越来越成为权势的象征,特权阶级开始出现。这一系列新的社会因素的不断产生和发展,为国家的诞生创造了条件。这是一种比部落联盟更加统一的、集权的社会治理模式,从此氏族和部落制度就被国家这一社会形态所取代。

  随着国家的产生,人类的生产生活方式得到了前所未有的进步。在人类文明时代的早期,人们只是直接为了自身的消费而生产和劳作,间或发生的交换行为也只是个别的、特定需求下的产物,只限于偶然留下的剩余物品。当出现多余的私有财产之后,随着国家的产生,就有了阶层和社会分工的区分,社会不同群体之间的交往变得越来越频繁,出现了经常把超出自身消费部分的若干剩余产品用于交换的现象。这进一步促进了不同群体之间的分工,从而出现了两个或两个以上并列的不同的生产阶段或生产领域,这就为发展进一步的交换创造了条件。当农业和手工业随着技术的进步得到了进一步的发展,产品更加丰富时,就出现了直接为了交换而增加一部分劳动产品的生产的情况,使单个生产者之间的交换变成了社会的需要,并成

冲突与未来

为获取利益的重要方式。最终,日益广泛的交换行为催生了货币,正如恩格斯所指出的:"随着商品生产,出现了个人单独经营的土地耕作,以后不久又出现了个人的土地所有制。随后就出现了货币,即其余一切商品都可以和它交换的普遍商品。"①这一结果导致了非生产者(如商人、消费者和市场等)统治生产者及其生产的新局面,人类满足需求的方式由生产领域向非生产领域拓展,剥削阶级产生,从此形成了一种新的利益格局,不同群体之间的利益开始相互渗透,内部冲突也就随之出现。

在货币出现之后,土地和劳动力也很快成为商品。然后随着商品交换的扩大,又出现了货币高利贷、土地所有权和抵押制。财富和土地开始迅速地集中到一个人数很少的阶级手中,大众则日益贫困化,贫民人数急剧上升。阶级对立就成为当时人类社会最为普遍的现象,形成了穷人与富人、自由人与奴隶的区别。这意味着人类社会出现了阶级矛盾,社会的对立从此日益尖锐,人们要么在阶级冲突中生存,要么就只能存在于第三种力量的统治之下(来自外部的入侵)。这就是整个奴隶社会和封建社会的历史。毫无疑问,在这一背景下,人类对安全的需求的复杂性也随之上升,来自外部的和内部的各种安全威胁相互交织、交替发生,不断地困扰着人们的选择。人类社会发展到这一阶段,财富、土地、货币、权力和安全就成为决定人类社会需求的基本要素,以至于利益及利益观念日趋多样化、

---

① 恩格斯:《家庭、私有制和国家的起源》,《马克思恩格斯选集》(第四卷),人民出版社 1972 年版,第 109 页。

复杂化，抢占和劫掠不再是获取利益的唯一方式。一方面是利益空间的不断扩大，另一方面则是利益资源的稀缺和严重的分配不均。两者共同作用，导致矛盾和冲突成为普遍的社会现象。利益就像一只看不见的手，操控着人类社会各个领域的潮起潮落，而积累财富则成为人类一切实践活动最直接的目的，正如恩格斯所说："卑劣的贪欲是文明时代从它存在的第一天起直至今日的动力；财富，财富，第三还是财富——不是社会的财富，而是这个微不足道的单个的个人的财富，这就是文明时代唯一的、具有决定意义的目的。"[①] 总而言之，与文明时代之前不同的是，获取财富的方式除了明火执仗的战争手段，人类在理性上更倾向于通过对土地的垄断、对货币的控制以及对权力的追逐，进行巧取豪夺。只不过历史总是事与愿违，最后都会导致"革命"的产生，即通过剥夺一部分人的财产所有权，去保障另一部分人实现新的财产所有权。比如法国大革命时期，就是牺牲封建的所有制，以保护正在兴起的资产阶级所有制。因此，人类社会利益的多样化，决定了人类社会冲突的多元化，其中战争与革命就成为过去数千年人类社会历史中最为波澜壮阔的部分。

从 16 世纪中叶开始，人类社会进入一个大发展的时代。这时人类文明进步的中心已逐渐转向了欧洲，以欧洲国家的整体崛起为标志，人类社会冲突进入了一个全新的时代。

---

① 恩格斯：《家庭、私有制和国家的起源》，《马克思恩格斯选集》（第四卷），人民出版社 1972 年版，第 173 页。

冲突与未来

　　第一是16—17世纪的科学革命。这场革命改变了人类思考问题、解决问题的方式，也改变了这个世界运行的方式。它在早期仅限于欧洲，后来遍及整个世界。遵循着现实问题需要新工具，新工具进一步促进科学知识的大发展，而科学的发展又运用于解决更加复杂的现实问题的历史逻辑，这一时期涌现出了许多伟大的科学家，其中英国人牛顿是这一时期最杰出的代表。他们的成就加在一起重塑了人类世界，打破了宗教观念的禁锢，解放了人类的思想，形成了探究自然的基本方法。这对于促进手工艺者和工业技术的进步产生了深远影响。其结果极大地改善了人类生活的物质条件，推动了现代科学知识的生产与传播，不仅为人类社会物质财富的增长提供了新的途径，也为冲突空间的扩大创造了条件，因而深刻地影响了人类社会的历史。

　　第二是启蒙运动。这是一场在科学革命的基础上，从17世纪开始到18世纪形成的一场思想解放运动，出现了形形色色的思想家，包括伏尔泰、孟德斯鸠、卢梭、康德和休谟等人，标志着人类在思想上的爆发式成长，使人类得以从一个全新的角度去认识世界和改造世界。它要求摒弃上帝启示和传统教条，呼吁人们远离偏见和迷信，强调理性和自然规律，并且相信人类有无限发展的可能，因此18世纪被人们称为"理性时代"。孟德斯鸠（1689—1755年）出生于法国波尔多附近的贵族家庭。他站在新兴资产阶级的立场上，对封建专制主义进行了无情的揭露和深刻的批判，主张进行社会改革，用"三权分立"的办法来限制君主的权力。三权分立，即立法权、行政权和司法权分属于三个不同的国家机关，三者相互制约、权力均衡。三权分立学说是古代希腊、罗马政治理论的发展，它体现了人民主权原则，奠定了近代西方政治与法律理论发展的基础。卢梭（1712—1778年）出生于瑞士日内瓦的贫苦家庭，一生颠沛流离，备尝艰辛，被称为"人民主权的捍卫者"。他认为一切权力属于人民，权力的表现和运用必须体现人民的意志。政府官员是人民委任的，人民有权委任他们，也有权撤换他们，甚至有权举行起义推翻奴役和压迫人民的统治者。这些价值观为此后人类社会更广泛的社会冲突提供了思想武器。

第三是农业革命。它脱胎于科学革命和启蒙运动，最早出现在英国、低地国家和法国，后来逐渐在全世界范围内推广。人们日益重视农业试验，追求财产的合理开发与利用，人类的耕作模式更加关注实际，农业生产方式更加科学，催生了大量关于动植物的新知识，并把这些知识应用于农业生产，使人类种植业和畜牧业焕然一新。"至少从1740年开始，农产品价格，尤其是粮食价格一直上涨，这大大激励了（欧洲）种植者，产量也不断增加。对种植者而言，全新而有效的种植庄稼的方法能够提高作物产量，而提高产量则意味着市场扩张，利润也因此扩大"。[①] 农业革命包括了几个相互关联的部分，一是扩大耕地，二是引进农作物轮种方法，三是追求更高的单位亩产量，

---

① 弗兰克·萨克雷、约翰·芬德林主编：《世界大历史》（1689—1799），史林译，新世界出版社2015年版，第176页。

四是新农作物的培育与选择性育种饲养，五是全新和改良的生产工具。因此，农业革命导致了粮食产量的快速增长，也使人类有能力饲养更多的牲畜，社会财富随之急剧增加，标志着人类创造财富的能力达到了一个新的境界，极大地提高了农业生产力。财富的增长也催生了地区性或全国性市场，最终导致人口的增长和城市的快速发展。比如，英国人口总数在18世纪大约增长了一倍，由1700年的500多万增长到1800年的900多万，而英国的城市化人口占比由1520年的不到6%上升到1800年的28%。到18世纪末，从事农业的人口由农村总人口的80%下降至50%。大量人口由农村向城市转移，促进了市民阶层的快速增长，推动着社会革命的中心开始由农村向城市转移。[①]

第四是第一次工业革命。此革命的核心就是用动力驱动的机器代替手工劳动，以技术革新撬动经济和社会变革。人类创造财富的能力与之前相比，提高了十倍甚至数十倍，给人类的生产生活方式带来了翻天覆地的变化。英国是第一次工业革命的发源地。农业革命将数量庞大的劳动力人口从英国农村解放了出来，为工业革命提供了充足的廉价劳动力，而科学革命和启蒙运动的成果又极大地解放了人们的思想，激发了人们创造新技术或改进原有生产方式的热情。创新精神成为这一时期英国社会的鲜明特征，并使创新者获得了巨大的商业回报。在商业利益的驱动下，一代又一代人投身于商业活动，英国因此逐

[①] 弗兰克·萨克雷、约翰·芬德林主编：《世界大历史》（1689—1799），史林译，新世界出版社2015年版，第182页。

渐繁荣起来。加之拥有大西洋沿岸优越的地理位置，通过与周边国家的交往，给英国带来了巨额财富。反过来，巨大的财富又意味着英国有充足的剩余资本向新兴的潜在的获利行业投资，诸如发明和改进机器等。这又使英国人最早了解到银行和金融的战略地位，创新、财富、金融成为其经济发展的必要因素。自然，生产力的提高必然要促使生产规模的扩大，以创造更多的财富，但英国的资源和国内市场终究是有限的，因此寻求资源和市场的扩张就成为第一次工业革命的必然要求。而当时的英国殖民地正在迅速扩张，它为英国准备了广阔的市场；来自殖民地的商品需求又进一步刺激英国的生产者迫切需要提高生产能力、增加产量。殖民地也为英国提供了大量廉价的原材料，比如为第一次工业革命中发挥重要作用的纺织机器提供充足的棉花这一原材料。因此，创新、财富、金融、资源和市场构成了工业革命时代经济扩张的基本要素，极大地拓展了人类的利益及利益观念，加速了殖民主义的大发展，导致了东西方之间持续不断的冲突。

第五是法国资产阶级大革命。关于法国资产阶级大革命的内容，前面已作介绍，在此不再赘述。

法国资产阶级大革命所带来的影响是史无前例的，它打破了自原始社会后期以来垄断社会权力的阶级意志和强权统治，开始追求在平等、正义的基础上构建人类社会的生产生活方式，废除了过去旧的政权组织形式，王权不再具有无限的权威，社会统治制度以及统治者一律由选举产生的民主共和制度和人民代表所取代,并确保受宪法和经过选举产生的立法机关所制约。强调权力来自人民,充分地保障人们的自由与权利平等,前者决定了人类天赋权利的神圣性,后者则决定了人类生存发展的目的的同一性。自由理念与平等权利的结合,确定了市场经济和共同价值观在人类生产生活中的核心地位,为经济扩张提供了不竭的动力和广阔的空间。无论是自由与权利平等之间,还是市场经济与共同价值观之间,人类有时无法做到既维护个人自由又追求权利平等,更无法做到既追求市场经济又保持权利平等,因为在实现其中一个的同时,必然会伤害到另一个。比如,要想创造机会均等的环境,就必须限制和约束个人的活动范围,即权利平等需要以限制自由为代价;而市场经济会导致垄断行为,其结果也必然会践踏权利平等,即保持权利平等要以限制或约束市场经济为代价。

　　事实上,资本主义制度有一个先天的缺陷,即生产资料私有化,资本家很容易通过操纵供求关系,利用"市场的力量"谋取不当的利益。若放任其发展到一定程度,必然会导致通货膨胀、两极分化乃至经济危机,这就要求建立相应的法律制度,以规范人们的自由和权利,必要时通过政府进行干预,为经济扩张创造健康的环境。因此,进入资本主义时代后,人类创造或获取财富的道路,与市场经济、价值观、法律制度和政府的存在密切相关。这是继土地所有权改革、农业革命和工业革命之后,人类社会生产生活方式所形成的主观维度,是思想观念的革命,与创新、财富、金融、资源和市场这一客观维度构成了现代人类社会经济扩张的新模式，决定了财富新的增长方式和发展空间。不同群体之间的利益通过市场和意识形态相互渗透，逐渐形成了你中有我、我中有你的局面，导致了人类利益及利益观念的深刻变化。这一主观维度的产生更是彻底改变了人类社会一切冲突的性质，并一直延续到今天。毫无疑问，若主观的维度崩塌，经济扩张模式将进入野蛮状态，形成弱肉强食的局面，最终的结果一定是两极分化，使社会冲突失控、陷入危机；若客观的维度崩塌，实体经济将陷入绝望，必将导致物价上涨、通货膨胀，最终会把社会推入万劫不复的深渊；而若两个维度同时消失，动荡或战乱就会成为这个社会唯一的结局。事实上，现今的人类社会正处在上述三种形态之间，保持主客观维度的恒定，所要追求的就是存在于这三者之间的和谐美好状态。这也许将成为人类社会的终极理想。

因此，随着人类社会的发展，虽然基本的需求没有变，但人类的利益空间已经从物质世界扩展到了精神世界，而两者之间相互交融、相互依存的状态，更使得利益及利益观念相互渗透、相互交织，不断向着多元化的方向发展，推动着人类实践活动范围的不断扩大。

一是科技创新活动得以全方位进行。回顾历史，从16世纪的科学革命以来，科学和技术已经日益成为时代的主旋律，它们推动着人类福祉以史无前例的速度进步，以至于今天人类生活的每一个方面都打上科技进步的烙印。它不仅改变了人类社会的生产方式，也彻底改变了人类的生活方式，从早期织布机的出现，到蒸汽机的发明，再从蒸汽机到电气化、机械化和信息化等技术的不断发展，科技创新几乎渗透到人类社会的所有领域。人类社会的一切进步已经离不开科技创新，因此科技创新正日益成为大国竞争的关键领域。

二是经济活动向全领域和全球拓展。第一次工业革命后，人类社会的经济活动范围不断扩大，海外贸易快速发展，"冷战"结束之后更是形成了一个全球性格局，人类的经济活动以比20世纪前更远、更快、更广、更深、更廉价的方式把世界联系成了一个整体，不断促进生产要素在全球各领域之间流通。这一变化背后的动力正是自由的市场经济，标志着资本、资源、市场、信息和财富能够在全球范围内流通，所要求的基本规则就是经济向全方位开放、尽可能放松对经济活动的管制、保障私有财产的稳定扩张。自由市场激励着个人、富足着社会，其基本的趋势就是走向均质化。但是，人类全球性的经济活动不可避免地会涉及国家与国家、国家与市场以及个人与国家之间的关系。这不仅使冲突的范围拓展到了极限，也使人类社会对冲突的管理变得越来越困难，并导致人类的非生产性实践活动对社会冲突的影响与日俱增，比如文化、宗教、服务、娱乐和商业活动等，因此适应全球化最好的策略就"科学整合"与"合理交易"。

三是政治活动平民化。第二次世界大战结束后，西方列强所拥有的殖民地在战后25年里大多相继独立，东西方陷入两极对抗格局，共产主义在世界范围内得到广泛传播，但西方的观念、价值、制度也持续地向非西方国家渗透。到了20世纪80

年代末，苏联体制一步步走向政治灾难，直至苏联解体、"冷战"结束，自由、民主和多元化成为潮流。伴随这一潮流的就是公民社会的崛起，它由全体人民参与，包括建立或构建社群生活、建设权利平等与公平竞争的社会、唤醒人民自主自觉的政治意识，开启了一个政治活动平民化的时代。政党的存在越来越依赖于普遍民众的参与和支持，民主思想渗透到了人们的生产生活方式中。它奠定了人们寻求共同利益的思想基础，但不利的影响是导致人类社会冲突日渐多样化和多元化。一旦失控就会在一国、一地区或一座城市制造出巨大的混乱，结果往往是破坏性的，如2018年11月法国巴黎爆发的"黄背心运动"抗议活动就是这一现象的缩影。运动一开始是反对法国政府上调燃油税，最后演变成一场打砸抢烧的暴力骚乱。

四是非国家行为体的活动日趋活跃。进入20世纪以后，尤其是"冷战"结束以来，随着全球化经济活动的兴起，以及民主、自由思想的广泛传播，个人、企业和社会组织的活动日益具有了全球性，经济和经济因素在国际关系中的作用明显加强，政治经济化和经济政治化倾向日益明显，因而非国家行为体的数量不仅越来越多，而且也呈现出日益多元化的趋势。它们通常是为了特定的利益或共同的目标组合起来，例如当今大部分的政府间国际组织、非政府组织、跨国公司等，其活动的范围、涉及的领域对国际秩序产生着深刻的影响。它们的出现不仅大大拓展了国际社会的空间，而且对长期以来主导国际关系的国家行为体提出了挑战，进而加速了国际社会的分化。换句话说，

冲突与未来

今天的国际社会已不仅仅是主权国家的集合,非国家行为体也日渐成为国际社会变迁的重要因素,对利益格局产生了深远影响,大大增加了人类社会冲突产生、发展的不确定性。

显然,在我们所处的时代,由于市场经济的发展,人类思想的解放和共同价值观念的广泛传播,人类实践活动日趋多样化,不同群体之间的利益相互交织、相互渗透,形成了你中有我、我中有你的局面,导致利益多元化的趋势进一步加剧。利益对冲突和战争的影响变得越来越复杂,尤其是主观维度即人类价值观利益的影响与日俱增,以至于有形利益和无形利益相交织,局部利益和全局利益相交织,一国利益和多国利益相交织。冲突或战争的选择最终都只是主、客观维度的综合反映,甚至主要是各种价值观利益的直接体现。所导致的结果是,错综复杂的利益关系既使冲突和战争复杂化,也使解决利益争端的过程复杂化。虽然这在一定程度上抑制了战争的产生,但久拖不决的争端越来越多。随着矛盾和冲突的积累,冲突和战争可能造成的破坏也会越来越大。

同样,第二次世界大战结束后出现的中东冲突也一直持续到今天,核心问题是巴勒斯坦与以色列间的冲突。半个多世纪以来,经过5次中东战争,以色列作为一个国家在中东地区不仅站稳了脚跟,最多时还夺取了阿拉伯国家8.7万多平方千米的土地[①],领土面积曾扩大到了战前联合国分治决议划给它的1.4

[①] 其中,6万多平方千米的西奈半岛1982年已还给埃及。

第四章 利益及利益观念的影响

万多平方千米的 6 倍多。而冲突之中的阿拉伯国家，尤其是巴勒斯坦，面临日益衰败的经济，社会长期动荡。与朝鲜半岛冲突不同的是，它是典型的传统利益冲突。冲突产生的原因是领土主权和生存问题，进而导致了阿拉伯世界与以色列的对抗。随着"冷战"的形成，许多国家开始按照意识形态利益站队，形成了以美、苏为代表的两大对抗集团，中东也因此成为超级大国角逐的舞台。半个多世纪以来，中东问题不仅没有得到解决，反而越来越复杂，早期就有美、苏、英、法等国介入，现在更与叙利亚问题、北非局势和伊朗问题交织在一起。俄罗斯也从 2015 年 9 月开始主动"入局"。从战略上来看，中东冲突的性质正在发生变化，它一方面仍然与领土主权问题密切相关，另一方面也受二战以来国际政治发展的深刻影响，更涉及历史问题、民族问题和宗教感情。由于这三个问题的相互作用，尤其是后两个问题的影响与日俱增，利益关系更趋复杂化，最终形成了当今扑朔迷离的中东局势。其中，掺杂了越来越多的意识形态因素，站在不同的立场、持有不同的情感，便会对阿以冲突得出不同的解读。比如，2017 年 12 月 6 日，时任美国总统特朗普宣布承认耶路撒冷为以色列首都，并决定把美国驻以使馆迁至耶路撒冷。这不仅遭到巴勒斯坦和阿拉伯世界的抗议，也在联合国大会上遭到绝大多数国家的反对。

　　事实上，从 1991 年的海湾战争以来，包括科索沃战争、阿富汗战争、伊拉克战争、利比亚变局以及也门冲突在内，人类社会冲突与战争的性质都在发生着前所未有的变化，它们的破

冲突与未来

坏性也更大。目前中亚、西亚、中东和北非地区的动荡"高烧"不退，国际恐怖主义肆虐，导致这些地区的经济普遍凋敝，民族动乱和宗教冲突此起彼伏，人民生活在水深火热之中。这一切都与美国在该地区制造的冲突有关，对国际政治、经济秩序产生了极为负面的影响，更让未来的世界同时面临广泛的政治纷争与经济衰败两大挑战。

综上所述，利益（包含客观利益、主观利益）是人类社会一切冲突的根源。随着人类社会的发展，利益及利益观念是不断变化的。这一变化的过程和结果对冲突和战争的影响越来越复杂，按照人类社会的历史进程划分，迄今为止，这一历史过程大体上可分为三个阶段。

第一阶段：从人类社会的萌芽到国家（王国）的产生。这是一个漫长的历史阶段，不同群体之间的利益区分非此即彼，一切冲突都直接围绕着具体的客观利益产生，如土地、资源、财富等，冲突意味着战争。这决定了人类社会早期冲突的基本特征，即战争极其频繁、残酷而血腥。用今天的眼光来看，这一时期的战略突出"零和思维"。

第二阶段：始于国家的出现，终结于法国大革命。这一阶段大约有5000年的历史。由于社会分工的进一步发展和阶级的出现，商品经济开始萌芽，不同的民族、阶级、阶层、政治集团和不同的生产领域之间，通过利益形成了一定的政治、经济关系，相互之间对物质利益、非物质利益和精神利益的追求，决定了整个社会的基本秩序。个人、民族、阶级、阶层以及政治集团之间，既有政治上的统一与斗争，也有利益上的合作与矛盾。当统一与合作占主导地位时，国家便趋于稳定发展状态；而当斗争与矛盾占主导地位时，国家就会趋于内部冲突状态，严重时必陷入内战。因此，在这一阶段，除了国家（王国）与国家（王国）之间因客观利益发生冲突，即掠夺战争、征伐战争或扩张战争此起彼伏之外，国内冲突与战争也呈多发趋势。内外冲突和战争相互交织就成为这一历史阶段最为明显的特征。但导致内部冲突或战争的因素有一个发展和积累的过程，涉及不同阶级、民族、阶层或不同政治集团之间的利益关系和他们的政治态度。对外战争也开始变得复杂化，既需要考虑与冲突方的实力对比，也需要考虑周边其他国家的政治态度。战争不再是简单的劫掠与扩张，需要事先对冲突或战争的得失权衡利弊，更需要在利益的基础上建立政治上的共识；而后者在一定意义上更加重要。两者构成了传统战略的基本内容。人类战略思想的萌芽就始于这一阶段，中国的孙武就是该领域在这一阶段最为杰出的代表，他的《孙子兵法》直到今天仍然具有重要的参考价值。

第三阶段：始于法国大革命，此后又在资产阶级革命的基础上产生了共产主义运动，诞生了有别于资本主义社会的社会主义国家，人类社会进入一个意识形态斗争趋于全球化的时代。目前，人类社会正处在这一阶段初期，但仅从这200多年的历史来看，相较于上一个阶段，这将是一个全面进步的时代。一方面，民主、人权和自由的理念得到了广泛传播，思想的解

冲突与未来

放极大地推动着人类社会的进步；另一方面，人类借助蒸汽机、电力、铁路、新的工业制造方法、资本、信息以及近代以来各领域科技的不断进步，生产力飞速发展，社会财富快速增长，人类实践活动领域和范围不断拓展，人类社会进入一个财富生产、转移和分配趋于均质化的发展时代（当然现在只是这一时代的初期），有形利益与无形利益相互交织，其中的价值观利益已成为决定人类社会全面进步的核心要素。这一系列历史性的变化，对国家的内部和外部关系产生了重大而深刻的影响。就国家内部而言，随着共同价值观的形成，传统社会不可调和的阶级斗争逐渐转化为公民社会普遍存在的阶层矛盾。在人们追求共同价值观利益的同时，不断产生着日益普遍的社会矛盾。当这一矛盾可控，又能不断地得到解决时，国家就会处于稳定发展状态，相反就可能趋于不断恶化的冲突状态，最终会伴随着激烈的社会冲突（通常都是破坏性的）而重建秩序。因此社会秩序的嬗变与改革将成为这一阶段社会发展的常态。近200年以来，尤其是自"冷战"结束以来，随着广泛的国际贸易、海外市场、交通工具、文化交流、信息技术和互联网的发展，人员、商品、信息、金融和财富在世界范围内日趋自由地流通，国与国之间除了传统的主权权利，利益及利益空间不断向主权空间以外拓展。国家间的利益不再是非此即彼，而是你中有我、我中有你。利益既需要国际社会的共同维护，也需要国与国之间的相互保障。战争不再是解决冲突的唯一方式，更不是最有效的手段，甚至日渐受到越来越多的限制，即一个国家的海外利益比重越大，企图通过战争解决问题面临的限制就会越多。与此同时，伴随着有形利益空间的拓展，价值观的传播也更容易突破主权国家疆界的限制，各国通过"国家—区域—全球"的模式对别国产生影响，即一些国家的观念产生着全球性的影响，一些国家的观念只产生区域性的影响，而另一些国家则只能产生有限的或特定的影响。在不同的国家，各种不同的价值观念相互交织、碰撞甚至对抗的情形日益增多，国家之间尤其是大国之间，相互借助在对方内部的利益同盟军，包括政治上的或经济上的，影响或干涉对方内政将成为常态，意识形态领域的斗争将成为主权国家面临的最大挑战。显然，当代利益空间的这一区域化乃至全球化趋势，使得传统易发的边界冲突（军事冲突）模式拓展为相互制约的全方位、全领域冲突模式。经常性的冲突会越来越多，如贸易争端、文化冲突、货币战争、对海外市场和资源的争夺等。因此，除了传统的主权冲突，冲突的合法性变得越来越重要，既可能涉及冲突双方的国内法规定，也会涉及越来越多的国际法约束。冲突发展的政治性质日益显著，价值观斗争逐渐上升为人类社会冲突的主导因素，"既合作又斗争"成为一切冲突的基本模式。在这一背景下，战争既可能受到自身利益的制约，也日益受到多边关系甚至全球性力量的制约。发动战争的战略成本急剧上升，传统的边界战争或小规模战争受到了较大程度的抑制，但一旦发生，甚至可能直接导致全球性大规模战争的爆发。

不过，就现阶段而言，由于全球政治、经济、科学技术和

冲突与未来

历史文化发展的不均衡性，世界上所有国家大体上分为三类：一是率先进入第三阶段的先进国家，如美国、英国、法国等一些西方国家。这些国家的公民意识和法治意识深厚，拥有较高的科技和经济发展水平，被称之为发达国家。它们的价值观念具有全球性的影响力。二是处在第二阶段的大多数国家。如突尼斯、也门、索马里、利比亚、伊拉克和哥伦比亚等国，长期陷入战乱，没有形成稳定的现代国家制度，不仅国家主权面临威胁，也是当今恐怖主义肆虐的主要地区，民众的利益得不到有效的保护。还有一些国家，如津巴布韦、墨西哥、阿根廷、黎巴嫩、伊朗、缅甸、泰国、菲律宾和印度等，虽然建立起了现代国家制度，但封建主义的残余影响依然遍及社会的各个角落，社会尚未实现现代法治意义上的公平正义，贫富不均和两极分化现象严重，面临各种传统冲突，譬如阶级矛盾、宗教冲突、种族歧视和主权争端等问题。三是处于由第二阶段到第三阶段过渡的国家。这部分国家比较少，如俄罗斯、越南、南非和巴西等国。这些国家都经历过广泛而深刻的社会革命，如民族解放运动和社会主义革命，与西方国家所经历的资产阶级革命有着天然的联系，而且大革命的传统使广大民众有着强烈的追求公平正义与民主的愿望，但经济发展任务艰巨，既面临传统冲突的挑战，也面临迈入新时代的各种压力，需要应对内外威胁交织的局面，因此正在经历一个内外冲突频发的历史过程。这就是说，一方面，这个世界既因利益和观念而紧密地联结在了一起，又由于发展的不平衡，客观上又存在着历史性的冲突。

这也成为当代意识形态斗争的主要战场，随着价值观冲突的日趋激烈，将对国际秩序产生深远影响。另一方面，由于大多数国家还处在第二阶段，传统意义上的冲突和战争依然存在，如围绕领土主权、海洋权益和实现国家统一等问题可能导致的冲突和战争。随着人类社会财富的快速增长，以及日益发展的普惠的经济增长模式，各国（地区）民众自主、自觉的权利意识也在不断高涨，外部因素的介入变得越来越容易。这不仅使冲突和战争的复杂性与日俱增，和平解决冲突的难度也会因内外政治势力的长期斗争而不断加大，一旦对抗加剧引发战争，就会形成内外冲突交织的局面。

因此，在当前我们所处的时代，利益及利益观念对冲突和战争的影响变得更加复杂，既可能诱发传统的阶级斗争、民族矛盾和主权争端，也可能引起国内阶层矛盾、价值观冲突、国际贸易争端和各领域的国际斗争，等等。这些问题都有可能导致战争，而且传统冲突与现代冲突相互交织，呈现出越来越复杂的局面。

一是利益涉及的关系越来越多。从一定意义上说，人类社会的历史就是一部人类生产生活方式的发展史，而人类生产生活方式的社会化过程，就是利益的区分与生产的过程。发展到今天，任何具体的利益都是多要素和多领域综合作用的结果。因此现代主权国家之间的冲突无论大小，都能够迅速地向全球扩散，"牵一发而动全身"就是当代冲突和战争面临的窘境。

二是有形利益受到无形利益的约束。人类社会早期的利益只是单纯的物质形态。随着人的社会属性的不断发展和丰富，利益就日渐打上了人类思想观念的烙印，赋予了其合理性、合法性和稳定性的内涵，就如同中国古人所说的"君子爱财，取之有道"。一旦失去了这些内容，不仅利益的区分和生产会遭到破坏，稳定的利益关系也会解体，最终会导致社会秩序大乱，冲突和战争就会成为"家常便饭"。因此，无形利益对有形利益的约束，是人类社会发展进步的标志，更是法国大革命以来利益及利益观念的革命性变化。任何人忽视这一点，都会走向失败的不归路。

三是利益归属的强制性与利益观念的复杂性交织。就利益的客观属性而言，它具有非此即彼的性质，是某种源于历史和现实的强制性"规定"，并由这种强制性决定了利益的归属，因而对这种强制性的侵犯，就是对利益本身的侵犯；而就利益的主观属性而言，利益的区分和生产是由人类的社会化过程决定的，是从国家诞生以来，尤其是自资产阶级革命以来，基于传统习惯、法律制度和价值观念的体现，这使得利益的自然边界日趋模糊，即使如领土主权利益有着看似清晰的界线，也会因为跨界民族的生产活动变得复杂化，甚至会由于其在地区安全和国际秩序中的影响，而使得"此利益"与"彼利益"相互联系、相互作用，产生着难解难分的影响。如果说因利益的客观属性而发生冲突和战争是合理的，那么利益的主观属性就可能使冲突和战争布满"失败的陷阱"，因而权衡这两者的利弊，是当代战略家面临的难题。

四是价值观利益具有决定性的影响。随着人类社会文明的进步,利益具有了日益明显的主观属性,利益空间也就从单一的物质世界向精神世界拓展。正是随着这样的拓展,人类社会的生产力和财富得到了前所未有的快速增长,不仅持续地推动着利益空间的扩大,也形成了稳定发展的利益结构,而决定这一结构的基本要素就是秩序、法律、道德以及与之相适应的价值观念。也就是说,价值观利益是自法国大革命以来,对人类社会发展具有决定性影响的因素,是衡量一切物质利益是否具有合法性的"砝码",一旦遭到破坏,人类社会就将陷入冲突和战争的泥潭。因此,价值观利益是一切冲突和战争的"罗盘",是制定战略的"准星"。

五是大国利益的全球性特征日益明显。大国的形成、强盛和衰落是一种历史现象,伴随它的就是国家利益的扩张和收缩的过程。早期主要是依靠硬实力夺取,即通过战争实现国家利益的扩张,包括夺取土地、资源、财富和统治权等,但由于受地理、社会和战争方式的限制,利益的扩张都有一定的限度,并主要是以兼并的方式达成目的,其地理特征非常明显。从亚述帝国到波斯帝国,再到罗马帝国,直至奥斯曼帝国,皆是如此。大国利益的本质仍是地区性的。进入资本主义时代后,在一波又一波科技革命的推动下,人类日益重视对价值观利益的追求,无休止的战争扩张方式日益不得人心,取而代之的是全球化生产生活方式的兴起。贸易、金融、市场和财富增长的全球化趋势,为大国开启了利益扩张的新模式。它们通常以大国

冲突与未来

实力为后盾，通过各种途径把国家利益扩展到了全球，并以政治的、经济的或军事的手段把自己的利益与别国的利益交织在一起，不断寻求自身利益的最大化，战争倒成了最后的手段。即在硬实力之后，软实力的影响与日俱增，从而形成了近代以来殖民主义和霸权主义两个阶段。目前美国就是全球唯一的霸权主义大国，其国家利益遍布全球。它制定了规则，是构建当代全球利益关系的核心力量。

六是任何一个失败的国家都将对国际秩序产生破坏性的影响。在法国大革命以前的历史中，国家的兴亡存续此起彼伏，这是人类社会最重要的政治现象。你方唱罢我登台，各领风骚数百年。但不管如何眼花缭乱，一切冲突和战争主要是围绕着争夺部落、民族、阶级、国家或地区的统治权展开的，只要冲突和战争结束，统治权易手，社会也就趋于安定。不同地区之间的相互影响很小，1000千米以外的冲突和战争就足以让人们漠视，洲际之间更是绝无影响，因而绝大多数战争都是地区性的。这也就是为什么我们在历史上看不到欧洲的战争影响到亚洲、亚洲地区的战争影响到欧洲。但是，从法国大革命之后，人民的觉醒彻底改变了这一局面，他们成为决定一切政权合法性的关键，冲突和战争所导致的结果变得越来越复杂。随着军事技术的革命性进步，以及全球化生产生活方式的不断发展，冲突和战争传播的速度越来越快、范围越来越广，结果也更加复杂。未来任何一个失败的国家，由于统治权的瓦解所导致的后果，都将对国际秩序产生破坏性的影响。事实上，第一次世界大战和第二次世界大战只不过是这样一个事实的早期形态,而"冷战"结束后的海湾战争、科索沃战争、阿富汗战争、伊拉克战争,以及利比亚变局和西亚、北非地区冲突所带来的后果,已经让这个世界充满恐惧。当这个世界有更多的国家尤其是大国陷入失败的泥淖时,现有的国际秩序将面临瓦解的命运。

当今冲突不可能再是战争的代名词,冲突与战争的区别也越来越明显。前者允许存在复杂的利益关系,甚至对"复杂性"还有着某种特殊的"喜好"。它的产生源于不同的利益及利益观念;后者的产生则会相反,虽然也与利益有关,但需要考虑到复杂性所带来的"连锁反应",以及这种"连锁反应"对自身利益的破坏。因此由冲突发展为战争,一定要经历一个利益再区分的过程,需要摆脱利益复杂性的束缚。这就是说,现代社会的发展是趋于约束战争的过程,这使得发动战争的阻力越来越大,进行战争的战略成本越来越高。若要选择战争,就需要实施一个与利益复杂化相反的过程,即孤立、分化对手的过程。比如,朝鲜半岛就是当今最容易爆发战争的热点地区之一,因为以美国为首的西方国家长期对朝鲜实施孤立政策,使其在各领域被国际社会边缘化,而且还采取一切手段离间中朝、俄朝关系,阻止朝韩和解进程等。这样的局面只需要一个火星,战争就会随时爆发。

因此,孤立与分化对手是当代战争准备的重要内容,尤其是自 20 世纪 80 年代末美、苏两极格局解体以来。伴随着经济全球化趋势的不断深入,世界经济发展与政治进步把各国紧密地联系了起来，不仅大国之间相互依存，国家之间的合作也得到了全面发展，贸易、金融、市场和资源在全球范围内的配置、组合已成为人类社会生产生活方式的常态。与此同时，意识形态与价值观的传播也得到了史无前例的拓展，民主与人权理念更加深入人心，成为产生战略影响的重要因素，因此任何一场战争都可能与各国产生千丝万缕的联系。毫无疑问，战略家们要对这样一个局面有清醒的认识，需要在战略判断和战略抉择上，把握当代利益及利益观念的变化，包括有形利益和无形利益，尤其是无形利益对战争的深刻影响。正如摩尔根所指出的："社会的利益绝对地高于个人的利益，必须使这两者处于一种公正而和谐的关系之中，只要进步仍将是未来的规律，像它对于过去那样，那么单纯追求财富就不是人类的最终的命运了。"[1]

---

[1]《马克思恩格斯选集》(第四卷)，人民出版社 1972 年版，第 176 页。

第五章　不断产生的意识形态对抗

意识形态（ideology）这一概念最早是由特拉西[①]提出来的，他试图借此为一切观念的产生提供一个科学的哲学基础，认为意识形态可以理解为一种具有理性的想象、一种观察事物的方法（如世界观），或者是指由社会中的统治阶级对所有社会成员提出的一系列的观念、思想和认识。后来，马克思进一步创建了意识形态理论，提出了"经济基础/上层建筑"社会模型，认为一定的经济基础决定着上层建筑，从而组成了一定社会的意识形态，如它的法律体系、政治体系和宗教文化等。也就是说，意识形态是与一定社会的经济和政治直接相联系的观念、观点、思想、制度和价值观的总和，包括政治思想、法律制度、道德、艺术、宗教、哲学和其他社会

[①] 特拉西（1754—1836年），法国哲学家、政治家，他在著作《意识形态的要素》中最早提出了"意识形态"（ideology）的概念，并将这一概念界定为中立的、为一切观念的产生提供一个真正的哲学基础的"观念科学"。

科学等内容，因而意识形态是人类社会现实生活的反映。但其具有主观能动性的特殊地位，使得意识形态既与物质世界密切相关，又具有超越人类现实生活的束缚的特征，包含着社会进步的因素。道理很简单，因为社会发展的基本走向始终受观念、思想和价值观的深刻影响，它的作用不仅在于阐明了社会进步的目标，也在于其能够不断地指导着人类具体的实践活动。

当然，意识形态并不是特拉西之后才有的，而是一种存在于人类社会历史长河中的普遍现象。它伴随着人类社会的进步，因而无论是过去，还是现在和未来，人类都能在历史和进步的过程中感受到意识形态的存在。比如，中国古代的老子就在其所著的《道德经》中提出了道法自然的思想，他说："人法地，地法天，天法道，道法自然。"认识到天地万物的产生是自然之"道"不断运动的结果。这一思想对中国社会的发展影响深远，不仅产生了道教文化，也作为一种意识形态影响了封建社会的发展。欧洲的古希腊和古罗马时代，更有许多哲学家把理念当作历史变更的杠杆。人类早期的唯心主义哲学家柏拉图甚至把理念归结为真实的、可靠的、第一性的东西，鼓吹建立和谐一致的"理想国"。同样，后来的黑格尔也认为，自由的精神是历史的实体性动力，而人们由自私心产生的欲望和热情则是现象的动力。黑格尔说："我们对历史最初的一瞥，便使我们深信人类的行动都发生于他们的需要、他们的热情、他们的兴趣、他们的个性和才能；当然，这类需要、热情和兴趣，便是一切行动的唯一源泉……"①再比如，进入20世纪后，几乎美国所有的总统都宣称美国的原则适用于全世界，其中约翰·F. 肯尼迪总统就发表了一个最为强势的意识形态宣言，他在1961年1月20日的就职演说中说："不惜一切代价，顶住一切压力，克服一切艰辛，支持一切朋友，反对一切敌人，确保自由的存在与实现。"②美、苏意识形态的对抗持续了近半个世纪。苏联解体后，美国奉行的意识形态对抗政策依然在继续，"1993年克林顿总统上台后，把'扩展'民主确定为首要外交目标。1993年9月，他在联合国大会上宣称，目标是'扩展和加强世界市场民主国家体系'和'扩大生活在自由体制之下的国家的数量'，直到人类实现'相互合作、和平相处的繁荣的民主世界'"③。发展到今天，宗教极端主义又在为自己的意识形态而不择手段，对此，基辛格毫不讳言："'冷战'结束开启的不是梦寐以求的民主共和时代，而是又一个意识形态和军事对抗时代。"④

事实上，意识形态作为人类社会中存在的一种共同的观念、观点、思想、制度和价值观，很早就产生了。最早的形态与族群意识有关，主要体现为氏族、部落成员的归属意识和群体生

---

① [德]黑格尔:《历史哲学》，王造时译，商务印书馆1963年版，第58—59页。
② [美]亨利·基辛格:《世界秩序》，胡利平、林华、曹爱菊译，中信出版社2015年版，第361页。
③ [美]亨利·基辛格:《论中国》，胡利平、林华、杨韵琴、朱敬文译，中信出版社2015年版，第452页。
④ [美]亨利·基辛格:《世界秩序》，胡利平、林华、曹爱菊译，中信出版社2015年版，第414页。

存意识。根据动物学家对灵长类动物的观察研究，认为现代人类出现之前，社交和融入集体已成为人类行为的一部分，即人类的社交性，不是因历史或文化而取得的，而是人类天生的。大约 5 万年前，行为意义上的现代人类才开始出现，他们能用语言进行交流，并开始发展较为复杂的社会组织。随着人类族群活动的不断发展和扩大，需要人与人、群体与群体之间建立起合作与协调关系，而为了确保合作与协调关系的存在和长期稳定，共同崇拜的神话和原始宗教随之产生，构成了具有约束力的诸如祖先、精神、上帝和其他无形力量的基础，这是人类早期意识形态的重要内容。其中，神话使人畏惧而服从，宗教则使人在合作与协调中相互信任，使合作变得更广泛、更安全，从而形成了人类完全区别于动物的社会属性。因此，神话与原始宗教作为人类社会早期的意识形态，是凝聚族群社会的源泉，即人与人、群体与群体之间的投桃报李或以牙还牙，都是他们中间的共同信仰或不同信仰之间反复互动的结果。当然，发展到今天，意识形态的产生与传播可以增强集体的团结，或是导致社会的分裂，这已是一个不容置疑的事实。但宗教不再是唯一的方式，如现代社会广泛存在的民族主义、资本主义意识形态等。因此，在人类社会的早期，神话和原始宗教对于推动社会组织走向复杂性，扮演了至关重要的角色。若没有原始宗教的产生和后来宗教的发展，很难想象人类社会得以超越族群社团的层次而发展出灿烂的文明，更不可能走到今天的全球化发展阶段。

第五章 不断产生的意识形态对抗

到了原始社会晚期,由于部落联盟的出现,随着宗教意识的强化和文明意识的觉醒,人类点燃了思想文化的火炬,意识形态的产生与发展进入一个全新的时代,新观念不断产生,人们开始追求对客观世界的理性认识。而到了奴隶制国家(王国)的产生,随着中央集权制度的萌芽,政治意识也开始在统治阶级内部形成,价值观念逐渐成为影响人类生产生活方式的重要因素,人类意识形态的产生与发展也就更趋于多元化,而伴随这一过程的就是不同群体、不同民族、不同阶级、不同国家和不同政治集团之间的矛盾与斗争的此起彼伏。比如,在西方的古希腊时代(公元前 750—前 323 年),"以雅典为代表的民主制度和以斯巴达为代表的高度组织化的威权制度之间,已经出现了对抗"[1]。而社会内部也出现了"社会责任和个人信念之间的冲突,政治良知和道德良心之间的矛盾"[2]。伴随着各种矛盾和冲突,不同的理念和观念开始萌芽,相继产生了像苏格拉底、柏拉图和亚里士多德等伟大的思想家。他们开始传播诸如公平、民主、个人主义和开放发展的理念,使得在人类社会的早期就开始形成理性与迷信的冲突。接下来,就是罗马时代基督教的兴起及广泛传播。基督徒脱离犹太教自成一个独立的宗教,他们"自认为是上帝的选民,是一个新的、与众不同的族类,虽

---

[1] 丹尼斯·舍曼、A. 汤姆·格伦费尔德、杰拉尔德·马科维茨、戴维·罗斯纳、琳达·海伍德:《世界文明史》,李天义、黄慧、阮淑俊、王娜译,中国人民大学出版社 2012 年版,第 87 页。
[2] 同上,第 85 页。

冲突与未来

然服从罗马的统治，但不是罗马公民，而是天国的国民。他们组成了一个特殊的团体——教会，耶稣是教会的头，教会是耶稣的肢体"[1]。这一观念把整个社会都拖入意识形态斗争的旋涡。初期，教会的影响不大，它在政治、经济、法律和社会上都处于绝对无权地位，一度还被列为非法宗教，早期就遭到罗马皇帝尼禄的迫害（公元64年），200年间多次遭到打击。到3世纪中叶时，教会的发展更引起皇帝戴修斯（249—251年在位）对基督教的进一步镇压。但随着基督教的发展，其影响不断扩大，罗马帝国转而对基督教执行怀柔政策。到4世纪时，罗马帝国对基督教的政策发生了重大转变，先后发布敕令明确承认基督教的合法地位，进而支持和利用基督教。380年，经过教会长期不懈的努力，基督教与帝国的关系不断改善，罗马皇帝狄奥多西一世（379—395年在位）下令，除基督教外，禁止各种异端教派活动，并关闭一切异教神庙，基督教最终取代了传统宗教成为罗马帝国的国教。这一结果在事实上为日后基督教与伊斯兰教的对抗作了准备，引起了更大范围内东西方文明的冲突。7世纪时，伊斯兰教在阿拉伯沙漠的游牧民和城市居民中兴起，在先知穆罕默德的带领下，统一了阿拉伯的大部分地区。此后信仰伊斯兰教的阿拉伯人打败了波斯帝国，占领了拜占庭帝国（东罗马帝国）在南地中海沿岸的领土，并进一步向东扩张，逼近印度，同时又向北推进，到达伊比利亚半岛。到

---

[1] 任继愈主编：《基督教史》，江苏人民出版社2006年版，第41页。

8世纪时,曾被罗马帝国或拜占庭帝国统治过的地中海盆地,其中有很大一部分已经归属伊斯兰帝国[①],耶路撒冷也被穆斯林占领。塞尔柱突厥人兴起后,于1055年实际控制了阿拔斯王朝,先后占领了叙利亚、巴勒斯坦和小亚细亚的大部分地区。他们对基督徒采取排挤和打压政策,后来一些欧洲朝圣者从耶路撒冷带回了异教徒渎神的消息,从而"引起西欧基督徒的强烈不满,这种情绪,一经教会的煽动,很快变为宗教狂热"[②]。1081年,东罗马帝国皇帝阿历克塞一世(Alexius I,1081—1118年在位)即位,因无法抵抗塞尔柱突厥人,遂向罗马教皇乌尔班二世求援,表示愿将东正教重新归于罗马教皇麾下。在宗教的旗帜下,罗马教皇发动了对伊斯兰教的宗教战争,即从1095年开始,基督教以"圣战"的名义进行了历时近200年的"十字军东征"。而进入近代以来,意识形态冲突更加频繁,包括各种发端于欧洲的政党斗争、阶级斗争思想以及资产阶级革命、民族解放运动和共产主义运动,等等。

到了20世纪,世界各国之间越来越相互依存,相互之间的交往不断扩大。这一方面使各国之间的经济依赖性增强,另一方面也使得意识形态竞争和斗争更加复杂。1945年,第二次世界大战刚结束,美国和苏联就在全球范围内展开了一场意识形

[①] 丹尼斯·舍曼、A.汤姆·格伦费尔德、杰拉尔德·马科维茨、戴维·罗斯纳、琳达·海伍德:《世界文明史》,李天义、黄慧、阮淑俊、王娜译,中国人民大学出版社2012年版,第122页。
[②] 任继愈主编:《基督教史》,江苏人民出版社2006年版,第107页。

冲突与未来

态和政治领域的全面冲突，它们之间的斗争扩展到了欧洲、拉丁美洲、亚洲和其他各个地区。一方坚持的是资本主义意识形态，认为对方是极权主义政权；另一方则坚持共产主义意识形态，认为对方是一种腐朽没落的社会制度。两种意识形态陷入对抗，形成了两个相互对立的政治、经济和军事集团。双方都基于意识形态制定内外政策。1947年，两种意识形态的敌意便已体现在美、苏两国的政府计划和国际政策上。其中，美国采取的对外政策中，以"杜鲁门主义"和"马歇尔计划"最为著名。前者出自杜鲁门总统于1947年3月12日在国会发表的关于援助希腊和土耳其的讲话，以防止这两个国家有可能被拉入苏联的阵营，后来人们就把杜鲁门制定的基于意识形态的对外政策原则称为"杜鲁门主义"；后者则源自时任美国国务卿马歇尔在1947年11月10日对参众两院外交关系委员会的发言，他主张美国应大力援助欧洲，以防止其落入苏联的势力范围，这次发言后来就被称为"马歇尔计划"。苏联则采取了输出意识形态和革命的对外政策，直接扶植建立起了阿尔巴尼亚、保加利亚、东德、匈牙利、捷克斯洛伐克、波兰、罗马尼亚和南斯拉夫等国家的共产党政权，大力支持民族解放运动，在世界范围内兴起了传播共产主义意识形态的浪潮。为了遏制共产主义意识形态，美国则相继介入了朝鲜战争和越南战争，其代价之大造成了美国国内重大的社会和政治冲突。之后的几十年间，美国和它的欧洲盟友或以和平的方式或以暴力斗争的方式，不得不放弃了几乎所有的殖民地。与此同时，苏联所奉行的意识形态在理论和实践上日趋教条和僵化,使原本全新的政治制度逐渐陷入窒息和遭受压抑的境地,从而挫伤了整个社会的创造力,也越来越无法满足现代社会的要求。1985年3月,在安德罗波夫和契尔年科相继去世之后,历史的重任就落到了一个"年轻人"——戈尔巴乔夫（时年54岁）的肩上。这时苏联的经济增长几乎停滞,而官僚机构变得更加烦琐和墨守成规,加之阿富汗战争旷日持久,以及意识形态的盲目扩张,最终耗尽了苏联有限的资源,苏联体制走到了崩溃的边缘。为了应对苏联面临的政治危局,戈尔巴乔夫的改革是企图向着更接近西方的所谓"自由—民主模式"进行,"投降"式的改革从一开始就注定了它将彻底失败。1989年10月至12月,自由化的浪潮席卷整个东欧,随之而来的是东欧社会主义政权的倒台和柏林墙的坍塌,然后就是苏联解体。西方意识形态终于在20世纪末赢得了一次阶段性的胜利。

　　当然,意识形态是人类文明的产物,不可能只存在于国际斗争中。它通常以价值观念为基础,以思想文化为载体,以政治制度为依托,在内外政策的相互作用下扩展到各个领域,并产生着直接或间接的影响。这也使得任何一个社会都不可能生活在意识形态斗争的真空中。比如,在20世纪国际斗争的大背景下,美国就曾发生了声势浩大、影响深远的妇女解放运动和民权运动。而且可以肯定,随着现代社会的快速发展,国家与国家、民族与民族、政治集团与政治集团之间的政治、经济联系会越来越紧密,意识形态斗争必将更加激烈,并呈现出内外交织的复杂局面。一旦与多种意识形态产生纠葛,任何简单的问题都会出现剪不断、理还乱的局面。

■ 观念的作用

在人类社会的早期,由于生存主要是满足人的本能需求,除了天然的血缘观念和族群意识,最早形成的各种观念可能都与对死亡的认识有关。人们一旦意识到了人会因各种原因死去,就会强烈地感受到活在世上的"美好",因而为生存不懈地努力就成为人类自然而然的选择,包括捕鱼、狩猎、采摘、制造工具和战争等行为在内。伴随着自我意识的进一步发展,生与死就像钱币的正反两面纠缠着人类,人们面对同伴的死亡会思考生存的意义,也会在生命的过程中考虑死亡的价值。这两者的相互作用,随着人类社会的发展而变得日益强烈,当一面变得更大、更清晰时,另一面也会随之变得更大而清晰,人类行为的选择也就开始变得复杂化。正如孟子所说:"生,亦我所欲也;义,亦我所欲也。二者不可得兼,舍生而取义者也。"同样,在西方资产阶级革命时期,匈牙利诗人裴多菲也说道:"生命诚可贵,爱情价更高。若为自由故,两者皆可抛。"也就是说,如果你没有意识到人可能会死去,就不可能真正体会到活着的滋味、价值和意义;同样,不能正确认识到活着的意义,也就无法真正理解死亡这一客观事实的价值。大多数的人总是要等到重病缠身之后,才真正地体会到能够健康地活着是何等福气。因此,生和死的观念是相对的,又是紧密联系的,这也决定了人类此后一切观念的存在的相对性。

在原始社会的早期,世界的变化对人类而言显得神秘莫测,人们几乎无法解释自己所面临的一切,包括生老病死、风雨雷电和四季的变化等自然现象,以至于最初形成的观念都带有神秘主义的色彩。这就是神话和宗教得以产生的背景,目的是当人们面对各种问题时提供答案,他们完全相信是超自然的力量在支配着世间的一切。比如,北欧神话中就有一个索尔(Thor)与铁锤的故事。传说索尔时常乘着一辆由两只山羊拉着的战车横越天空,他挥动铁锤便可产生闪电与雷声,而当天空雷电交加时,便会下雨。因此,人们相信雨水与索尔有关,即索尔挥动锤子时,天就会下雨,而一旦下雨,地里的玉米便会开始发芽,然后茁壮成长并结出果实。索尔由此成为古代北欧最重要的神祇之一。同样,中国古时也是如此,人们相信各种各样的鬼神,认为鬼神操纵着人们所需要的一切,如天旱时祈求鬼神降雨、洪灾时向鬼神祈求天晴等。事实上,迄今为止,我们所知道的地球上的任何一个民族,在他们历史的早期都有自己的神话传说。因此,观念并不是凭空产生的,而是人类根据自己的需求,在试图认识和理解客观世界的过程中逐渐形成的,并反过来对人们的生产生活方式和实践活动产生重大影响。简而言之,人类的需求和对世界的认识,以及它们两者之间的相互作用,是一切观念得以产生的源泉。当两者都符合或比较接近客观实际时,就会形成正确的或比较正确的观念(世界观),反之就会形成远离现实真相的观念,这就是后来唯心主义的源头。

当某一观念被赋予了一定的内涵后,便成为后来黑格尔所称的"寻求承认的斗争"的目标。它构成了人们共同寻求承认的欲望,这便是人类社会最初产生的主观意识。通过这一意识,人与人之间相互承认他人的价值、地位、习俗、信念和精神需求,同时也成为排斥或反对这一切之外的其他人的理由。由此就会产生要求截然不同的社会组织形式,譬如族团、部落、氏族、家族、宗族、政治团体、国家以及现代广泛存在的公司和非政府组织等。他们都是为了共同的目的集聚在一起,包括生产、生活、生存和自卫等,因而同一个层次中的任何两个分支之间都可能存在着相互的敌意,一方有可能为反对另一方而与其他分支联合起来,也有可能在新的目的面前冰释前嫌。正如阿拉伯谚语所云:"我针对我兄弟,我和我兄弟针对我表亲,我和我表亲针对陌生人。"因此,由观念所导致的冲突的历史,一定与人类社会的历史一样悠久,这可在最早的历史记录中找到痕迹。比如,在中国的原始社会,部落领袖原本是一个由民主推举产生的职位,即有根据贤德才干实行"禅让制"的传统。《史记》上就有尧传舜、舜荐禹的故事以为佐证。大禹是中国原始社会最后一个由民主推举的部落联盟首领,原本他向上天荐举皋陶作继承人,但不幸皋陶先大禹而死,后又举荐皋陶的儿子伯益当政。但大禹死后,大禹的儿子启利用父亲的权威获得了"天子"之位,"世袭制"取代了"禅让制",从而引起了华夏部落联盟内部的分裂和激烈的冲突,对此《史记》上记载:

第五章　不断产生的意识形态对抗

"有扈氏不服，启伐之，大战于甘。"战争的结果是启胜，伯益被杀。从"禅让制"到"世袭制"观念的改变，催生了中国第一个奴隶制王朝。

当然，人类社会发展到17、18世纪后，由于文明的不断进步和人类实践活动的日益广泛，观念的变化也体现在了方方面面，不仅不同的民族、国家和政党拥有不同的观念，人和人之间也可能由于年龄、经历和所处环境的不同，而形成不尽相同甚至完全相反的观念。由观念直接导致冲突和战争的可能性也明显下降，人们不会为了观念的不同就直接大打出手，酝酿冲突和战争的过程变得更加复杂。因为观念的融合统一需要经历一个由小众到大众、由简单到复杂、由低级到高级、由特殊到一般的过程，并主要反映在以下几个方面。

一是不同民族的观念。民族的前身是氏族和部落，是基于共同的始祖和同一血缘的亲缘性社会实体（尽管这可能是虚构的），有自己的生存地域、语言、风俗习惯和朝圣仪式等。在利益需求和对世界的认识上，不同民族有着显著的区别，形成了不同的观念，因而在人类社会的早期，民族与民族之间的冲突频繁。为了防御敌对氏族、部落频繁的侵略威胁，遂产生了民族国家。当民族国家发展到一定程度，特别是在其开疆拓土的过程中，又会不断地纳入"异质"的民族或氏族、部落。因此大部分早期的民族国家后来都发展为多民族统一的政治实体，尤其是那些历史上的大国皆无例外。民族之间的观念差异并不能随着国家的产生而消除，尽管在表面上它们可以和睦相处、利益攸关，可是在一定条件的刺激下，仍会觉得"其心必异"。而一些民族"精英"们也并不希望本民族处于沉寂状态。"民族观念"是一个永远可以利用的工具，是酝酿和产生冲突的根源。比如当民族的整体或部分成员要求改变本民族的现状时，一定会以各种各样的理由作为显示自己客观价值的目标和手段。这也是数千年来民族观念不散的主要原因。一旦矛盾得不到有效的管理，国际、国内政治上的任何风吹草动，都有可能使民族问题向更具隐秘性、潜在破坏性和社会动乱的方向演变，最终有可能引发极端的民族主义和暴力斗争。其结果要么是对国家权力的分割，要么就是优势民族对弱势民族权力的压缩和剥夺，20世纪末苏联和南斯拉夫的解体以及许多国家中存在的民族、宗教和种族冲突就是例证。相应地，要彻底平息这一历史性的冲突，需要等到"民族观念"消解的那一天。

　　二是不同阶层的观念。阶层是社会生活的客观维度，其中经济地位是社会阶层的地位最精确的体现。由于人类社会的不断发展，社会专业化分工现象日益普遍，从而造成了社会成员对各种资源占有的不同。加上其他种种社会差异以及社会成员多样化取向的存在，一个社会自然而然会形成一定的分层体系。那些处在不同状态和社会位置的社会成员就构成了不同的阶层，因此阶层的出现是文明的产物，是很难消失的。不同的阶层，由于他们的需求和对社会的认识不同，必然会产生不同的观念，并会充分地体现在诸如欲望、情感、习惯、生存态度和价值观取向等社会心理层面。这也意味着社会的各个阶层之间有高下贵贱之分，存在着不平等的因素，因此公平、公正和正义是各阶层观念冲突的焦点。比如权力只掌握在少数人手里，它就可能使一小部分人依靠他们对国家机器的控制谋取私利。同样，资源环境的不公平也会导致人们在权利、财富、教育和收入上的差异，等等。因此，不平等是人类社会的常态，而追求公正、正义则是人类的理想。问题是，当不平等的观念趋于稳定而绝对化时，社会矛盾的积累必然会导致阶级斗争，暴力冲突就会成为一个社会实现公正和正义的途径。这是自奴隶社会到资本主义社会初期的几千年里，人类社会产生冲突乃至战争的根本原因。当不平等的观念趋于相对稳定、存在社会阶层的合理流动时，社会冲突大多就会以非暴力的方式进行，譬如游行示威、谈判、调整政策制度等。这也是 20 世纪以来内战不再频发的主要原因。不过，当社会矛盾日趋激烈时，也有可能产生大规模的骚乱和动乱甚至导致战争。因此，解决阶层之间的不平等，是现代社会制度发展的核心问题，需要构建起有助于社会阶层合理流动的制度和政策。正如罗尔斯所指出的："正义的主要问题是社会的基本结构，或更准确地说，是社会主要制度分配基本权利和义务，决定由社会合作产生的利益划分方式。所谓主要制度，我的理解是政治结构和主要的经济和社会安排。"[1] 值得注意的是，阶层并不是人为划分的，而是自然形成的。每个阶层都有普遍的自我认同感，好的制度和政策可以

---

[1] [美] 约翰·罗尔斯：《正义论》，何怀宏等译，中国社会科学出版社 2001 年版，第 5 页。

使各个阶层受益,有助于不同阶层之间的流动。这不仅可以鼓励整个社会形成良性的竞争,也可以使财富分配更加合理、社会怨气有所减少。相反,就有可能使那些不能受惠的阶层产生不满,造成社会不安定。总而言之,认清不同阶层的观念,是我们制定正确的战略和策略的依据,是确保国家政治、经济安全的前提。

三是不同政党(团体)的观念。政党是近代以来民权与宪政运动不断发展的产物,始于西方资产阶级革命初期,到今天有近400年的历史,但对近现代历史的影响有目共睹,对人类社会未来的影响也将极其深远。综观历史,世界上政党的产生不外乎两种模式,一是原生型,二是次生型。前者以西欧、北美国家的政党为代表。它们的产生是以推动民权与宪政运动为目的,产生了两党制或多党制。后者则是由外部政治因素的刺激引起的社会变化的结果,其中以东方国家的政党最为典型,目的是实现社会革命、引领国家进步。比如,西方列强的入侵震醒了中国社会先进的知识分子,他们模仿西方组建了现代意义上的政党,最初出现的是各种改良派和革命派,后来在斗争中不断分化组合,最后形成了以中国国民党为代表的多党政治局面。这使中国20世纪初期的民主革命有了统一的指挥中心。他们通过动员广大民众参与,有力地推动了中国资产阶级的民主革命运动,结束了中国2000多年的封建专制统治,建立了新的"中华民国"临时政权。因此,无论是原生型的政党还是次生型的政党,都具有战斗性和斗争性的特质。这是一切政党观念的基本特征，它要求政党的理念、原则、思想和行动等必须建立在整体或大部分公共利益的基础上，以反对一切损害公共利益和社会长远利益的政治主张，尤其是在内忧外患、民族处于危机时，不同的政党所奉行的观念就是他们各自引领社会行动的旗帜。这就是说，政党观念的冲突将是我们这个时代最显著的政治现象。随着全球化的发展，政党观念的冲突将由国内政治舞台扩展到国际政治舞台。事实上，这一趋势自1848年《共产党宣言》诞生就已经开始了。

　　四是不同国家的观念。相对于漫长的人类社会，国家得以产生和发展的历史大约只有5000年，经历了原始王国、王朝帝国到今天的民族国家时代。它们的产生和发展都与战争有着密切的关系，正如查尔斯·蒂利①所指出的："战争创造国家，国家发动战争。"前两种形态经历了4000多年，国家的历史几乎就是一部战争史，而民族国家的历史还不到400年。虽然这一时代随着文明的进步，战争的频度和残酷程度逐渐得到了控制，但战争并没有消亡。20世纪上半叶人类经历了两次世界大战和连绵的地区性战火，我们这一代人也目睹了1991年的海湾战争，以及后来相继发生的科索沃战争、阿富汗战争、伊拉克战争、利比亚冲突以及叙利亚战争，等等。因此，战争仍然是现代国家之间无法回避的政治现象。与此同时，国家之间的冲突还扩大到了政治、经济和思想文化领域，文明的冲突也构成了

---

① 查尔斯·蒂利（1929—2008年），美国社会学家、政治学家，1958年在哈佛大学获得博士学位，主要研究集体行为的历史和动力、城市化的过程和民族国家的形成。

人类社会面临的重大挑战，而这一切的产生都是基于人们所奉行的国家观念。它的核心思想就是"爱国"，具有明显的政治和利益上的排他性，并主要体现为对民族和文化的认同，进而建立起对国家利益的认同，包括领土、法律和政治共同体、共同文化和意识形态等。围绕这些观念的任何挑战，都有可能导致冲突甚至战争，这也是地球上战火难以平息以及国仇家恨难以化解的根本原因。正是基于这一点，任何一个国家的文化心理都十分痛恨背叛自己祖国而为别国服务的人。

■ 思想的历史影响

思想，是人类区别于动物的标志。和许多重要问题的研究一样，探究人类思想的历史影响是极为重要的，因为它几乎是人类一切持续的心理活动和实践活动的观念基础，对人类意识形态对抗的形成产生着持久而深远的影响。当然，思想并不是凭空产生的，而是人类对实践活动不断思考而结出的果实。它不会稍纵即逝，一旦形成就会积薪成炬，照耀着人类前行。不过，由于思想是一种理性认识，是在实践的基础上对客观存在的反映，这种反映是否正确，也只能通过实践来检验。凡是经过实践检验证明符合客观实际的思想，就是正确的思想，反之就是错误的思想。

事实上，人类社会的未来始终受两大因素的影响，一是物质的成果，二是思想的果实。这两个方面相辅相成和相互作用，构成了人类社会不断进步的逻辑,但后者的影响更加深远和持久。比如,古希腊创造的物质成果早已成为历史遗迹,但古希腊先知留下的思想果实至今影响不绝。同样,孔子是中国 2000 多年前的先贤,但他留下的思想仍然对当代中国社会产生着重要影响。当然,思想的历史影响并不遵循任何线性的规律,在一定的条件下,它既可能带来积极影响,也有可能产生消极的后果,因而常常是对与错的辩证统一,并呈现出螺旋式进步的趋势。比如,从牛顿的古典物理学发展到爱因斯坦的相对论,就是一个从肯定到否定再到肯定的过程;同样,从神话到宗教,从宗教到哲学,再到科学的诞生,也遵循着上述同样的规律。再比如,美国法庭电视台和《美国律师》月刊创始人史蒂文·布里尔 2018 年 5 月 28 日在美国《时代周刊》发表了一篇题为《婴儿潮一代如何搞垮美国》的文章,其内容虽然有些夸大其词,但表达的观念很耐人寻味。他在文章中说:"宪法第一修正案成为富人在民主问题上弄虚作假的工具;美国对正当程序的坚持值得称道,但有人用这种借口阻挠政府执行操作安全规则、追究公司的刑事责任以及保护弱势群体;选举改革的本意是要加强民主,结果却削弱了民主;精巧的金融和法律工程把我国经济从长期增长和共同繁荣的引擎变成了为数不多的几个大赢家的赌场。"[1] 这就是说,那些原本经过长期探索形成的具有明显美国特色的思想,正在成为一种削弱自己的工具,并将这个国家分成了两个对立的阶层,即"受保

---

[1]《参考消息》,2018 年 5 月 28 日第 12 版。

护的阶层"和"不受保护的阶层"。这显然与美国社会倡导平等、自由和民主观念的初衷相违背。

显然，与人类的实践活动相适应，人类思想的发展具有历史的连续性，既没有超出人类自身发展以外的思想，也没有任何一种思想的产生和发展与人类社会的历史进程毫不相干，它甚至就是这一历史最重要的组成部分。因此，思想得以产生的起点，就是人类原始的生存观念，它构成了人类思想最初的形态。比如，在旧石器时代早期，由于还没有严格地占地划界，人们彼此通婚、经常往来，部落间的冲突并不激烈。人们即使知道自己出生的地域，也无须去保卫它。这时私有制的观念还没有产生，部落之间的冲突很少具有通过掠夺和消灭敌人来获取更多土地的自觉意识，"战争通常是因为有影响的人物之间的个人仇怨日积月累而最终导致的。如果这些心怀仇怨的人们能够召集起足够的亲友，这些人或同情他们的作为，或对对立部落也抱有仇怨，便能组织起一支作战队伍"[1]。

到了旧石器时代中晚期，随着氏族公社的产生，人类社会形成一个个比较稳定的血缘集团，人类的体质与思维能力有了较大的进步，集团内部开始有了语言，某些禁忌和规范逐渐形成。一方面，人们逐步认识到生产生活与某些自然现象存在着联系，另一方面又感受到来自自然界的沉重压迫。由于对自然界的千姿百态和千变万化得不到正确的理解，于是恐惧与希望

---

[1] 马文·哈里斯：《文化的起源》，黄晴译，华夏出版社1988年版，第28页。

第五章　不断产生的意识形态对抗

相互交织，人类的意识就对许多自然现象作出了歪曲甚至颠倒的反映，以至于把自然现象神化，原始宗教从而产生。这就是人类思想的前源，后来逐渐发展为自然崇拜、图腾崇拜、祖先崇拜以及神话等。由于这一类现象的神圣性，任何侮辱对方祖先、破坏部落圣物以及侵占部落圣地等的言行都可能导致冲突，这就是人类早期意识形态对抗的雏形。发展到农业社会之后，由于永久性的住房、食物加工器具以及地里生长的庄稼都加深了人们的地盘归属意识，私有制的观念开始萌芽，也可能存在着数代人的宿怨，随着人口的增长和资源的相对匮乏，两者之间就可能不断地找机会互相攻击和掠夺。在利益和意识形态因素的共同作用下，部落之间的战争就变得更为频繁和残酷，冲突的规模也开始不断扩大，直到一方把另一方从其地盘中驱逐出去，后来更是发展到了奴役和灭族的程度。

再接下来，随着私有制的形成，一部分人开始有了更多的闲暇时间进行思考，人类社会的发展逐渐迈入文明时代。而文字的发明，也为思想的进一步发展和传播创造了条件。首先，是道德观念的产生。这以中国早期的儒家思想最为典型，它强调对经由德行加以确认的权威的服从，以及对合理的社会等级和上层人士的尊敬，并以此规范着社会秩序的稳定。如中国4000多年前部落首领的产生就有"禅让制"的传统，即根据个人的贤德才干由民主推举。孔子（公元前551—前479年）是儒家思想的集大成者，这一思想对后世中国社会的发展产生着持久而深远的影响。因为在儒家看来，如果统治者有德，人民

冲突与未来

就会拥护他，天下就会大治，冲突和战争才会得以避免。其次，是原始宗教信念的世俗化。原始宗教是以神秘主义的方式去阐释世界的秩序和发展变化的，要求人们服从"神"的不可知的意志。随着人类社会进入文明时代，宗教的神秘主义开始弱化，原始宗教开始瓦解，宗教成为维护现实社会等级秩序的"精神鸦片"。比如，大约在公元前1500年之后，来自中亚的雅利安人向南迁移攻入印度，征服了当地的达罗毗荼人。为了维护社会秩序，雅利安人建立了婆罗门教，开启了印度种姓制度的历史。它把人划分为四个种姓：一等人称为婆罗门（祭司），二等人称为刹帝利（武士），三等人称为吠舍（商人、农民等平民），四等人称为首陀罗（奴隶）。因为种姓是世袭的，不同种姓之间禁止通婚。到公元200年左右，种姓制度已成为当时印度法典的基础。它规定首陀罗的职责只有一个，那就是顺从地服务于其他三个种姓；而吠舍的职责是饲养牲畜、提供劳动产品、供奉祀品、学习经典、经商、借贷和农耕；刹帝利的职责主要是保护百姓；婆罗门则主要是学习和传授婆罗门教的《吠陀》教义等。甚至到了今天，印度的种姓制度仍然对现实社会的发展产生着难以估量的巨大影响。最后，是法律思想的萌芽。世界上各个民族在其历史的早期阶段，出于维护私有制所带来的不平等秩序，都不约而同地产生了自己的法律思想，其中美索不达米亚文明中的法律思想最具代表性。他们所编纂的各种法律、规定和决议出现在公元前2300年，现在流传下来的《汉穆拉比法典》就是由公元前18世纪一位巴比伦国王颁布的。该法典涉及巴比伦社会生活的各个方面,包括282项条款。在这些条款中,奴隶、自由民和贵族的法律地位是完全不平等的。

在私有制的基础上,不平等的观念得到了强化,不公平的社会现象日益普遍,不仅导致了民族(国家)之间无休无止的扩张与兼并战争,也使民族(国家)内部的社会冲突此起彼伏。与此同时,由于文明的大发展,人类社会出现了第一次思想大繁荣,西方产生了古希腊和古罗马时代,东方则出现了中国的春秋战国时代,人们不再满足于天定命运和神秘主义对现实世界的解释。前者以苏格拉底、柏拉图和亚里士多德为代表,后者则以老子、孔子和孟子为代表,两者的不同对东西方产生了完全不同的历史影响。

在古希腊和古罗马时代,所有公民(公民身份有一定条件限制)都有参政的权利,各级官职也向所有公民开放,公民大会是最高权力机关,民主思想和民主政治得到了充分发展。由于多神崇拜的传统,没有教会,也没有专门的神职人员,人们思想开放,产生了人类社会最早的自然派哲学家,并进而发展到对道德和人类精神的研究。其广泛的研究成果,几乎奠定了西方后来所有自由意识和哲学思想发展的基础,正如恩格斯所指出的:"没有希腊文化和罗马帝国所奠定的基础,也就没有现代欧洲。"[1] 因此,在一个奴隶制的时代却诞生了人类平

---

[1]《马克思恩格斯选集》(第三卷),人民出版社1972年版,第220页。

冲突与未来

等的思想，并上升为理论研究，这无论如何都是古希腊民族历史上最光辉的一页。譬如当时伟大的政治理论家柏拉图（约前427—前347年）就著有《理想国》一书。这确是人类文明发展中的奇迹，展现了一个政治制度超前进步的时代，正如《世界文明史》一书所指出的："在苏格拉底时代，一切都遭到质疑，奴隶制度的合理性也不例外。"[1] 毫无疑问，人类平等思想的实践与传播，深刻地影响了古希腊和古罗马时代的政治发展，具有推动社会进步的巨大作用，而且愈往后发展，其历史影响愈大。比如，在经历了古希腊的繁荣、衰落之后，罗马人继承了古希腊的文化传统，创造了长达数百年之久的希腊—罗马文明，并迅速崛起为一个横跨欧、亚、非大陆的庞大帝国，而罗马的共和政体则一直延续到公元前100年，此后又经过了大约一个世纪的"渐变"，欧洲历史的车轮才彻底跌入专制社会的轨道[2]。但此后的欧洲历史，民主政治的思想并未湮灭，而是为1000多年后的资产阶级革命种下了历史基因。因为在罗马帝国灭亡后，欧洲经历了1000年的黑暗时期，到处封建割据，社会极度不公，以致内外冲突不绝，正是古希腊和古罗马时代所积攒下的深厚的思想传统，启发了后来的欧洲文艺复兴运

---

[1] 丹尼斯·舍曼、A.汤姆·格伦费尔德、杰拉尔德·马科维茨、戴维·罗斯纳、琳达·海伍德：《世界文明史》，李天义、黄慧、阮淑俊、王娜译，中国人民大学出版社2012年版，第97页。
[2] 公元前27年，奥古斯都即位，他通过采取一系列的改革措施，将罗马共和国打造成了帝国，实现了向专制社会的彻底转型，欧洲才逐渐迈入了1000多年的封建专制社会。

动，为欧洲轰轰烈烈的资产阶级大革命点燃了焚毁旧世界的火种。尤其是人类平等思想的深入发展，使国家内部的暴力冲突得到了有效的抑制，而扩张性战争成为这一时期欧洲社会冲突的主要形式。资产阶级革命后，人类社会出现了第二次思想大繁荣。这一时期人类思想的传播更广泛、更深入，思想对社会冲突的影响也更直接而持久，产生了许多伟大的思想家，如黑格尔、康德、马克思、恩格斯、列宁等伟大人物；出现了无产阶级与资产阶级、共产主义思想与资本主义思想的斗争，掀起了阶级斗争和民族解放的巨浪，以至于整个20世纪出现了世界范围的人民革命，直到苏联解体、"冷战"结束后，全球性的冲突才得以缓解。

中国的春秋战国时代，先后出现了儒、墨、道、法、名、阴阳等重要的思想学派，有"诸子百家"的盛况，思想之繁荣可与古希腊相媲美。但与古希腊出现的城邦奴隶制的民主政治不同，中国社会在这一时期出现的是宗法奴隶制的专制政治，其中稀缺的是民主与平等的理念，社会等级观念日益强化。此后的中国历史，在很大程度上都受到上述思想的影响。公元前361年，秦孝公即位，重用法家商鞅，推行新法，秦国从一个边陲弱国迅速强盛起来。后来秦始皇（前246年为秦王政元年）采纳李斯等人的建议而独尊法家，全面施行法治与耕战奖励，十年间就灭了六国，前221年建立起中国历史上第一个中央集权王朝。为确立法家思想的一统地位，秦始皇制造了历史上有名的"焚书坑儒"事件。秦朝的严刑峻法也导致了统治阶级与

冲突与未来

人民之间的尖锐对立，统一不久就在农民起义的暴风疾雨中迅速灭亡。汉朝建立后，鉴于秦王朝灭亡的历史教训，认为独尊法家之举必然会逼迫人民造反而绝不可效仿，需要建立新的封建意识形态。经过激烈的争论，百家之中的儒、道两家互争雄长，最后是崇尚黄老之学的道家在汉初的几十年中占据上风，其代表人物有陆贾、司马谈、贾谊等。他们认为秦朝法度过严、执刑峻急，需要崇尚"无为"的黄老思想，提出了"闻之于政也，民无不为本"（《新书·大政》）的施政理念，并继承了先秦诸子学说中的合理因素，体现了朴素的唯物主义思想，因而在总体上表现出向上发展的积极精神。这使社会矛盾得到了明显缓解，经济快速增长，"民本"思想开始萌芽，出现了历史上的"文景之治"。但是，随着社会经济的发展和国家的统一，在当时的太平景象背后，又存在着中央集权与诸侯封藩分裂的矛盾、富商大量兼并土地与巩固小农经济的矛盾，以及异族（匈奴）入侵的危险，而黄老"无为"的思想解决不了这些矛盾，这就要求统治者加强中央集权。在这一背景下，道家思想已不能满足统治阶级不断追求专制政治的需要，于是董仲舒[①]以孔子的儒家思想为基础，构建了一个以维护封建中央集权统治为目的的哲学思想体系，提出"罢黜百家、独尊儒术"，以后逐渐成为两汉时期的主流意识形态。其主要内容是运用天命观为封建社会的等级制度和伦常关系炮制思想依据。董仲舒提出，人间的

[①] 董仲舒（约公元前179—前104年），西汉著名的儒家经学学者。

尊卑贵贱体现了天意，不能违反，并以天人感应论鼓吹君权天授，目的是为加强王权服务。因此，自汉武帝起，以董仲舒为代表的儒学思想在西汉开始处于社会的正统地位，由于学者们不断的阐释和政府的推崇，对以后近2000年的中国哲学思想的发展产生了深刻的影响。经过历朝历代发扬光大，儒学就被塑造成了中国封建社会的千年意识形态。也正是因为如此，在私有制和不平等思想的双重作用下，一方面是各种政治势力为争夺正统不断发生冲突，另一方面是处于社会底层的绝大多数人民不堪阶级压迫频举义旗。这两个方面的双重作用，使2000多年的中国社会始终在"大乱"与"大治"之间不断循环，以至于在中国历史上扩张性战争少之又少，内部冲突则此起彼伏，农民起义与王朝更替相交织。发展到清王朝后期，统治阶级陷入内忧外患的困境，国力也因内乱而极度衰弱，既不能与资本主义列强争雄，也无法平息烽烟四起的内部反抗，封建制度最终因此而灭亡。这就是为什么辛亥革命后，人民不仅摧垮了封建制度，也抛弃了封建的意识形态，甚至喊出了"打倒孔家店"的口号，外来的资本主义思想和马克思主义思想随之而来，后者最后在中国扎下了根，并为中国带来了一个全新的面貌。当然，儒家思想并不是一无是处，它是中华文明传承数千年而不断的重要原因，虽然它塑造的是一个以政治伦理为基础的等级社会，但其中的伦理道德仍然对今天的社会发展发挥着极其重要的影响。

显然，思想既是文明的果实，也是时代的号角，任何社会都不可能摆脱思想的影响。进入近代以来,首先是西方资本主义的兴起,在追求"自由、平等、博爱"的思想旗帜下,兴起了反对封建主义的斗争,摧毁了有千年历史之久的封建制度及其意识形态。"具体来说,自由和平等意味着取消权贵团体和个人的特权;放宽公民权范围,保证公民依法享有演讲、出版、集会、投票和宗教信仰自由;引入新的书面法律文件,明确规定公民权利和政府权力的范围;同时设立经选举产生的国民代表大会来协助管理国家和制定法律。"[1]18世纪末,伴随着资本主义的发展,欧洲又出现了一种新的社会思潮——社会主义。它认为一个以追求个人财富为基础而建立起的现代城市和工业社会摧毁了人类精神,倡导利用政治革命来解决资本主义内在的社会问题,早期的代表人物有罗伯特·欧文、夏尔·傅立叶等人。但真正的社会主义之父是后来的卡尔·马克思(1818—1883年)。1848年共产主义的纲领性文件《共产党宣言》问世,公开宣称要消灭私有制,建立一个平等的、没有阶级压迫的社会,即共产主义社会。马克思主义(共产主义思想)吸引了无数的追随者,人类社会的历史开始步入一个以资本主义和共产主义对抗为主的时代。从1848年到1949年的一个世纪里,世界共产主义运动风起云涌,冲垮了帝国主义的全球防线,诞生了以苏联为代表的社会主义阵营,形成了新的国际秩序。共产主义在与资本主义的对抗中,赢得了第一个回合的历史性胜利。

---

[1] 弗兰克·萨克雷、约翰·芬德林主编:《世界大历史(1689—1799)》,史林译,新世界出版社2015年版,第373页。

而从 1949 年到 1991 年不到半个世纪的时间里，以东欧剧变和苏联解体为标志，西方资本主义世界则赢得了第二个回合的胜利，国际共产主义运动遭受重挫。进入 21 世纪，由于思想的历史影响将更加持久深入，国际冲突的局势将更加复杂，伴随着新兴国家的快速崛起，共产主义与资本主义的世纪冲突也将进入一个新的阶段。

■ 价值观的现实地位

价值观是一种附着在观念和思想上的认知、理解、判断或抉择，表明了人们认定事物、辨明是非的思维取向，从而体现出了主客观事物或人类实践活动的价值或作用。它的形成与人们的生存状态、具体行动（实践）和生存环境密切相关，即相对于任何观念或思想而言，价值观都是有条件的，可能因所处的地位不同、环境不同，人们对价值观的选择也会不同，甚至完全相反，这就是价值观的现实地位。

具体来说，人类社会的任何一种观念或思想，在被人们绝对否定之前，它们所构成的视角、背景、判断以及它们所述说的意义，都会对价值观的形成产生相应的影响，或积极，或消极，或处于主要地位，或处于次要地位，等等。事实上，由于历史和现实的原因，人类生活中充斥着各种各样的观念和思想。如果一定的观念和思想总会对应着一定的价值观，那么在各种观念和思想的综合影响下，所对应的就是社会价值观的多元化。

比如，对于现代人来说，人们在家庭和社团中就遵循着不同的价值观；同样，商会和政党的价值观也完全不同，等等。因此，不仅不同的时代有着不同的价值观，不同的民族、不同的社会、不同的国家以及在不同的环境下，人们的价值观也是不同的，并受所处社会的生产生活方式、政治制度、历史文化传统以及公共舆论导向等因素的影响。而且，随着人类社会的不断进步，价值观的个人色彩也日趋明显，这更加直接地影响和决定着人们的理想、信念、生活目标和所追求方向的性质，其中"个人主义"得到了最大限度的张扬，从而进一步强化了全社会的竞争意识，使矛盾与冲突日趋普遍化。这就意味着，伴随着个人、团体、阶层和政治集团的产生，人类社会价值观的形成与发展一定存在着两个完全相反的过程，一是价值观不断统一的过程，二是价值观趋于分裂的过程。前者标志着社会精神的凝聚，后者则意味着社会共识的涣散，但两者都是一个充满矛盾和斗争的过程，包含着导致一切社会冲突所必要的精神因素。

所以，对任何社会而言，价值观构成了指导人们行动和决策判断的总体信念。它决定着人们在面对或处理各种矛盾、冲突以及社会关系时所持的基本立场和政治态度，因而对一个社会所构建的内外关系有重大影响。比如，个人主义和集体主义所奉行的价值观相反，它们对内外关系就产生着完全不同的影响。前者认为，个人是生存的基本单位，自我依赖感强烈，与群体保持着距离，不太关注别人的意见，当个人目标与群体目标不一致时，很少服从集体目标，偏爱公开竞争、冲突与对抗，因而内外关系均以个人为中心。后者则认为，群体是生存的基本单位，并为个人提供了物质安全与情感安全，因而更趋向于关注他人的意见，强调群体和谐，要求个人的行为目标与群体目标保持一致，在出现矛盾时，倾向于避免冲突，偏爱合作、同舟共济与共同努力，在内外关系上强调整体和全局。由于每一个人、每一个团体乃至每一个民族、阶级和国家都有自己所奉行的价值观，他们之间或相同，或相异，或求同存异。在各种现实利益的驱动下，人类社会也就不可避免地存在着各种政治上的、经济上的、军事上的以及基于其他目的的联合、结盟或对抗格局，其结果就是现实的冲突将永无止息。因此，价值观是人类社会实现"联合与斗争"的普遍尺度。这一尺度的普遍性决定了人类社会矛盾与斗争的普遍性。人与人之间如此，社会团体之间也不例外，国家之间就更是如此。

很显然，对现实社会而言，价值观是和特定的社会经济基础联系在一起并受其制约的，本质上反映了处于一定经济关系之中的阶级、民族、团体或国家的利益与需求，因而决定着人们的思想取向和行为选择。现实中，价值观在人类社会进步与落后因素的共同作用下，具有相对的稳定性。一旦这种平衡被打破，或者受进步因素的大力推动，或者落后因素的卷土重来，人们的价值观就会面临急剧的变化。这时无论这种变化是源于内部的革命或是外部的冲击，价值观都是社会变革的标志，并决定了一定社会中阶级与阶级、民族与民族、国家与国家之间意识形态对抗的社会基础。当进步的因素占上风时，社会发展就将趋于积极的方向，反之则相反。比如，秦始皇建立郡县制，与夏、商、周三代以地方诸侯拥戴共主的方式不同，是一种划时代的政治变革。这一变革在当时就引起巨大的争论，实际上是新旧两种价值观念的冲突。秦始皇认为，周代的封建制度是酿成长期战乱的根源，这是他建立郡县制的思想基础，是当时一种全新的价值取向。《史记》中对这一争论有着详细的记载："（始皇二十六年）秦初并天下……丞相绾等言：'诸侯初破，燕、齐、荆地远，不为置王，毋以填之。请立诸子，唯上幸许。'始皇下其议于群臣，群臣皆以为便。廷尉李斯议曰：'周文武所封子弟同姓甚众，然后属疏远，相攻击如仇雠，诸侯更相诛伐，周天子弗能禁止。今海内赖陛下神灵一统，皆为郡县，诸子功臣以公赋税重赏赐之，甚足易制。天下无异意，则安宁之术也。置诸侯不便。'始皇曰：'天下共苦战斗不休，以有侯王。赖宗庙，天下初定，又复立国，是树兵也，而求其宁息，岂不难哉！廷尉议是。'"郡县制是秦始皇横扫六国，取得兼并（统一）战争最后胜利的政治条件，它经历了严酷战争的考验，是正确的政治选择，符合当时新兴地主阶级的期待。事实上，这种统一与简化的政制，几乎就是现代国家制度的雏形，是符合时代进步要求的政治举措。

再比如，英国脱欧以及美国政府采取贸易保护主义政策，前者冲击着欧洲一体化的政治经济关系，与欧洲一体化的历史潮流背道而驰；后者则公然破坏自第二次世界大战后美国自己建立起来的全球自由贸易体制。两个国家在内政外交政策上的改变，实际上都是在价值观上的倒退。英国的局面是源于全民公投的结果①，美国的行为则是总统候选人兑现竞选承诺的结果，两者都有着强大的民意基础。由于美、英两国的国际影响力巨大，这意味着现行的国际秩序走到了一个十字路口，面临将要到来的新的变革。虽然从人类历史进步的基本规律来看，这一切最终都不过是历史潮流滚滚向前的一个曲折，因为价值观的倒退最终都会不得人心，不过它对现实社会的影响无法避免，我们将看到在它的影响下，全球性的摩擦将日益加剧。

具体来看，英国脱欧的主要原因是英国人认为，英国每年为欧盟贡献了80亿英镑的会费，但欧盟制度给英国造成的负担多于英国从这个单一市场中获得的好处，尤其是2015年以来席卷欧洲的难民潮进一步加剧了欧盟的经济负担和安全隐患。这一切都使英国人觉得自己的利益受损，进而对欧盟失去了信心。英国处在脱欧的路上时，在英国内部社会分裂的迹象就已经很明显，直接造成了苏格兰和北爱尔兰的不满，使英国传统的"四兄弟"（英格兰、苏格兰、威尔士和北爱尔兰）之间的关系出现了裂痕。脱欧完成之后，英国与欧盟国家之间的矛盾还将进一步加剧，因为未来无论是一个失败的欧洲统一体还是一个成功的欧洲统一体，英国都将成为众矢之的；在欧洲，英国的脱欧将可能进一步助力已经风生水起的反传统运动，可能使欧洲陷入持续的政治动荡、金融波动和经济下滑，而这一切都

---

① 2016年6月23日英国举行脱欧公投，51.9%的投票赞成脱欧，脱欧派以微弱的优势决定退出欧盟。

有可能诱发各种类型的社会冲突。这不仅会导致"全球性英国"的终结，也会使欧洲人文主义价值观的光环不再。

而美国发动的贸易摩擦则是美国政府的一意孤行，它以贸易逆差和不公平贸易为借口，挥舞关税大棒威胁所有与它有贸易顺差的国家，企图以其霸权地位打击包括其盟友在内的所谓"占美国便宜"的国家，并把中国列为主要打击对象。2018 年 7 月 6 日，美国率先启动了对价值超过 340 亿美元的中国商品加征高达 25% 的关税，理由是中国侵犯了美国企业的尖端技术等知识产权。中国随之决定进行回击。随后美国又扬言加码，并于 7 月 17 日、20 日再分别对价值超过 2000 亿美元、5000 亿美元的中国商品征收 10% 的关税。中国的反应也是不示弱。事实上，绝对公平的贸易是不存在的，各国因国情不同，劳动力价格、资源和市场等要素都不尽相同，因而贸易的平等都是相对的。美国因处于世界贸易体制的顶端，长期享受着全世界物美价廉的产品，保持着几十年物价的稳定，同时还对特定国家进行高技术封锁，这自然决定了全球自由贸易不平衡发展。而美国现阶段问题的主要原因都在美国国内，其本身是价值观扭曲所带来的结果。毫无疑问，贸易摩擦将搅乱国际贸易秩序，威胁 WTO 体制，最终将招致美国与各国之间矛盾的激化，进而导致政治冲突。

总而言之，价值观与人们的观念和思想有关，但价值观对现实冲突的影响更普遍、更显著、更具体。没有一个人可以生活在价值观之外，人们生存的环境、状态以及自身的独立地位都与社会的价值观有密切联系。因此,任何一个民族、阶级、团体或国家的每一个历史阶段,都是各种价值观相互作用的结果。这也使它们在一定的观念和思想的基础上形成了一定的社会组织形态,从而体现了民族、阶级、团体或国家的意志。不同社会组织的不同意志必然会导致冲突。发展到现代社会,由于民主与人权思想的普及,社会制度需要更一般、更普遍地体现人民的意志。这种意志是一个社会价值观的集中体现,意味着社会制度将是当代意识形态对抗的焦点所在。一旦价值观冲突发展到不可调和,则无论是不同社会制度之间还是相同社会制度之间,冲突都有可能拓展到政治、经济、外交甚至军事领域。

第六章　霸权主义

美国总统老罗斯福曾说：正是大国之间雄心的碰撞，决定了世界秩序的最终本质。

霸权主义不仅存在于现代社会，而且古已有之。比如，公元前5世纪时，古希腊的修昔底德在其所著的《伯罗奔尼撒战争史》中就提出了"霸权战争论"。他说："使战争无可避免者为雅典的权力的成长，以及其在斯巴达所引起的畏惧。"[1] 他认为每当有霸权出现，一个地区的权力平衡就会发生改变，并会引起他国的忧虑和忌恨。在这一过程中，霸权要么得到了强化，要么得到了遏制，要么就会导致战争。因此，在人类社会的历史长河中，霸权主义一直都是战争得以存在的重要原因。再比如，在中国春秋战国时代，争霸战争持续了几百年。据历史记载，公元前685年齐桓公即位，任用管仲执掌国政。管仲初见

---

[1] 钮先钟:《西方战略思想史》，广西师范大学出版社2003年版，第14页。

第六章　霸权主义

齐桓公时就提出"君霸王，社稷定"（《管子·大匡篇》）的政治主张，即国君能建立霸业或王业，政权才可以巩固，把"霸权"与"国政"直接联系起来。在古希腊和中国春秋战国时代之前的漫长历史中，虽然没有关于"霸权主义"的文字记录，但仍然留下了各个时期霸权国家（或部落）的历史痕迹。如上古时期大河流域的帝国争霸，是亚述和亚摩利等游牧民族与迦南地区各部落间相互争夺中东地区的霸权，最终亚摩利人建立了巴比伦帝国，并在此后多次与古埃及、古犹太国发生了一系列的争霸战争。而在之后的数千年历史中，地球上的霸权战争更是此起彼伏，一直到近代以来的葡萄牙、西班牙、荷兰、英国、法国、德国、日本以及苏联与美国等，一个接着一个的霸权国家登上历史舞台，霸权主义在人类社会的历史上烙下了深深的印记。

显然，霸权主义是一种历史性存在，它不管我们在意还是不在意、赞成还是反对，甚至从没有任何一个人或任何一个团体宣称过要奉行霸权主义，但其存在确定无疑。它的形成与发展完全是一个自然自主的过程，与人类社会的生存与发展观念密切相关。其根源深植于人类的野心和欲望之中。具体来说，人类社会中的不同族群、部落、国家或政治集团在寻求自身发展和进步的过程中，由于它们所处的自然环境不同、历史发展不同以及政治、经济、文化、科学发展水平等方面的不同，在利益和不平等因素的双重作用下，必然会形成具有不同影响力的族群、部落、国家或政治集团。其中一些天赋异禀的族群、

冲突与未来

部落、国家或政治集团,通过自身的努力逐渐拥有了超强的实力。而在这一实力形成的过程中,它对其他族群、部落、国家或政治集团的影响力不断上升,包括在安全、利益、秩序、价值观和政治制度等方面。当这一影响力与族群、部落、国家和政治集团的利益紧密结合时,霸权主义就获得了存在的现实基础。因此,霸权主义并无具体的理论,而是一种与人类社会的各种学说都有联系的"霸权心态"。比如,苏联曾经是世界上第一个社会主义国家,奉行马克思主义学说,其信仰的影响力曾辐射到许多被压迫民族和殖民地国家,苏联也因此一度成为世界革命运动的中心。在列宁逝世以前,苏联坚持无产阶级国际主义原则,充分地尊重和支持世界各国的反帝、反殖、反封建和反压迫斗争。但从斯大林后期开始,尤其是在勃列日涅夫主政之后,随着苏联国力的日益强盛以及国际影响力和国家利益的不断拓展,其"霸权心态"就开始日益凸显:在政治上,推行以苏联共产党指挥其他国家政党的做法,使兄弟党之间形成了不平等的关系;在国家主权利益上,或是主动侵犯,通过战争手段取得某些领土,或是通过国际会议划分势力范围,蚕食、吞并他国领土。发展到1968年,则公然出兵捷克斯洛伐克,绑架捷克斯洛伐克党政领导人,逼迫他们签订屈辱的协定,更替其国家领导人,等等。

同样,美国也是如此。这是一个后起的资本主义大国,它从英国独立出来后,经过不断的发展,逐步成为一个独步全球的霸权国家。在北美独立战争之前,美国还只是一个由13块

第六章 霸权主义

英属殖民地组成的实体,而且各殖民地之间彼此猜疑,一盘散沙,根本就不是一个国家。1776年7月4日,为了彻底摆脱英国的奴役和压迫,大陆会议通过了《独立宣言》,宣告北美13个殖民地脱离英国,成为独立和自由的国家。经过8年的独立战争,赶走了英国人。1783年,美、英在巴黎签署《巴黎和约》,英国结束了在北美的殖民统治,正式承认美国独立。这就是今天的美国作为一个国家的历史起点。初生的美国只是一个由各殖民地组成的涣散、软弱的联合体,随后通过建立各种制度、鼓励西部开发、废除殖民主义者遗留下的各种法令以及减轻人民的赋税等措施,积极推进美国民族工业发展,拓展海外贸易,使美国社会迅速繁荣起来。1803年4月30日,杰斐逊政府更是趁法国穷于应付欧洲战争之际,仅以6000万法郎(至多合1500万美元)的价格从拿破仑政府手中购买了整个路易斯安那地区(总面积达260万平方千米)。以后又仅用了40年时间,美国就运用包括战争在内的各种手段,使美国的西部边疆横越了整个北美大陆,迅速推进到了太平洋沿岸。国际方面,以"门罗主义"①的出台为标志,美国在对外扩张和登上世界舞

---

① 1816年,詹姆斯·门罗当选为美国第5任总统,与此同时,拉丁美洲爆发了蓬勃而又广泛的民族解放运动:1816年阿根廷宣告独立,1818年智利宣告独立,1819年12月包括委内瑞拉、哥伦比亚和厄瓜多尔等地在内的大哥伦比亚共和国宣告独立,1821年墨西哥和秘鲁也相继独立,1822年巴西独立。轰轰烈烈的拉丁美洲革命运动使西班牙和葡萄牙的殖民版图分崩离析,这时英、法、俄等欧洲强国蠢蠢欲动,企图染指拉丁美洲地区。在这一背景下,美国国务卿约翰·昆西·亚当斯等人推动和炮制出一整套美国的拉丁美洲政策,由门罗总统在1823年12月2日向国会发表年度报告时公之于世,即为后世所称的"门罗主义"。

台的道路上迈出了最重要的一步,开始寻求地区霸权,排斥欧洲势力。紧接着,美国发动了美西战争和美墨战争,夺取了大片领土,逐渐扩大到了美国今天的领土范围。尤其是在南北战争结束后,美国解决了南部与北部两种社会制度的冲突,废除了奴隶制,为自由资本主义在美国的全面发展扫清了道路。新的美国在实现了第一次工业革命后,又迅速实现了第二次工业革命,从一个农业国快速发展成为一个工业大国。经济的飞速发展为美国迅速成为地区霸权国家奠定了坚实的基础。到19世纪末,美国就已在经济实力上超越了英国。此后美国的霸权心态逐渐高涨,第二次世界大战之后更是取代英国,获得了全球霸权地位。20世纪90年代初苏联解体后,美国成为世界上唯一的超级大国,霸权心态膨胀到了极点。此后的几十年间,美国在全球肆意发动战争、推翻别国政府,经常以其国内法凌驾于国际法之上,并对别国的内部事务指手画脚。

当然,如果对历史上所有的霸权国家进行考察,我们还会发现,强权是一切霸权国家都具有的共同特征。霸权主义也不是偶然的历史现象,而是迄今为止构成人类社会历史的重要内容,具有历史的规律性。而且,从霸权国家追求对利益和权力的垄断行为来看,霸权主义是私有制和不平等社会的必然产物。任何一个霸权国家,都有一种与其实力地位相称的"霸权心态",即企图在政治、经济和军事等方面凌驾于其他国家之上,以不断扩张和获取更多的利益和更大的权力。这种"心态"既是大国生存和发展的心理基础,也是实现权力意志的客观需要。

因此，霸权国家决定着一个时代的历史走向，形成特定的国际秩序。例如罗马帝国和 19 世纪的英国以及 1945 年以来的美国，它们的政治选择和生产生活方式对地区或全球秩序都产生着极为重要的影响。这也表明，它们必然同时具有两种身份，一是破坏者，二是建设者。前者是为了夺取利益和权力，后者则是为了塑造有利于自己的秩序。因此，这注定了霸权国家既有不得人心的一面，也有某些得人心的一面（如建立稳定的社会秩序等）。当得人心的一面占主要地位时，霸权就会处在它历史的上升阶段；而当不得人心的一面占主要地位时，霸权就将必然地走向衰落阶段。这就是从没有一个霸权国家可以永久存在的历史原因。

总而言之，时代不同，社会制度不同，霸权国家不同，但无一例外的是，大国求霸、小国求存，以及战争是决定霸权的最终归属的方式没有变。历史上，每个大国都有过实现霸权的梦想，但真正发展为霸权国家的只是少数。除了历史机遇，这主要与两个方面有关，一是客观条件，二是主观努力。前者主要取决于领土、资源、人口和综合实力等因素，后者则与国民的理想、统治阶级的追求、实行的政策和战略指导等因素有关。围绕着这两个方面，大国竞争的历史大剧一再上演，你方唱罢我登台，衰落与新兴交替不息，不管曾经是多么强大的霸权，都有注定没落的一天，就如同英雄落寞与人生无常一样。争夺霸权就成为一种周期性的历史现象。一个霸权国家的衰落，必然有一个新的霸权国家取而代之，霸权交替成为人类社会的历史常态，而人类社会冲突的宏观格局就与这一过程密切相关。

在人类社会的早期，争霸的门槛较低，影响范围也有限，基本上都是冲突双方之间的单打独斗，冲突不会旷日持久。到了原始社会末期，随着部落联盟的出现，联合与结盟作为一种政治现象日益常态化，冲突的格局日趋复杂，以至于霸权争夺的影响范围不断扩大。到了古希腊和中国的春秋战国时代，争霸所导致的冲突开始呈现出地区性的特征，而且持续的时间越来越长，破坏力也越来越大。发展到19世纪，由于工业革命的推动，霸权争夺的影响开始向全球扩展，以至于在20世纪相继爆发了两次世界大战，其破坏性的影响至今仍难以消除。导致这一影响不断扩大的原因是，随着文明的发展，人类满足需求的途径，由从自然界直接获取财富，扩展到了各个领域的创造与生产。社会财富快速增加和国际间的交往日趋频繁，使得各个民族、国家或政治集团之间形成了各种相互交错的利益格局。它们之间的政治、经济关系日趋紧密，发展到现在，已没有任何一个国家可以自外于它。在这一背景下，霸权的争夺必然会牵一发而动全身，形成城门失火殃及池鱼的局面。一场战争，即使再小，损害也会波及第三方以及更多方的利益，而来自第三方以及更多方的掣肘和威胁，也使冲突更易于向全球范围扩散。因此，现代社会的霸权争夺所导致的动荡与冲突将是全球性的，除了战争的直接破坏，还存在着广泛的政治、经济和意识形态冲突。这一切已使当代人类社会的冲突面临更加复杂的局面。

第六章 霸权主义

下面，我们就以中东冲突为例，对霸权主义的历史影响做进一步的探讨。

研究过犹太民族历史的人都知道，以色列的建立是一个难以重复的历史奇迹，一个失去国家的民族竟然在 2000 多年后复国，是靠犹太民族自己吗？答案当然是否定的。真实的原因是，它是第一次世界大战以来，大国冲突所产生的意外结果，是英、德、美、苏霸权在中东兴起和衰落交替下的产物。当然也有犹太民族矢志不渝的复国梦想支撑着这个民族的不懈努力。不过，若没有前者，后者永远都只能是梦想。

一是英国的中东政策，为犹太人的复国提供了可能性。当时的英国号称"日不落帝国"，在全球的霸权无处不在。1914年英国与土耳其开战，随后征服了巴勒斯坦。犹太复国主义组织抓住英国将要同法国、俄罗斯争夺中东霸权的有利时机，通过各种途径向英国政府陈述帮助犹太人建国"从而赢得犹太人支持的好处"，声称在英国保护下的"一个与埃及的一翼接壤的、强大的犹太社团的存在，将对可能来自北方的任何危险形成有效的防御"[①]。但英国人并没有答应帮助犹太人建国，只是觉得利用犹太人加强对巴勒斯坦的控制是一个不错的主意，可以为英国实现控制苏伊士运河的目的服务。1917 年 11 月 2 日，英国政府发表了《贝尔福宣言》，声称："英王陛下政府赞成在

---

① [以色列] 阿巴·埃班：《犹太史》，阎瑞松译，中国社会科学出版社 1986 年版，第 336 页。

冲突与未来

巴勒斯坦建立一个犹太人的民族之家，并为达成此目的而尽最大的努力。"为此，英国决定在几个世纪以来为土耳其帝国所统治的南部叙利亚成立一个"犹太人的民族之家"，而且事先也没有与在巴勒斯坦占人口90%的阿拉伯人社团进行磋商，更没有提供可以保障巴勒斯坦人的利益的具体措施。"犹太人的民族之家"就在英国人的一手策划下，在巴勒斯坦的土地上出现并扎下了根，这成为后来犹太人复国的基础。因此可以说，没有英国与法国和俄罗斯在中东地区的争霸，就不会有后来的以色列国家。

二是德国的反犹政策，迫使犹太人大规模向巴勒斯坦移民。1930年9月，德国国社党（即纳粹党）纲领强调，任何犹太人都不能成为德国的成员，非日耳曼人必须离开德国，宣告要向"在我们内部和在我们外部的犹太实利主义精神"开战，这开启了对犹太人进行大规模迫害的潘多拉魔盒，并于1935年获得了德国纽伦堡法令的正式认可，导致超过四分之一的有犹太血统的人失去了公民权，他们的财产被没收、教堂被拆毁，同时禁止德国人与犹太人通婚。德国的迫害造成了20世纪30年代中期犹太人向巴勒斯坦移民的浪潮。1942年1月，希特勒发布"最后解决犹太人问题"指令，企图在欧洲大陆把犹太人斩尽杀绝，开始了惨绝人寰的种族大屠杀。据估计，这场大屠杀使近600万犹太人丧生。希特勒丧心病狂的政策使犹太人成为世界难民，造成大量犹太难民涌入巴勒斯坦，导致"犹太人的民族之家"急剧扩张，客观上为犹太人建国创造了条件。

第六章 霸权主义

三是得到了美国霸权的庇护,犹太人获得了千载难逢的复国机会。1938年7月,也许是考虑到犹太人的悲惨处境,罗斯福总统发起了一个解决犹太人问题的国际会议,共有31个国家与会。会议在法国埃维昂召开,罗斯福要求各国创造条件,让犹太人移居到不受希特勒控制的国家,并为各国分配了接收犹太难民的指标。但由于英国(巴勒斯坦的委任统治国)反对讨论巴勒斯坦问题,会议最终以失败告终。英国认为,让大批犹太难民涌入巴勒斯坦,其数量之大,已远远超过它所能吸纳的程度,结果肯定会挑起一场同巴勒斯坦及所有阿拉伯人的危险冲突。这是当时英国殖民政府不希望看到的,但英国人不知道的是,这样的冲突也许正是美国人所需要的,它将有利于美国打击英国在全球的霸权和野心。与此同时,由于大量犹太人涌入巴勒斯坦,阿拉伯和伊斯兰国家"为了保卫巴勒斯坦",也于1938年10月在开罗举行了一次各国议会间的磋商,反对犹太人进入巴勒斯坦。这时,为了避免阿拉伯国家与德意日轴心国结成同盟,英国于1939年2—3月在伦敦举行了一次圆桌会议,邀请阿拉伯人和犹太人参加,希望能够达成某种程度的妥协。与会者分别来自埃及、伊拉克、沙特阿拉伯和外约旦,以及欧洲和美国的犹太复国主义领袖。由于巴勒斯坦代表拒绝与犹太代表会面,这次会议未能达到消除政治分歧的目的。此时的巴勒斯坦,大量的犹太难民已成为巴勒斯坦农民生存的恐惧。因为按照分治建议,需要把一部分农民赶走,才能接纳更多的犹太人,但巴勒斯坦农民宁愿战斗也不愿放弃土地。他们认为,

冲突与未来

用迫害一个民族的办法来解除对另一个民族的迫害，这是文明世界在逃避责任，是最没有道理的。最后，在各方压力下，阿拉伯人作出了某种妥协，希望建立一个对犹太人作出一定保证的阿拉伯国家，即让他们生活在一个双民族国家里；但犹太人坚决反对，强烈要求建立一个犹太人自己的国家。这就是后来一切问题不断激化的根源所在，圆桌会议也因此宣告破裂。

后来，英国迫于形势，于1939年5月单独发表了一份比较迎合阿拉伯人的白皮书，计划在10年的时间里，建立一个独立的双民族的巴勒斯坦国。白皮书估计，当时的犹太人已达到45万人之多，规定在5年内最多再移入7.5万名犹太人，从而使犹太人的比例达到总人口的三分之一。按照该白皮书，5年之后英国人将不再有理由，也不再有任何义务不顾阿拉伯居民的愿望，借犹太难民配额问题为进一步发展"犹太人的民族之家"提供便利。即以后犹太人进入巴勒斯坦，须经阿拉伯人的同意。这反过来激起了犹太人对英国非常强烈的敌对情绪，因为在犹太复国主义者看来，把巴勒斯坦看成一个实质上的阿拉伯国家，这与他们要建立一个犹太国家的目的南辕北辙，是对犹太民族2000多年复国梦想的终结。随后，第二次世界大战爆发，战争不仅加剧了欧洲犹太人的苦难，也使犹太人看到了新的机会，因为英国逐渐在战争中精疲力竭，美国则以其实力成为这个世界新的领导国家。这时的犹太人转而求助于美国，并采取与英国相对抗的武力政策，到处发动恐怖袭击，威胁当地的殖民政府。与此同时，在美国的500多万犹太人及其"高度组织起来的'压力集团'的行动"配合下,于1943—1945年促使美国国会通过了一系列赞成无限制移民和在巴勒斯坦建立犹太国家的决议和宣言。美国总统罗斯福为此还发表声明,指出"美国政府从未赞成过 1939 年的白皮书",并在其 1944 年竞选总统期间表示:"我们赞同开放巴勒斯坦,无限制地接纳犹太移民和殖民,此政策将导致在那里建立一个自由和民主的犹太国家。"① 由此可以看出,巴、以冲突的产生,以及由巴、以冲突发展到阿、以冲突,完全是美、英、德三大国政治、军事冲突的结果,其中美国政府更是有意为之,对以色列的复国发挥了决定性的作用。

四是美、苏两国先是联手为犹太人建国大开绿灯,后又因两极对抗局面的形成,两国分别支持以色列和巴勒斯坦,使中东冲突长期成为两个超级大国对抗的战略前沿。事实上,第二次世界大战结束后,杜鲁门政府为了把英国人彻底排挤出中东和巴勒斯坦,并防止犹太复国主义者倒向苏联,以及争取国内犹太人的选票支持,在对外政策上越来越倾向于支持犹太人,从而进一步加剧了巴、以冲突。为了避免酿成更大的地区性冲突,1947 年 5 月,美、苏两国建议联合国成立了巴勒斯坦特别委员会,企图以和平方式使以色列复国。6 月,该委员会到达巴勒斯坦,发现该地区早已处于极端混乱之中,恐怖主义猖獗,各种武装组织林立。9 月,联合国特别委员会提出了两个建议。

---

① 军事科学院世界军事研究部编:《战后世界局部战争史》(第一卷),军事科学出版社 2008 年版,第 110 页。

冲突与未来

一是给予犹太人更优惠地位的"多数"计划,即支持分治,巴勒斯坦被分成6个部分,3个部分归阿拉伯人,3个部分归犹太人,犹太人得到这个国家的56%(虽然他们的人口只占三分之一),阿拉伯人得到了43%,耶路撒冷和伯利恒成为国际统治下的独立飞地。二是反对犹太人建国的"少数"计划,重新回到此前英国提出的双民族国家方案。但这两个计划都遭到了阿拉伯人的反对,犹太复国主义者开始也犹豫不决,不过很快主动接受了"多数"计划,而且力促其在联合国获得通过(需要三分之二的赞成票)。即使后来在联合国协商期间,把原本分配给他们的土地面积再削减了500平方英里,他们也坚持同意接受该方案,目的就是尽快实现复国的梦想。而当时的杜鲁门总统也下决心要帮助犹太复国主义,"据美国官方报道,美国曾对那些本来打算投反对票的国家施加了很大压力"[①]。1947年11月27日联合国进行表决,分治以33票对13票通过,11票弃权,其中苏联与美国都投了赞成票,英国对其成功的信心不大,没有投票。当分治计划真的要通过时,阿拉伯人开始后悔,要求重新考虑他们曾经反对的"少数"计划(联邦),但为时已晚。12月,阿拉伯联盟议会宣布,要用武力阻止分治,此后巴、以全面冲突正式爆发。

犹太人与阿拉伯人之间的战争在联合国表决的第二天就打响了,一直打到英国人离开以后(1948年5月5日英国人放弃

[①] [英]理查德·艾伦:《阿拉伯—以色列冲突的背景和前途》,艾玮生等译,商务印书馆1981年版,第372页。

第六章 霸权主义

委任统治权)。阿拉伯国家扬言,英国一旦离开,他们的军队就开进这个国家。1948年2月,在叙利亚军官和游击队的帮助下,在巴勒斯坦内部建立了一支阿拉伯解放军。同时,英国也不甘心在中东的彻底出局,为了对抗美国的中东政策,英国继续给邻近的阿拉伯国家供应军火,为巴、以冲突火上浇油。随后美国针对英国的行为,宣布全面实行军火禁运,但这时的阿拉伯军队已经发起了对整个巴勒斯坦地区的进攻。1948年5月14日,以色列在战火中宣布成立,美国政府当即予以承认,5月17日苏联也承认了以色列,并在照会中称以色列政府是"在犹太人的巴勒斯坦地区的合法政权"。由此可见,美、苏两国的联手是犹太民族复国梦想得以实现的最大助力。

以色列的建立,直接导致了第一次中东战争的爆发(1948年5月15日),以阿拉伯国家出兵巴勒斯坦开始,到以色列和叙利亚于1949年7月20日签订停战协定为止,这场局部战争断断续续进行了14个月。经过这次战争,以色列在中东地区站稳了脚跟,不仅达到了在巴勒斯坦建国的目的,而且还占领了整个巴勒斯坦80%的土地,将联合国分治决议划给它的1.4万多平方千米的领土增大到2.07万平方千米,但也造成了大量的巴勒斯坦难民,进一步加深了阿、以之间的矛盾和对立,使两个民族之间的冲突深深地扎下了根。而如何处理大量的巴勒斯坦难民和整个阿拉伯民族的愤怒,就成为后来全世界面临的困境。而且可以断言,只要中东问题一天没有得到最终的解决,巴、以冲突就还会滋生出其他新的冲突,以色列和阿拉伯世界

冲突与未来

也都难获得和平安宁的生活。中东冲突的存在，不仅是英、美、法、俄等大国争霸中东种下的恶果，也为犹太民族的未来注入了难以预知的风险。表面上看，中东战争就如同两个人关起门来的决斗，外面的人通过围墙和窗户，为里面的人递送给养、补充装备，大国大都不直接介入战争，国际化因素看似有限。事实上，在这两个民族激烈冲突的背后，始终是大国之间的较量，其中美国霸权是以色列得以生存最重要的战略保障，并使其成为该地区最大的赢家。但从深层次来看，以色列将处于非常危险的境地，只要这里一天没有达成和平协议，这里积攒的血海深仇就早晚会爆发。目前，中东问题越来越复杂，已涉及许多国家，包括美国、伊朗、叙利亚、以色列、巴勒斯坦、埃及、黎巴嫩、伊拉克以及欧洲国家等，因这一冲突而形成了一条对抗的阵线，一方站在以色列身后，一方站在巴勒斯坦身后；一方强势，一方弱势，但强势并不能迅速获胜，弱势也不见得很快失败。非对称的冲突正在衍生出非对称的政治军事局面，并因此出现了多个战场，呈现出向全球扩散的趋势。

事实上，从"冷战"一开始，中东冲突就进入一个日益复杂的发展阶段。

在美、苏争霸早期，苏联人开始意识到扮演阿拉伯国家的保卫者和支持者的角色，能进一步加强苏联在中东地区的战略地位，为此苏联开始抛弃此前支持以色列的态度，采取了与之前完全相反的立场，使美、苏两国的中东政策逐渐走向对抗。两个超级大国全面介入阿、以冲突，中东问题从此更加复杂、更加难以解决，并使巴、以冲突蒙上了核战争的阴影。尤其是自埃及共和国成立以后，苏联出于抵制美国等西方国家控制中东的战略考虑，其政策明显向埃及等阿拉伯国家一方倾斜。1953年2月，苏联在特拉维夫的大使馆遭到炸弹袭击后，迅速与以色列断交。1954年3月，苏联又在联合国安理会否决了一项承认以色列有权在苏伊士运河航行的决议。同年，莫斯科明确表示站在阿拉伯中立主义一边，并警告阿拉伯国家不要被西方骗去结盟。1955年，为了打破西方的围堵，苏联一方面打击土耳其、伊朗和伊拉克，另一方面积极发展与阿拉伯国家的关系，并高举支持阿拉伯民族解放运动和阿拉伯进步力量的旗帜，力图在中东建立起一个反对美国霸权的统一战线。巴、以冲突逐渐成为东西方对抗的前沿，美、苏两国的政治选择开始深刻地影响中东冲突的发展方向。

这就是1956年爆发第二次中东战争的战略背景。1956年7月26日，在最后一批英国占领军从运河区撤走后，埃及总统纳塞尔宣布将苏伊士运河收归国有。英、法两国对此反应强烈，不甘心失去殖民主义在埃及的最后一个阵地，于是暗中勾结以色列，企图通过战争恢复所谓的"苏伊士运河的国际控制"。而以色列此前也一直计划着要对埃及发动一场先发制人的战争，以报复埃及在加沙地带与以军的对抗。三方经过协商，在共同利益的驱使下，决定由以色列首先向埃及发动大规模进攻（10月29日），并以空降部队威胁苏伊士运河，第二天即抵达运河区，然后英、法借机向以色列和埃及发出最后通牒，要求它们

185

冲突与未来

撤出运河区10英里，由英、法军队进驻运河区，达到重新控制苏伊士运河的目的。只要埃及拒绝这一最后通牒，英、法联军就将在10月31日宣战，并与以军配合向埃及发动进攻。一个狼狈为奸的战争计划就此出炉。战争的初期，战场形势完全按照英、法、以三国的设想发展，但以色列的进攻遭到了埃及军队的顽强抵抗，战场形势一度对埃及有利，但英、法参战后，战场形势发生逆转。不过，后来战局的发展完全在英、法、以三国的意料之外，首先是来自苏联的政治、军事压力，此后是美国的反应也不利于三国继续打下去。为了避免美、苏之间发生直接的军事对抗，美国坚决反对这场由三国蓄意挑起的战争。由于美、苏两个核大国的介入，英、法、以三国不得不停战。结果，埃及虽然在战场上失败了，但从最后的结局来看，埃及实际上是这一场局部战争无可争议的胜利者，所得到的好处远远超过它在战场上所失去的东西。这场精心勾兑的侵略战争，还遭到了国际社会的一致反对。比如，11月1日，开战后仅3天，联合国大会就召开紧急会议，以65票对5票通过了美国提出的停火决议案，要求以色列军队撤退到1949年的停战线；11月3日晚，联合国再一次召开大会，通过了亚非国家的一项措辞更激烈的再次要求立即停火的决议案；11月5日，苏联外交部长致函安理会主席，建议讨论制止英、法、以侵略埃及的问题，要求英、法、以在12小时内停火，在3天内从埃及撤军，并提出如果英、法、以拒绝执行，联合国成员首先是美、苏有必要向埃及提供军事援助和其他援助。同日晚间，苏联部长会议主席布尔加宁在给英国首相艾登、法国总理居伊·摩勒和以色列总理本·古里安的警告信中,以强硬的语气发出了核威胁。11月6日,英、法两国政府被迫同意停战。12月22日英、法军队全部撤出埃及。1957年1月中旬以军撤回到边境线,3月8日撤出加沙地带,至此为这场战争画下了句号。这场战争终结了英、法在中东地区的殖民统治,中东和非洲民族解放运动出现了新的高潮,大批殖民地、半殖民地获得了政治独立。比如,1956年11月27日,约旦民族主义新政府宣布废除英约同盟条约,撤销英国在约旦的军事基地;1958年7月14日,伊拉克人民推翻了亲英的费萨尔王朝,成立了伊拉克共和国;1958年9月9日,阿尔及利亚共和国临时政府在开罗成立;等等。而这一切都是当时美、苏共同乐见的结果:终结了英、法两国在中东的霸权历史。

接下来的第三、第四和第五次中东战争,无一例外更是美、苏对抗下的产物,也就是后来人们所说的"代理人战争"。这样的局部战争的产生和发展,既与周边大国有关,更与美、苏两个超级大国有关。

此前,美国出于其反共目的和石油利益,一度试图在阿、以之间采取"不偏不倚"的政策,以便争取阿拉伯国家与西方结盟,而当时的苏联也正在争取联合阿拉伯国家,以共同反对殖民主义、推动民族解放运动深入发展。这就是前两次中东战争中美国和苏联联手控制的原因。进入20世纪60年代后,由于民族解放运动的高涨,苏联在中东的影响越来越大,美国想

187

冲突与未来

与阿拉伯国家进行军事和经济合作的企图破灭，支持以色列成为美国中东政策的优先选择。美国前驻埃及大使约翰·巴迪尤说"以色列代表了我们在该地区最持久的直接利益"，因此"使以色列继续成为一个独立国家当然就成为美国外交政策的基本承诺"[①]。此后，美国同以色列达成协议，美国将直接向以色列提供大量武器装备，以便始终保持以色列对阿拉伯国家的"军事优势"，并承诺一旦发生战争，美国不再像第二次中东战争时那样迫使以色列从它的占领区撤出，也不让以色列在联合国受到谴责。当然，战争直接的诱因是阿、以矛盾的激化。一方面，由于战争和以色列对巴勒斯坦人的驱逐，巴勒斯坦无论是在地理上还是在社会上都已变得四分五裂，这一切激起了阿拉伯世界同仇敌忾的情绪；另一方面，以色列对第一次中东战争的结果极为不满，不断违反停战协定对叙利亚发动军事进攻。20世纪60年代中期前后，以色列同叙利亚、约旦、黎巴嫩、巴解武装组织的矛盾和冲突愈演愈烈。1967年6月5日，第三次中东战争爆发，以色列采取先发制人的战略，首先摧毁了埃及空军，之后相继把约旦、叙利亚和伊拉克空军摧毁在了地面，夺取了制空权，加之阿拉伯联军缺乏协同，尤其是当埃及军队在南部战线苦战时，北部战线的叙利亚军队却袖手旁观，为以色列的胜利创造了难得的条件。以色列获得了决定性胜利：占领了加沙地带和埃及的西奈半岛、约旦河西岸、耶路撒冷旧城和叙利

[①] 王京烈：《动荡中东多视角分析》，世界知识出版社1996年版，第26页。

第六章 霸权主义

亚的戈兰高地，总面积达8.1万平方千米，是它战前土地的4倍，并缴获了大量完好无损的装备。显然，由于美国对以色列的坚定支持，以色列在第三次中东战争中的军事胜利得到了巩固，再也不用担心出现第二次中东战争那样被迫撤出占领区的局面。

当然，这场战争的胜负也与美、苏两国的政治决策密切相关。最初，美国并不支持以色列发动战争，但随着形势的发展，又希望以色列有所行动，前提是不能在中东发生一场全面战争，以避免与苏联直接发生冲突，导致核战争。在美、苏两国进行了"紧张而又秘密的接触"[①]之后，美国在得到苏联采取缓和局势行动的保证后，决心利用以色列打击纳赛尔，认为其不受挑战地赢得政治上的胜利有损于美国的利益。美国决定不反对以色列开战，支持其自行处理这一危机，甚至告诉以色列，美国会在联合国声援以色列。苏联则与美国的行为完全相反，一开始极力怂恿埃及与叙利亚结盟签约，共同对抗以色列，同时又向埃及提供以色列要进攻叙利亚的虚假情报。埃及国防部长访问莫斯科时，苏联新任国防部长安德烈·格列奇科向其承诺："一旦发生什么事埃及需要的话，就告诉我们，我们将立即在塞得港或其他任何地方援助你们。"[②] 可是当战争真要来临的时候，苏联人却退缩了，认为埃及通过提高战争威慑

[①][②] 军事科学院世界军事研究部编：《战后世界局部战争史》（第一卷），军事科学出版社2008年版，第542页。

已经取得了巨大的政治成果,因而想让埃及人保持克制以避免战争。但以色列的战争机器已经发动,事实上战争已经无法避免。在这种情形下,"苏联甚至通知埃及和叙利亚大使,如果他们进攻以色列并因此招致同美国对抗的危险,苏联将不予以支持。即便在以色列单独发动进攻的情况下,苏联也不会向这两个阿拉伯国家提供军事援助"。[①]战争爆发后,由于苏联出现了战略上的胆怯,害怕和美国发生对抗,苏联一直无所作为,甚至为埃及补充损失的军火的诺言也没有兑现。有一艘运载数千支枪去埃及的苏联船只,因为害怕以色列轰炸而掉头返航。苏联的步步退缩,使阿拉伯国家在政治、军事和外交上均陷入被动,美、苏两个超级大国战略选择上的高下直接决定了这场战争的结局。

第四次中东战争(1973年10月6日至25日),由埃及、叙利亚和约旦三国主动发起,目的是夺回第三次中东战争中所丧失的土地,其他阿拉伯国家也大都以不同的形式参加了这场战争。战争历时19天,是第二次世界大战后阿、以之间规模最大的一场战争,对中东乃至世界都产生了震撼性的影响。战争一开始,埃及军队就成功越过了苏伊士运河,但最后仍然功亏一篑,以色列反败为胜。尽管如此,埃及人还是达成了自己的目的,出现了一种僵持的局面。其原因就在于,美、苏各自支

[①] 军事科学院世界军事研究部编:《战后世界局部战争史》(第一卷),军事科学出版社2008年版,第542页。

持一方对抗另一方。这一次，苏联汲取了第三次中东战争的教训，坚定地支持阿拉伯世界，在战略上形成了中东力量对比的基本均衡。美苏双方对彼此在中东的利益底线心知肚明，谁也不敢放任各自的中东盟友去跨越这一底线，以免引发直接的军事冲突，于是出现了美、苏对各自的中东盟友既扶持又控制的现象。更重要的是，20世纪60年代末70年代初，正是美、苏均势扩展到全球，并开始寻求"缓和"的时期。在这一背景下，它们谁都不希望第四次中东战争打破地区均势、破坏"缓和"大局，因此战争一开始，美、苏都主张"就地停火"，并两次联合向安理会提出停火协议，进而对各交战方施加压力。这一次是美、苏两国的战略底牌决定了战争的有限性。这就是说，第四次中东战争是一场严格受控的"代理人"战争，交战双方虽然有一定的独立性，但在根本上完全受制于美、苏两个核大国的政治选择。

第五次中东战争（1982年6月6日至9月15日），在美国的怂恿下，以色列利用刚与埃及实现和解，两伊战争打得难解难分，苏联则因阿富汗战争而分身乏术，以及国际社会的注意力都集中在英、阿马岛战争的有利时机，出动陆、海、空军，对黎巴嫩境内的巴勒斯坦游击队和叙利亚在黎巴嫩的驻军发起突然袭击。以色列大获全胜，但招致了更多的仇恨。"冷战"结束后，美国成为唯一的全球霸权国家。美国秉持偏袒以色列的政策，使巴、以和解的机会更加渺茫，且两次纠集国际联军进行伊拉克战争，又把叙利亚推入内战、恐怖主义和国际战争的

冲突与未来

旋涡，这使中东冲突更加复杂化。美、以关系更成为中东冲突的刺激性因素，进一步加剧了巴以冲突、阿以冲突乃至中东整个局势发展的复杂性，使中东各种力量的博弈进入一个新阶段。目前，战争与恐怖主义肆虐中东地区，但战争解决不了问题，政治解决的出路也十分渺茫。20世纪70年代，以色列年轻的一代就已开始出现日益强烈的精神挫折感，因为陷入长期枯燥无味的军役和应付周围仇敌无止无休的武装警戒，给他们造成了沉重的心理负担。他们渴望过正常的生活，但他们深知，以色列与阿拉伯民族之间的冲突还将持续下去，而未来的结局在很大程度上仍将取决于超级大国的立场和态度。这使巴勒斯坦人的苦难与以色列人的危险将长期并存。

显然，从中东冲突的前世今生来看，它的产生和发展不是历史的意外，而是当代主要大国争夺全球霸权的必然结果。

具体来说，20世纪初，英国还是"日不落帝国"，虽受到德、法等国的挑战，但其全球霸权尚未动摇。出于巩固、稳定和塑造中东秩序的需要，英国政府确定了拉拢、利用犹太人的政策，目的是防范法国和俄罗斯对该地区的威胁，但也没有一边倒地在政治上支持犹太人，同时还在政策上兼顾阿拉伯人的利益。尽管希特勒的犹太人政策进一步加剧了中东地区的动荡，但中东局势仍处于可控状态。如果按照当初英国政府设计的中东政策，中东局势不会恶化成今天的样子。第二次世界大战结束后，美国取代英国成为新的全球性霸权国家，杜鲁门政府为了把英国人彻底排挤出中东和巴勒斯坦，防止犹太复国主义者倒向苏联，以及争取国内犹太人的选票支持，采取了与英国不同的政策，开始一边倒地支持犹太民族，并通过促成以色列建国这一历史性事件昭示了美国霸权政治的萌芽。旧秩序的破坏并没有伴随着新秩序的诞生，反而直接点燃了中东冲突的导火索。英国人倒是从中东出局了，但中东的历史从此发生改变，中东局势的恶化开始日复一日，并愈发失控。"冷战"开始之后，美、苏两个曾经的战时盟友反目，拉开了两个超级大国对抗的序幕，又把中东冲突纳入美、苏对抗的轨道，此后相继爆发了多次中东战争。事实上，中东战争一天都没有停止过，正规战、游击战、恐怖主义相互交织。因此在美、苏对抗的背景下，中东冲突基本无解，充其量就是暂时的妥协和各取所需罢了。冲突继续发展，流血继续存在，利用中东冲突获取各自的战略利益是当时美、苏两国共同的心态。"冷战"结束后，美国成了世界上唯一的超级大国，这时在中东建立起稳定的秩序应该最符合美国的利益，后来的美国政府也曾试图努力完成这一任务。1993年9月，巴勒斯坦和以色列签署和平协议，拉开了政治解决巴勒斯坦问题的帷幕，此后还签署了一系列协议和备忘录，但最后的结果都事与愿违，不仅主张"以土地换和平"的以色列总理拉宾于1995年11月4日遇刺身亡，阿拉法特也于2004年11月在法国去世。中东冲突依然如故，甚至向着更加混乱的局面发展，这不能不说与美国偏袒以色列的中东政策有关。更加不幸的是，美国自海湾战争以来，已经把中东可能存在的和平局面搅了个稀巴烂。这样的结果或许是美国政客的愚蠢，也

冲突与未来

或许是美国21世纪针对整个欧亚大陆最隐秘的战略,而后者的可能性最大。

通过上面对霸权主义历史的简要考察和对中东冲突案例的研究,我们可以得出以下一些基本结论。

1. 霸权主义是世界(地区)冲突的根源

若是对人类社会冲突的历史作更广泛的研究,我们会发现,无论是大国冲突,还是小国冲突,霸权主义是一切冲突的根源,这是由人类与生俱来的欲望和野心所决定的。中东冲突也是这样,早期与英国的中东政策有关,其后又与美国控制中东的企图有关,第二次世界大战后,美、苏对抗格局的形成,更使中东冲突复杂化。因此,人类的霸权心态具有普遍性,它是一切冲突得以产生和发展的心理基础,而发展到近现代,霸权主义对全球冲突产生了更加广泛而深远的影响。比如,近代以来,西班牙、葡萄牙、荷兰、英国、德国、俄国、日本、美国都在不同时期加入了争夺世界霸权的行列,只是有的国家失败了,有的国家成功了。这些冲突先是局部的,然后扩展到洲际范围,最后发展成为全球性冲突。其中第一次世界大战就是当时西方主要国家为了抢占殖民地、霸占世界资源和商品市场以及争夺世界霸权引起的,第二次世界大战则是以德国、日本和意大利为轴心国,以扩展所谓生存空间为目的发动的争夺世界霸权的战争,这也使英国霸权衰落和美、苏霸权兴起,最后美国成为世界上唯一的超级大国,把霸权主义发展到了极致。现在美国的霸权在全球无处不在，对当代国际局势的发展走向具有极其重要的影响。在地区或国际重大问题上，是冲突还是合作，美国霸权都是其中最重要的因素，如乌克兰冲突中，乌克兰能够和俄罗斯对抗，依仗的是美国的支持。

2. 霸权主义深刻地影响着世界（地区）秩序

从中东冲突产生、发展、演变的历史过程来看，每一个阶段无不打着霸权主义历史的烙印，以色列的建国更是霸权政治的产物。一个在过去2000多年一直在世界各国流浪的民族，突然拥有了一个主权国家所具有的一切条件，从而彻底改变了中东地区的政治格局，并对第二次世界大战后的国际秩序产生了重大影响。事实上，人类有文字记载以来的历史表明，世界不同地区的历史，都是一部霸权主义的历史。例如：古代两河流域的亚述帝国，伊朗高原的波斯帝国，欧洲的罗马帝国，后来又有"日不落"的大英帝国，20世纪90年代后的美国，等等。其中，在人类社会的早期，霸权主义决定着地区的政治秩序，并对地区的宗教文化秩序产生了深远影响。到了资本主义时代，随着商品经济和海外贸易的蓬勃发展，霸权主义既体现了世界秩序的政治本质，也开始对全球（地区）的经济秩序产生重大影响。发展到20世纪的经济全球化时代，世界经济秩序的形成与发展更是与美国的全球霸权密不可分。

具体来说，霸权主义对世界（地区）秩序的影响主要体现在以下几个方面。一是霸权主义崇尚实力政治，为了自身利益的最大化，霸权国家既是旧秩序的破坏者，也是新秩序的建设者。前者决定了它是世界（地区）新兴力量的代表，后者则意味着它是世界（地区）秩序的主导者，因此霸权主义总是通过实力和强权对世界（地区）施加影响。二是旧的霸权总是要被新的霸权所取代，霸权的交替决定了世界（地区）秩序的变迁。在人类社会历史上，还从来没有一个国家（包括部落、王国、民族或政治实体等）成为永恒的霸主。霸权的衰落与兴起是历史常态，短则数年，长则数百年，因此围绕世界（地区）霸权的争夺从未止息。随着新兴力量的不断崛起，霸权也会不断地面临各种内外挑战。当这种挑战发展到一定程度时，霸权就会开始衰落。历史告诉我们，在霸权的兴起阶段，这样的国家通常都具有强大的实力，也更得人心，如政治上更进步、经济上更发达或思想文化上更先进等，因此处在这一阶段的霸权国家往往代表着历史进步的方向。相反，在霸权的衰落阶段，这样的国家一定不可避免地陷入政治上落后、意识形态僵化、内外交困和各种弊端丛生的境地，最终会失去大多数国家和人民的支持。

3. 霸权主义既有历史合理性，也有不得人心的一面

历史表明，霸权主义既有历史合理性，也有不得人心的一面。前者是霸权兴起的政治基础，后者则是霸权衰落的社会条件。这两个方面的对立统一决定了霸权的兴起与衰落，因此霸权主义具有分裂的政治文化特征，即当霸权受到本国民众以及一部分民族、国家或政治集团的欢迎时，就必然会受到另外一部分民族、国家或政治集团的反对，而获得天下共识的霸权主义是不存在的，否则就会有永恒的霸权存在。地区霸权主义的

分裂特征主要体现为地区性的对抗关系，而到了全球霸权时代，这一特征就直接体现为国际社会的分裂。如美、苏争霸时，国际社会就分成了两大对抗性阵营。即使在美国成为世界上唯一的超级大国之后，美国所推行的强权政治，以及诉诸单边主义的强制措施，更加重了这个世界的分裂和国际社会对美国的不满。当然，争夺世界（地区）霸权的国家越多，政治分裂的局面就越复杂，不过世界（地区）秩序主要还是取决于霸权国家中实力最强的一方。如在中东冲突得以产生和发展的历史过程中，中东秩序的形成主要与英国、德国、美国、法国和苏联等有关，但从霸权的兴衰交替来看，早期主要取决于英国，后来又与德国有关，最终取决于美国和苏联，今天则更多地取决于美国的中东政策。

但是，进入20世纪后，随着人类社会日趋向着民主政治的方向发展，自由、平等观念逐渐成为世界潮流，传统专制的政治文化正在加速没落。这使得霸权主义分裂的政治文化特征更加明显，尤其是它所奉行的对内民主与对外强权以及在国际上采取双重标准，更是暴露了霸权主义政治理念的矛盾和虚伪，与国际民主政治发展的历史趋势背道而驰。同时，随着经济全球化的深入发展，世界各国之间的政治、经济联系日趋紧密，而全球产业链的形成，更是深刻地影响和推动着全人类生产生活方式的共同进步，这将导致人类社会文明、主流意识形态和价值观向着趋同的方向发展。毫无疑问，这一切都是不利于霸权主义存在的因素，霸权主义也将必然越来越不得人心。因此，从长远来看，无论是世界霸权主义，还是地区霸权主义，都面临人类政治进步和经济发展的挑战，霸权主义走向历史的终结将不可避免。

4. 国家实力的衰落是导致霸权瓦解的根本原因

中东秩序的形成，早期是英国霸权起主导作用，甚至在 1939 年 5 月英国还可以无视美国的介入，单独发表了一份有关巴以问题的白皮书。1943—1945 年，英国因第二次世界大战而精疲力竭，国力明显下降，也就失去了在中东问题上的政治影响力。美国则开始在中东问题上发挥主导作用，并与英国所采取的政策相反，美国国会通过了一系列赞成无限制移民和在巴勒斯坦建立犹太国家的决议和宣言，甚至美国总统罗斯福为此发表声明，指出"美国政府从未赞成过 1939 年的白皮书"。这说明，到了第二次世界大战中后期，由于英国的实力已不足以支撑其在中东的政治权力，美国霸权取而代之，中东也就成为美国的势力范围。事实上，在各种冲突面前，霸权国家总是在广泛地运用自己的政治权力，要么支持它的盟友，要么打击它的对手。这是霸权国家的本性所决定的，而这一切都需要以国家实力为基础。

1989 年之后，随着"两极格局"的解体，美国成为世界上唯一的超级大国，它不仅推动了西方意识形态和价值观在全球的广泛传播，也领导了经济全球化的兴起，随后吸引了中国、印度、东欧和很多大宗商品生产国加入这一全球性市场经济俱乐部。鼓吹新自由主义的政治经济理论认为发展中国家的经济

第六章 霸权主义

只有通过全面私有化以及自由市场经济的途径，才能实现其经济社会的快速发展，这便是所谓的"华盛顿共识"①。它当时体现了美国的实力和全球影响力，美国也一时间成为全球凝聚力的核心，国际影响力举世无双，因而开始不遗余力地在全球输出美国的民主制度，打击其认定的"无赖、流氓国家"，频繁地在全球行使美国的政治权力。比如，1991年，美国乘伊拉克吞并科威特的机会，祭出第一根"杀威棒"，联合盟友把伊拉克打回了老家；1999年，美国又以人权为借口，通过北约祭出第二根"杀威棒"，发动战争摧毁了南联盟；2001年美国发生"9·11"恐怖袭击，在确定了"基地组织"藏身于阿富汗之后，迅速发动阿富汗战争，推翻了阿富汗塔利班政权；随后又于2003年进行第二次伊拉克战争，把萨达姆赶下了台；2014年3月，美国又因克里米亚加入俄罗斯联邦而支持乌克兰，并联合西方国家与俄罗斯对抗；等等。

但是，自2003年的伊拉克战争之后，美国也逐渐品尝到了

---

① 1990年，由美国国际经济研究所主导，在华盛顿召开了一个讨论20世纪80年代中后期以来拉美经济调整和改革的研讨会，与会者在拉美国家已经采用和将要采用的10个政策工具方面，在一定程度上达成了共识，认为发展中国家经济发展不好的根本原因是政府对市场干预过多，造成了资源配置错误和腐败盛行，因此只有建立像西方发达国家那样完善的市场经济体系，对国有企业全面实施私有化，发展中国家的经济发展才能获得生机和活力。不过，从后来苏联和东欧的社会主义国家以及拉丁美洲、南亚、非洲的非社会主义发展中国家由政府主导的经济模式向市场经济模式转型之后的历史来看，以新自由主义学说为依据的"华盛顿共识"并没有为这些国家的发展提供令人满意的答案。相反，倒是中国经济发展的模式和道路显得更为成功。

战争的苦果。战争不仅直接消耗了美国的国力,相关国家战后的稳定与重建也困难重重,更带给了美国巨大的政治、经济和军事负担,美国维持其全球霸权开始面临各种政治、经济、军事及外交挑战。在2010年的利比亚变局中,美国不得不把法国等"北约"国家推到了战争的第一线,借助盟友之手再次更替了一个主权国家的政权,让卡扎菲死于非命。随后的也门内战,以及始于2011年的叙利亚内战,美国一会儿在后面煽风点火、推波助澜,指挥其盟友冲锋陷阵,一会儿又亲自上阵,发动各种形式的空中打击,把一个个好端端的国家撕扯得七零八落。与此同时,美国还把伊朗和朝鲜也列为美国的敌人,包括拉美地区的古巴、委内瑞拉以及那些"左翼"政府领导的国家在内,动辄对这些国家实施经济制裁,制造国与国之间的政治、经济和军事对抗,等等。这一切的背后,却是美国国力遭到了严重削弱,让美国人感受到了霸权衰落前的危机。

近些年,美国正在全球范围内,对包括它的盟友和战略对手在内的主要国家发起贸易战。之所以要打这样一场涉及邻国、盟友和主要大国的贸易战,是因为美国发现了影响其全球霸权的严峻挑战,而且是一种削弱美国国力的"系统性危机"。毫无疑问,国家实力的下降正在损害美国的霸权。如果不能逆转这一局面,美国就将失去全球霸权的基础,霸权的瓦解就不可避免。这是美国人最不愿意看到的情形。

5. 霸权国家的衰落是历史的宿命

在人类历史的长河中,霸权国家一个接一个地兴起,影响和推动了人类社会的发展，它们又一个接一个地衰落甚至完全消失，以至于今天的人们只能在历史的典籍中发现它们曾经创造的辉煌，因此霸权国家的衰落是历史的宿命。

霸权不能永恒，这是历史上所有霸权国家都不得不接受的事实。当代人就见证了大英帝国的衰落、德意志帝国的失败和苏联霸权的瓦解，现在美国社会的精英阶层已经有了霸权衰落的危机感。按说苏联的解体让美国成为世界上唯一的超级大国不过30年，为什么危机就开始显现？其实这是历史的辩证法："霸权心态"愈高涨，面临的"战略阻力"就越大，衰落的速度也越快。美国作为全球性霸权国家，一统天下的心态更是前所未有，一旦制约其霸权的对手（苏联）消失，便自觉不自觉地胆大妄为起来，患上了历史上所有霸权国家都不曾有的统治世界的幻想症。经济上以新自由主义图利，依靠美元霸权和金融资本掠夺全球财富，崇尚强权政治。政治上则日益保守而不思改革，自恃站在"民主"的制高点，看谁不顺眼就政治上打压、经济上制裁与军事上遏制，直至以战争方式推翻别国政府。所以这几十年的狂欢，使战争、金融危机、恐怖主义、难民潮等纷至沓来。而且，进入21世纪后，随着俄罗斯的复兴和新兴国家的群体性崛起，美国的全球"霸权心态"也受到了遏制，不得不面临由霸权主义向多边主义发展的演变，而这已是一个不可逆转的趋势。这一方面反映了美国霸权衰落的征兆，另一方面也意味着全球将面临多边主义发展、国际秩序的变化以及战争与和平的选择。

第七章　多边主义

理论上，多边主义是对霸权主义的否定，与霸权的衰落有关，而且是在与霸权主义斗争的过程中逐渐发展起来的，涉及各领域广泛的政治、经济和军事选择。与霸权主义一样，多边主义也与人类社会的各种学说有关，反映了政治集团或国家行为体之间的良性互动与一定的制度性安排，因而协调与合作是多边主义的基本特征。

但与霸权主义不同，多边主义不是源自野心和欲望，而是基于人类社会日益紧密的相互依存关系，为了满足不同政治集团或主权国家对生存与发展安全的共同需要而产生的，其本质是人类文明发展到较高级阶段的一种"政治主张"，主要体现为一种有别于霸权主义的国际（地区）秩序。在人类社会早期，决定地区或国际秩序的主要因素是强权政治。出于对抗霸权的需要，多边主义开始萌芽；但由于政治发展落后，尤其是民主政治的缺失，只能形成一些有限的、暂时性

第七章 多边主义

的多边合作或联合,因而在一个相当长的历史时期里,并没有产生真正意义上的多边主义。直到人类社会进入资本主义时代,伴随着民主政治的产生和发展,才逐渐具备了产生多边主义的条件。最早大约可追溯到欧洲 30 年战争(1618—1648 年)结束后所形成的《威斯特伐利亚和约》。这是在摧毁了哈布斯堡王朝独霸欧洲的企图后,人类社会第一次摒弃了大一统的理念(霸权主义),开始走向构建"均势"秩序的起点。此后两个世纪又经历了法国企图建立欧洲霸权,但最终失败。以 1815 年的《维也纳和约》为标志,欧洲均势逐渐形成,从此欧洲秩序进入一个新的时代,多边主义观念得以产生,后来则逐渐成为构建国际关系的一种理论体系。不过,这一时期所谓的"多边主义"并非源于人们的政治选择,因为"均势秩序很少来自刻意的安排,反而常是为了阻止某一国扩张的野心而形成的结果,欧洲的均势便是因围堵法国而产生的"[①]。法国受到了压制,德国却在俾斯麦之后,又走上了霸权主义的道路,导致了第一次世界大战。第一次世界大战后的国际秩序也是如此。《凡尔赛和约》的目的是防止德国崛起,这时虽然建立起了"国际联盟",多边主义的发展有了明显进步,但因先天不足而无法使其政治主张得到真正的落实,最后又因德国而爆发了第二次世界大战。事实上,在均势秩序中,由于各国奉行国家利益至上,强者总是企图主宰大局,

---

[①] [美] 亨利·基辛格:《大外交》,顾淑馨、林添贵译,海南出版社 1998 年版,第 47 页。

冲突与未来

弱者则会想办法团结起来,通过壮大自身的声势,防范强者侵略以维护自身利益,否则必有一国会取得霸权。这两个方面的结果都不是绝对的,以至于经常需要诉诸战争,因此这一时期的多边主义仍存在着十分明显的缺陷。

第二次世界大战为多边主义的大发展创造了历史机遇,而推动这一历史发展的是美国罗斯福总统。1942年至1943年之交的冬天,德国进攻苏联的战争陷入困境,斯大林格勒(现称伏尔加格勒)的一场恶战使希特勒折损了整个第6集团军,德军在苏德战场上已露败象,这时罗斯福、斯大林和丘吉尔三位盟国领袖开始坐下来思考战后国际秩序问题。其中,丘吉尔希望在欧洲重建均势体制,通过重整英国、法国和战败德国的实力,再加上美国,构建起抗衡苏联的均势格局。斯大林的主张则希望借助于战胜国的影响力控制欧洲中部,把苏联军队征服的国家变成缓冲区以保护苏联,目的是防止德国未来的再次入侵。罗斯福却认为,战后世界秩序应以美、英、苏三个战胜国,加上中国,以世界理事的角色来维持和平,目的是通过集体安全机制,合力对付潜在的"恶棍"(他认为最有可能为非作歹的是德国)。这一观点即所谓的"四大警察论",建立一个基于多边主义的国际安全体系,即以和谐而非均势为基础建立起国际合作的新秩序。① 最后,罗斯福以其威望和睿智说服了其他两

---

① [美]亨利·基辛格:《大外交》,顾淑馨、林添贵译,海南出版社1998年版,第350页。

位领袖，确定了建立"联合国"①的设想，为建立战后多边主义国际秩序奠定了基础。可惜的是，罗斯福在第二次世界大战结束前夕就去世了（1945年4月12日）。杜鲁门继任后，按照罗斯福的设想成立了联合国，但又在丘吉尔的鼓动下开启了"冷战"，美军没能按照罗斯福的设想在战后撤回美国，而是在欧洲长驻了下来。美、苏两个战时最大的盟友陷入了军事上的对峙，罗斯福关于战后建立多边主义国际秩序的美好理想没能完全实现，反而让世界陷入了超级大国争霸的旋涡。基辛格在《大外交》一书中对此描述道："杜鲁门初接任，有心努力维持罗斯福的做法，保持盟国合作关系；然而到了他的第一任期届满前，战时和谐相处的任何迹象俱已消失得无影无踪。美、苏两大强国在欧洲事务上已经相互对抗，互别苗头。"②此后，罗斯福的四大警察理念被前所未有的一套同盟关系所取代，而这套关系遂成以后40年美国外交政策的核心。罗斯福若泉下有知，一定会为丘吉尔、杜鲁门和斯大林的所作所为而痛心疾首。

---

① 该名称出自美国总统富兰克林·罗斯福的建议，并在1942年1月1日发布的《联合国家宣言》中首次使用，号召尽早建立一个维护世界和平与安全的国际机构。1944年9月21日至1944年10月7日，在华盛顿特区敦巴顿橡树园召开的国际会议上，美国、英国、苏联和中国就建立一个世界组织的目标、结构和功能达成了一致，联合国的蓝图第一次被描绘出来。1945年2月11日，罗斯福、丘吉尔和斯大林三位盟国领袖在雅尔塔举行的后续会议上宣告建立"一个国际机构维持世界和平与安全"的决心。1945年10月24日，《联合国宪章》正式生效，联合国正式成立。

② [美]亨利·基辛格：《大外交》，顾淑馨、林添贵译，海南出版社1998年版，第378页。

冲突与未来

联合国的建立，目的是促进各国在国际法、国际安全、经济发展、社会进步、人权及实现世界和平等方面的合作，第一次形成了一个推行多边主义的全球性制度框架，构建起了包括安理会在内的一系列多边机制，如联合国经济及社会理事会、国际电信联盟、万国邮政联盟、国际法院、防止核武器扩散、防止环境恶化以及世界银行和国际货币基金组织等多边合作平台，为建立新的国际秩序创造了条件。遗憾的是，20世纪的多边主义是在"冷战"中产生的，从一开始就笼罩在美、苏争霸的阴影下，甚至成为两个超级大国争夺全球霸权的工具。比如，1950年朝鲜半岛爆发内战，美国就在苏联缺席的情况下，操纵联合国组建了联合国军帮助韩国进攻朝鲜。战争的结果使东西方的分裂更加严重，此后苏联组建了"华约"以对抗"北约"，多边主义沦落为全球集团性冲突的工具。"冷战"结束后，由于苏联解体，"两极"对抗格局消失，爆发全球性冲突的风险大大降低。伴随着多边国际组织在全球的作用不断上升，新的多边组织也不断产生，多边主义逐渐成为大多数国家明确的政策取向，即使美国也不能完全放弃多边主义。多边合作与多边外交成为国际大趋势，并在全球范围内形成了多边主义理论研究的热潮。人们普遍认为，在当今全球化深入发展的大背景下，人类社会的生产生活方式发生了深刻的变化，政治上相互渗透，经济上相互依赖，文化上相互借鉴，沟通、信任、合作与共同安全越来越重要，不仅国家发展离不开多边合作，单靠个别国家或少数国家也不可能有效地应对各种全球性问题，这决定了

第七章　多边主义

在构建未来国际秩序上，多边主义越来越重要。

不过，这并不意味着21世纪的多边主义就已经挣脱了霸权主义的控制，反对霸权主义仍然是当前国际政治发展的重要内容，而要在联合国实现彻底的多边主义，仍将是未来国际社会长期努力的目标。"冷战"结束后，发达国家与发展中国家之间的战略失衡加大，国家之间的干涉与反干涉的矛盾更加突出，国际战略格局深刻变化。美国作为唯一的超级大国，由于失去了强大的制约，在对外政策上日趋青睐霸权主义，开始逐渐摆脱联合国的约束自行其是。如在科索沃战争中，美国仅获得了在波黑建立禁飞区的联合国授权，但后来就开始一步一步扩大权限，最后鼓动北约使用军事力量对南联盟实施打击。而到了伊拉克战争时，美国等国家根本就未获得联合国安理会的许可，擅自发动了伊拉克战争，推翻了萨达姆政权，战争的结果造成了极其严重的后果，使这一地区陷入了至今仍难以平息的动荡之中。而且，在这一时期，即使是美国推行的多边合作也不全是多边主义的，充其量不过是霸权主义与多边主义的混合体。比如，1992年，在美国五角大楼制定的防御计划中，就明确提出美国在"冷战"结束后的两大目标，一是防止出现任何一个类似苏联的大国挑战美国，二是向全世界推行美式民主。为此提出了几条具体措施：一是确保美国是世界上唯一的军事大国；二是扬弃多边主义；三是防止大规模杀伤性武器扩散。"当美国的国家利益受到威胁时，美国将直接采取单边行动。""当我们的利益更加普遍且得到国际社会认同时，我们认同多边主义。"① 因此，今天我们所看到的美国，是一个霸权主义与多边主义兼具的国家，但在政治选择上具有机会主义的特征，它只是基于美国的利益按需取舍，因而事实上主要还是以霸权主义为主，多边主义只是美国寻求全球霸权的特殊工具而已。

2016 年，唐纳德·特朗普当选为美国第 45 任总统，提出了"使美国再次强大"和"美国优先"两个政治口号，对自克林顿总统以来的美国历届政府的政策提出了严厉批评。他认为多边主义使得美国在国际交往中经常迷失方向，经济利益严重受损。特朗普对"冷战"结束以来不断发展的多边主义持否定态度，在他领导下，美国进一步背离罗斯福的"联合国精神"。正如我们所看到的，特朗普一上任，就宣布放弃奥巴马力推的"跨太平洋伙伴关系协定"（TPP），继而退出全球应对气候变化的《巴黎协定》，退出《伊朗核问题国际协议》《中导条约》等。特朗普多次抨击北美自贸协定（NAFTA），2018 年 8 月 30 日更是威胁性地宣称，如果世界贸易组织（WTO）不更好地对待美国，他甚至会退出 WTO。毫无疑问，美国一旦退出 WTO，必将严重破坏第二次世界大战以来在美国主导下确立起来的国际秩序。

显然，当代多边主义正面临着严峻的挑战，一方面它与霸权主义的国际秩序相冲突，另一方面它也与主权国家利益至上

---

① 军事科学院世界军事研究部编：《美国军事基本情况》，军事科学出版社 2004 年版，第 17 页。

的观念相矛盾。前者决定了第二次世界大战后多边主义发展的局限性。因此，20世纪的多边主义要么是在看大国的脸色行事，要么就沦为全球性或地区性集团对抗的工具。后者则决定了多边主义发展面临的困境，各国之间尤其是大国之间因利而合、因利而分的现象十分普遍，以至于盟友翻脸和寇仇和解的故事不断上演，比如20世纪60年代的中苏关系破裂、70年代中美和解以及2018年美国制裁它的盟友土耳其，等等。因此，从第二次世界大战结束发展到21世纪初，上述两个方面的矛盾与冲突相互交织、不断激化，对当代国际秩序产生着深刻的影响。当然，多边主义的发展是历史潮流，是任何霸权主义都无法阻挡的历史现象，世界各国必将继续推动全球治理体系的变革，构建新的国际秩序。在这一背景下，和平、协调与合作的潮流滚滚向前，"地球村"的观念日益深入人心，在这个你中有我、我中有你的地球村，霸权主义必将不断面临多边主义发展潮流的冲击，而多边主义也必须面对霸权主义最后的疯狂。

■ 历史的终结

回眸漫长的人类社会历史，霸权主义一直都是构成这一历史的重要因素，因而对于任何霸权国家，我们都不能以简单的褒贬去定论，历史可能因它们而进步，也可能因它们而倒退，但它们的强盛在一定时期都代表着一个或多个领域的革命，而正是这种"革命"构成了人类社会不断发展进步的动力。其中，在上古、古代和中世纪，霸权主义的存在都是区域性的，如在人类文明初期就有两河流域的古巴比伦、黄河流域的夏商周、北非的古埃及等。到了公元纪年的开端，欧亚大陆的东西两侧分别是汉帝国和罗马帝国，两者之间则是波斯帝国和马其顿帝国的几个继承者在掀起争霸的风云。直到公元1500年前后，人类社会的霸权格局才开始由区域性霸权向全球性霸权发展，全球性霸权主义开始萌芽，如葡萄牙和西班牙等国，它们依靠先进的海洋科技向全球扩张，开启了西方殖民东方的历史。这一时期非西方世界的霸权仍然是区域性的，如中国的明王朝、奥斯曼帝国、印度的莫卧儿帝国、莫斯科大公国和德川幕府时期的日本等，它们是各个地区的权力中心。到了19世纪，英国成为第一个真正的全球性霸权国家，因其霸权的影响之大、范围之广，被称为"日不落帝国"。正是从这一时期开始，在西方的"船坚炮利"面前，东方的地区霸权国家相继陷落，尤其以大清帝国的衰落构成了历史的转折点。西方霸权国家取得了对东方国家的绝对优势，东方传统霸权主义的风光不再，人类社会开始被西方列强拖入全球争霸时代。

首先是欧洲列强之间的全球争霸，参与其中的主要是英国、法国、俄国、奥地利、普鲁士以及后来的德国等国。为了夺取全球的资源、财富和权力，它们几乎主导了18世纪到20世纪初期的人类战争。到了19世纪末和20世纪初，以美西战争和日俄战争为标志，美国和日本这两个非欧洲国家也加入了全球性大国的行列。1900年，英国、法国、德国、奥匈帝国、意大利、日本、俄国、美国联合出兵中国，占领了北京，打碎了东方帝国的美梦，最终导致了清王朝的覆灭。随后，地区霸权主义全面让位于全球霸权主义。随着地区霸权的局限性越来越大，围绕全球霸权的争夺也就日趋激烈，以后相继爆发了第一次世界大战和第二次世界大战。战争的结果是，德国争夺全球霸权的美梦破碎，英国、法国和日本则在经历了这两场战争后沦落为世界二流国家，美国和苏联成为大战的最后赢家，从此欧洲列强全球争霸被美、苏争霸所取代。

根据保罗·肯尼迪①的看法，人类社会从20世纪开始，就是一个两极世界的格局，即总是有两个全球性的霸权国家在左右着世界秩序。事实上，20世纪初世界霸权表面上看只是英国一家，但作为第一次世界大战后国际秩序基石的"凡尔赛—华盛顿体系"却是美国发起建立的，只不过它迫于国内政治选择的压力而把国际秩序的主导权交还给了英国。事实上美国的经济实力在19世纪末就已经超过了英国，并在随后的国际秩序中发挥着重要的作用。更明显的事实是，1922年召开的华盛顿会议上，英、美、日、法、意五国召开海军会议，签署了《五国海军公约》，规定英、美、日三国的主力舰总吨位比例为5∶5∶3。这表明在海洋霸权时代，英国已不得不承认美国所拥有的世界性权力，英、美两国同为这一时期的两个世界性领

---

① 其代表性著作为《大国的兴衰》。英国历史学家，曾获牛津大学博士学位，任皇家历史学会会长，后为美国耶鲁大学历史学教授。

导国家。因此，按照历史的惯性，若没有第二次世界大战的爆发，英国和美国之间的冲突就难以避免，而大西洋或许就是这两个国家争霸的第一个战场。在第二次世界大战中，由于德国的全面挑战，英国的国力受到严重的削弱，霸权开始衰落，丘吉尔在德黑兰和雅尔塔两次"三巨头会议"中的尴尬处境就是英国霸权陨落的标志。1972年5月，美国总统尼克松和苏共中央总书记勃列日涅夫在莫斯科签署了《关于限制进攻性战略武器的临时协定》和《关于限制反弹道导弹系统条约》，将两国的进攻性战略武器和反导系统限定在一个大致相等的水平，这可以说是对"两极世界"的一种法律确认。由于美、苏两国拥有可以相互毁灭对方的核武器，谁也不敢轻举妄动、直接摊牌，因而不得不划分势力范围，形成"两极世界"下的冷战格局，但在各自战略边缘地带的局部热战一天也没停止过。这种总体稳定和局部冲突的局面维持了将近半个世纪。

"东欧剧变"之后，苏联解体，其前盟国陆续加入以美国为首的北大西洋公约组织，"两极世界"变成了美国主导下的"单一霸权格局"。这一局面只维持了20年左右，世界秩序就过渡到了一个"一超多强"的新格局。俄罗斯的复兴、中国的崛起以及众多新兴国家经济的快速发展，正在潜移默化地改变着第二次世界大战以来的国际秩序，霸权主义越来越不得人心，而多边主义则日趋成为国际政治中的共同选项。具体来说，一是人类社会民主政治的进步，促进了人类共同价值观念的大发展，打破了人们对强权政治的恐惧和迷信，主权国家之间一律平等的理念日益深入人心，霸权的扩张受到了人类社会不断进步的政治文明的制约。二是经济全球化的深入发展，正在彻底地改变着人类社会有史以来的生产生活方式，各国的发展越来越相互依赖，这使得通过霸权掠夺财富、资源和权力的传统模式面临着日益广泛的挑战。三是军事技术的革命性发展，包括核武器、信息化武器和空天武器等，已经使人类战争的空间由地球表面、大气层拓展到了外层空间和网络空间，战争的节奏越来越快，破坏性越来越大，武器的打击距离已经达到了地球的物理极限。这是任何一个霸权国家都难以独自面对的极限挑战，霸权主义将要走到历史的尽头，面临着终结的命运。

当然，霸权主义不会自动退出历史舞台，它们还可能把历史的惯性当作未来的趋势，一定会充分利用它现有的力量，动员它所拥有的一切资源以及发动它的盟友们，以各种手段和途径遏制一切不利于霸权持续的因素成长。尤其对那些足以挑战其霸权的新兴力量和多边组织，更会不惜运用一切手段进行遏制和打压，而这必然会导致美国与国际社会的广泛冲突。当然，与此同时，可能还会有一些国家或国家集团误读历史潮流，追求新的世界霸权，这将使大国之间的冲突更加激烈，甚至有可能使人类社会陷入一场前所未有的浩劫。而对于美国来说，全球霸权为它提供了广泛的利益。一旦失去霸权，美国的政治生态以及普通人的生活就会受到重大的影响，甚至会发生彻底的变化，因此美国政府不会支持真正的多边主义，除非这种多边主义有利于维持美国的霸权。比如，2018 年 9 月 10

冲突与未来

日,针对设在荷兰海牙的国际刑事法院①提出的将对美国军人和情报官员在阿富汗冲突中可能犯下的战争罪进行调查,美国总统国家安全事务助理约翰·博尔顿就代表美国政府对国际刑事法院发起前所未有的抨击和威胁。他说:"如果国际刑事法院检察官针对我们以及以色列或美国其他盟友,我们不会保持沉默。"他进一步威胁称,如果该法院继续对美国军队在阿富汗的所作所为进行调查,将对其施以制裁,"我们将禁止该法院的法官和检察官进入美国。我们将制裁他们在美国金融系统内的资产,我们将在美国刑事司法体系内对他们发起诉讼。任何帮助国际刑事法院调查美国人的公司或国家将受到同样的待遇"。而国际刑事法院也针锋相对,当天发表声明:"作为一家法院,国际刑事法院将依照法治的原则和首要理念继续工作,不惧阻吓。"②

那么,美国将会是最后的全球性霸权国吗?首先,新的全球性霸权国家将很难产生,因为伴随着国际民主政治的不断发展,多边主义将日益成为霸权主义难以逾越的政治障碍。政

---

① 国际刑事法院成立于 2002 年,位于荷兰海牙,按照 2002 年 7 月 1 日生效的《国际刑事法院罗马规约》行使权力,主要职责是对犯有灭绝种族罪、危害人类罪、战争罪、侵略罪的个人进行起诉和审判,目前有 123 个成员国。联合国安理会也于 2005 年 3 月就苏丹达尔富尔情势通过第 1593 号决议,首次向法院提交案件。其中,美国曾在 2000 年 12 月 31 日签署罗马规约,但在国会批准前取消签署,俄罗斯则于 2016 年 11 月 16 日退出了该规约,而中国、印度和以色列则从未加入该规约。
② 2018 年 9 月 12 日《参考消息》第 3 版,法新社消息《特朗普政府威胁制裁国际刑事法院》。

府间国际组织以及非政府国际组织将越来越成为主导国际政治发展的主要因素，而任何企图追求新的全球霸权的国家，都必须具备核霸权、太空霸权和信息霸权，三者缺一不可。这已成为很难完成的任务，因为追求它们之中的任何一个，都会面临着与全人类为敌的风险，更有可能直接导致大国或国家集团之间的广泛冲突。这是现在任何一个新兴国家都无法单独应对的挑战。其次，"冷战"结束以来的历史表明，美国维持全球霸权的战略成本在急剧上升，几场战争让美国消耗了大量的国力，而它自以为是的问题却难以得到解决，反而导致国际形势日趋复杂化。这不仅透支了美国的政治信用，也促使更多的国家站到了反对霸权主义的行列，强权政治面临着人类政治文明不断发展和进步的制约。这使美国的全球霸权江河日下、风光不再，多边主义的潮流将使美国很难实现特朗普总统"让美国再次伟大"的霸权主义梦想。人类社会正处在一个历史转折点上，历史的惯性和新时代的到来必然会产生广泛的国际冲突，未来的霸权与反霸权斗争将更加激烈，一场大国竞争的最后盛宴正在酝酿，这无疑将决定人类社会的未来。毫无疑问的是，当代多边主义政治的进一步发展，将是终结霸权主义历史的最后手段。

也许，在国际多边主义政治的冲击下，全球霸权作为人类历史上最后的以国家形式存在的巨大力量，将会在一个可以预见的将来，以和平或大规模冲突的方式终结，而它所拥有的世界性权力则会转移至超国家的全球性机构，这意味着人类社会

冲突与未来

将日益接近自古以来就向往的大同理想,这就是中国提出的人类命运共同体理念正日益得到国际社会广泛认同的根本原因。在西方,康德、马克思、威尔逊和罗斯福等人都是人类这一共同愿景的代言人。在中国,康有为、梁启超和李大钊等人也都曾表达过对世界大同的企盼。梁启超就说:"国家为人类最高团体之一语,已成为过去之信条,其支配人心之力日益薄弱……物质上精神上事事物物皆渐成为'国际化'也,畴昔人类利害之冲突为纵断线,今后人类利害之冲突为横切线,而国家调护奖借之力乃强半失其效能。人类之相率以自庇于国家以上之团体,有固然矣。"[①] 李大钊则说:"我们可以断言现在的世界已是联邦的世界,将来的联邦必是世界的联邦。""为应世界的生活的必要,这国际组织、世界组织,是刻不容缓了。只要和平会议变成了世界的议会,仲裁裁判变成了世界的法庭,国际警察如能实现,再变成了世界的行政机关,那时世界的联合政府,就正式成立了。依我的推测,这世界联邦进行的程序,就是:(一)各土地广大民族众杂的国家,自己先改成联邦;(二)美洲各国组成全美联邦,欧洲各国组成全欧联邦,亚洲各国组成全亚联邦;(三)合美、欧、亚三洲组成世界联邦;(四)合世界人类组织一个人类的联合,把种界国界完全打破。这就是我们人类全体馨香祷祝的世界大同!"[②]

[①] 梁启超:《国际联盟论序》,载《饮冰室合集》,中华书局1989年版,第41页。
[②] 李大钊:《联治主义与世界组织》,载高瑞泉选编《向着新的理想社会——李大钊文选》,上海远东出版社1995年版,第180—181页。

当然，人类所企盼的这一愿景不会自动到来，而是要在经历过漫长的部落、民族、阶级、国家之间以及霸权与反霸权的斗争和冲突之后才能实现。多边主义就是人类通往这一愿景最重要的政治阶段，也是消灭霸权主义的唯一手段。

■ 传统旧秩序的坍塌

人类社会的发展，正处在一个颠覆传统旧秩序的门槛上。

研究表明，在人类进化的过程中，很早就学会了寻求合作与联合的政治性行为——一种基于理性的选择，因为他们认识到社会合作是达到各自目标最重要的途径，如获得安全、食物和荣誉等，而这种理性的选择正是人类区别于动物的标志。更为重要的是，人类通过持续的相互交往与协作，逐渐形成了人类社会特有的规范性行为，"公共组织在他们中间自然形成，只是不同的环境、思想和文化，塑造出了各自独特的合作方式"[1]。这就是说，人们通过共同的利益结成了各种不同的关系，也诞生了共同服从的领袖，从而有了狩猎采集社会、部落和国家的产生，也有了东西方文明历史的不同。因此，从狩猎采集社会到现代国家，尽管这一过程的发展演变经历了数万年的历史，但利益和权力一直都是构成一切社会秩序的基础，并有着一个明显的特征——边界，包括物理的、有形的或可判断的边

---

[1] [美] 弗朗西斯·福山：《政治秩序的起源：从前人类时代到法国大革命》，毛俊杰译，广西师范大学出版社 2014 年版，第 34 页。

界。比如，在狩猎采集社会，由于不存在任何现代意义上的私人财产，也没有已开垦的耕地和房产等投资，社会组织都是围绕核心家庭而建立，即完全以血缘关系为基础，成员之间主要的差别仅在年龄和性别上，没有等级制度，领袖则因群体的共识而产生，利益和权力都是根据需要而在族群内部分配和转移。到了部落时代，社会组织则以广泛的亲戚关系为基础，他们有着共同的祖先，成员之间相对平等，但领袖的权威得到了强化，利益和权力主要存在于亲戚关系之中。到了国家时代，社会组织就以阶级和阶层为基础，社会秩序等级分明，利益和权力具有了明显的社会属性，争权夺利成为这一时代的明显特征，其中利益和权力的边界主要由领土范围决定，而这一局面一直持续到20世纪的下半叶。

"冷战"结束后，随着人类的政治、经济和军事行为向全球拓展，国家之间的利益和权力边界正在变得日趋模糊，这意味着国际秩序的变化再也不会循着传统的模式发展演变，人类社会正面临着传统旧秩序坍塌的过程。

具体来说，第二次世界大战后，美、苏两国依靠其强大的军事实力向境外扩张，就开始了突破传统利益和权力边界的过程。它们一方面承认别国的主权，另一方面又把自己的利益和权力扩张到了别国的疆域。战后的40多年中，战争还是这一时期美、苏两国的势力和影响向外扩张的主要途径，例如1945年，美国在欧洲就驻有69个师，在亚洲太平洋地区驻有26个师，而在美国本土却一个师也没有，这当然都是为防范新的战争而部署的，但对国际秩序的发展演变产生着深远影响。[①] 不过，当时的人们并没有意识到一个新的世界秩序正在萌芽，美国人也只是发现自己在各地的军事影响非常有利于美国政治、经济影响力的扩张。一个借助于军事影响力开辟新的海外市场的战略出现了，其目的是吸收美国巨大的战时剩余产能，防止战后的美国经济衰退。美国军方也积极配合，并坚决主张美国应控制（或可以不受限制地获得）关键性的战略原料，如石油、橡胶、金属矿藏等。所有这些因素（政治的、经济的和军事的）加起来，便促使美国致力于建立某种有利于满足西方资本主义需要的国际新秩序。随后世界上便出现了一系列国际经济组织，如国际货币基金组织、国际复兴开发银行等，后来还缔结了"关税与贸易总协定"（WTO 的前身）。在这一新秩序下，美国的持续繁荣获得了保障，但希望获得经济复兴与开发资金的国家却发现自己不得不屈从于美国的要求，如同意自由兑换货币和自由竞争，等等。同时，这时的国际秩序也有一个致命的缺陷，即在美、苏对抗的背景下，局限性十分明显。因为这样的体制只对竞争力最强的国家有利，只对未受战争破坏、生产力膨胀的美国有利，而对那些遭受战争严重破坏、边界变动、难民成群、债务深重、失去市场的国家却非常有害。直到美国觉察到欧洲的普遍不满，以及苏联的影响在欧洲日益扩大的危险同时出现时，才被迫制定出一个所谓的"马歇尔计划"以复兴

[①] [美] 保罗·肯尼迪：《大国的兴衰》，陈景彪等译，国际文化出版公司 2006 年版，第 353 页。

欧洲。这一计划的最成功之处就在于，美国的政治、经济和军事影响力得以进一步渗透欧洲，西欧国家的经济也得以通过美国市场和欧洲共同市场迅速恢复，这就是后来美国主导下的经济全球化发展的预演。

东欧剧变和苏联解体之后，"两极"对抗的藩篱消失，美国就急于向全球扩张其利益和权力。到了克林顿政府时期，人类社会一个前所未有的经济全球化时代开始了，各国通过对外贸易、资本流通、技术转移、生产国际化和市场服务等，逐渐形成了超越国界的相互依存和相互联系的国际间的经济活动。各国经济的发展与这样的活动也有着越来越紧密的联系，已经使得任何一个国家都不能脱离这样一个体系而正常发展。不过，对于什么是经济全球化，至今仍没有一个公认的定义。国际货币基金组织（IMF）认为，经济全球化是指跨国商品与服务贸易及资本流通规模和形式的增加，以及技术的广泛迅速传播使世界各国经济的相互依赖性增强。而经济合作与发展组织（OECD）则认为，经济全球化可以被看作一个过程，在这个过程中，经济、市场、技术与通讯形式都越来越具有全球特征，民族和地方性在减少。这就意味着，经济全球化带来了三大变化：一是世界各国的经济联系日益紧密，相互依赖程度不断提高；二是各国的经济规则不断趋于一致；三是国际经济协调机制在进一步强化，即各种多边或区域组织对世界经济的协调和约束作用越来越强。在这样的背景下，领土范围不再是主权国家利益和权力的边界，如何建立公平合理的国际政治经济秩序，以保证竞争的公平性和有效性，就成为当今国际社会面临的重大挑战，即要求在世界范围内建立起规范主权国家利益和权力的全球规则。目前中美之间的贸易摩擦就是这一问题的具体体现。

伴随着经济全球化，各国政治上的相互渗透也正在成为常态。"冷战"结束后，西方的价值观得到了广泛传播，民主、自由和人权理念日渐深入人心，尤其是维护和保障人权已成为一项国际性的道义原则，更是民主、自由价值观念的最终体现。这是人类政治文明的巨大进步，是影响当代国际政治发展的重要因素。当然，人权作为一个普遍的政治理念已有二百多年的历史。在17、18世纪欧洲资产阶级反对封建专制制度的斗争中，资产阶级思想家和政治家们举起"天赋人权"的旗帜，对抗当时被认为神圣不可侵犯的神权、君权和等级特权，主张诉诸人性，从中引申出自由、平等的人权。这不仅在当时起到过巨大的思想解放作用，也是此后一百多年被压迫阶级反对帝国主义、殖民主义和民族解放运动的思想武器。第二次世界大战后，人们对人权的重视达到了一个全新的高度。在战胜国的倡导下，刚成立不久的联合国就发布了《世界人权宣言》[①]。宣言提出："人人生而自由，在尊严和权利上一律平等；人人有资格享受本《宣言》所载的一切权利和自由，不论其种族、肤色、性别、语言、财产、宗教、政治或其他见解、国籍或其他出身、

[①] 1948年12月10日第三届联合国大会通过。

身份。这些权利和自由可分为公民权利和政治权利，经济、社会和文化权利两大类。"1966年12月16日，第二十一届联合国大会通过了《公民权利和政治权利国际公约》《经济、社会及文化权利公约》，这是对人类所有成员的固有尊严及其平等权利的进一步承认，并认为这是世界自由、正义与和平的基础。显然，"人权"是人类社会不断发展进步的产物，具有重要的客观属性，其内涵与一个国家或地区的历史发展阶段相适应，但它也汇聚着人类共同的主观愿望，容易不受国界、种族和宗教等传统观念的局限，因而又有明显的主观属性。这意味着，任何一个国家（包括政治实体、非政府组织等）都可以通过人权政治渗透，影响到另一个国家的主权利益和权力，甚至在一定条件下可以颠覆一个国家的政府。这从根本上改变了主权国家时代独立发展的传统政治秩序，使得各国之间的政治联系与日俱增，"人权"逐渐成为一种可以改变国际政治格局的重要因素。具体来说，如果运用"人权政治"的目的是进一步巩固和发展人权，人权政治所产生的影响就是积极的，是推动人类社会不断进步的杠杆；而当运用"人权政治"的目的是出于国家利益干涉别国内政、为别国制造麻烦时，人权政治所产生的影响就是消极的，其副作用也具有持久性的影响，这一点从20世纪末南斯拉夫解体和21世纪初叙利亚持续多年的内战就可得到充分的证明。更为复杂的是，由于受历史和地理等诸多因素的影响，各国之间的经济发展水平不同，在文化传统方面也往往千差万别。这些客观事实严重阻碍了人类关于人权在现实层面上的共识,不仅使国际社会对人权的认识存在着很大的分歧,在理论上也存在着冲突,而在具体实践的层面上也存在着相当大的争议。因此,"人权政治"不仅突破了国家的主权利益和权力边界,也突破了当代主权国家一律平等的法律地位,进一步发展的必然结果就是对现有国际秩序的否定。

总而言之,经济全球化与人权政治的发展,彻底改变了人类社会的发展方式,不同民族、不同国家以及不同地区之间的联系日益紧密。它们不仅在国家利益上共生共享,在政治权力上也是相互渗透,多边关系和多边机制变得日益普遍,多边主义已成为不可逆转的历史潮流,而以霸权主义为中心的国际秩序将难以继续维持下去,人类社会的发展正处在一个新时代的门槛上。

■ 多边主义下的利益冲突

多边主义的实践需要一种要求极高的制度和机制保障,需要基于多边协调与合作才能解决各方共同面对的问题,因此矛盾与冲突是多边主义必须面对的现实。

自20世纪90年代以来,以信息技术为核心的高新技术迅猛发展,不仅使人类的生产生活方式突破了国界的限制,而且缩短了各国以及各地之间的距离。世界经济越来越融为一个整体,从而为多边主义的发展提供了现实动力。但多边主义并不是和谐主义,经济全球化下的多边主义是一把"双刃剑":一方面它推动了人类社会生产力的大发展，加速了全球经济的增长，为发展中国家追赶发达国家提供了一个难得的历史机遇；另一方面也加剧了国际竞争，增多了国际投机，增加了冲突风险，并对国家主权和发展中国家的民族工业造成严重的冲击。更为严重的是，在经济全球化中，由于各国实力不同，发达国家和跨国公司处在国际产业链的高端，是获得利益最多的群体，而大多数发展中国家则处在产业链的中、低端，获得的利益相对较少，是全球利益和权力体系中的弱势群体。这使一些发展中国家与发达国家之间的差距在进一步拉大，其中一些最不发达国家则有可能被排除在经济全球化之外，越来越被边缘化，甚至成为发达国家和跨国公司的"新技术殖民地"。而且，由于发达的资本主义国家在经济全球化进程中始终占据着优势地位，它们在制定全球规则方面具有更大的发言权，其目又通常与发展中国家的利益相左，因此多边主义下的利益冲突将长期存在，并可能成为影响构建国际新秩序的重要因素。

目前，由于受霸权主义强权政治的影响，多边主义还面临着许多潜在的问题，例如国家间名义上平等而事实上不平等、国际组织的作用也有限、霸权主义和"问题国家"得不到有效制约、国际社会对日益增多的全球性问题应对乏力，等等。而且，经济全球化是在不公平、不合理的国际经济旧秩序没有根本改变的条件下形成和发展起来的，西方国家一直在其中占据主导地位和绝对优势。这使得资本主义发展的固有矛盾和周期性危机得以通过全球化转嫁于发展中国家，导致地区或全球性的政治、经济动荡,也使国家之间的竞争和民族冲突更加激烈和尖锐。更为严峻的是,少数大国为了一己私利操纵世界政治、经济事务,为国际合作设置障碍,破坏平等互利原则,有计划地使局部地区的民族摩擦、经济危机以及政治经济震荡向特定地区持续扩展,极大地增加了国际政治经济秩序的不稳定性和不确定性。在这一背景下,经济全球化先天地存在着周期性地触发全球金融危机的风险。任何一个国家的内部失衡都会反映为外部的失衡,并进而很快影响到与其具有紧密贸易和投资关系的国家,最后极有可能将所有国家或地区不同程度地引入失衡与危机的境地。比如,2008年美国的次贷危机很快就传导到整个欧洲地区以及一些东南亚国家,从而形成了严重的地区性危机,随后又波及拉美地区,形成了事实上的全球性金融动荡。同样,经济全球化所形成的"国际游资"也是导致全球经济不稳定的重要根源之一。作为一种超越国界的巨大的金融力量,国际投机者一次又一次地扮演了全球性金融动荡的制造者或推动者的角色,它是第二次世界大战结束以来经济危机得以传导的主要媒介物。例如,20世纪60年代的美元危机、70年代初的布雷顿森林体系瓦解、80年代初的拉美债务危机、90年代初的欧洲货币体系危机,以及1994年的墨西哥汇率危机和1997年的东南亚金融危机等,每次都令人震惊地表现了国际游资的巨大破坏力,而国际社会至今仍不能对国际游资形成有效的监管。因此,在经济全球化的大背景下,局部地区的经济动荡很可能迅速引起全球范围内的金融危机,这也反映了多边主义的局限性。

在后霸权主义时代,确定发达国家与新兴国家之间的力量平衡点是多边主义发展面临的现实挑战。这也将决定现有国际多边体系的存续和发展,并且将在"开放的全球性安排"与"相互竞争的集团模式"两种不同国际体系之间作出抉择,而这样两个方面都存在着不断产生矛盾和冲突的可能。特朗普总统上台后,美国就已经表现得对全球化失去兴趣,对第二次世界大战后建立起来的多边经济体系失去信心,认为新兴国家尤其是中国通过全球化获得了比美国更大的利益和影响力,美国已经扬言要抛弃世界贸易组织和其他许多来之不易的国际多边安排。比如,2018年9月25日,特朗普在第73届联合国大会上发表讲话,公开敦促全世界抛弃全球化。他说:"美国要由美国人治理,我们拒绝全球主义意识形态,我们拥抱爱国主义思想。""我们永远不会将美国的主权让渡给一个未经选举产生的、不负责任的全球官僚体制。"高喊着要退出曾是美国自己主导建立起来的全球性多边秩序。美国作为西方国家的"领头羊",其政治选择正在对构建新的国际秩序造成威胁,其目的是摧毁以中国为代表的新兴国家的发展势头。这样的做法可能产生极其严重的后果:一是会撕裂现存的国际政治经济体系,导致多方皆输的恶果,因为在各国经济依存日益加深的新时代,走"回头路"将使各国经济受到重创;二是企图在国际领域孤立一个大国是极其危险的做法,而历史的经验告诉我们,这样做的结果只会激发矛盾、引发全面冲突。

当然，多边主义是历史潮流，是任何力量都无法阻挡的，但在与霸权主义的历史较量中，人类社会的进步可能会以局部或全局性的社会冲突或战争甚至历史的暂时倒退为代价。这是当代多边主义发展面临的最大挑战，需要国际社会共同努力、共同应对。

第八章　变化的秩序

霸权主义的衰落和多边主义的发展，必然要引起世界秩序的变化。

人类秩序的起源，可能最早始于 9000 年前定居社会和农业出现之后的部落时代。在私有制出现之前，社会成员高度平等，不存在任何现代意义上的私人财产，更没有关于权力的观念，权力所导致的暴政或霸权也就不存在，因此这一时期的人类社会秩序就是家庭和亲戚关系，即"长幼秩序"，与外界环境没有太大的关系。更确切地说，"你的社交生活囿于你周遭的亲戚，他们决定着你应该做什么、跟谁结婚、怎样敬拜，还有其他一切"。[①] 进入农业社会后，人类能够创造更多的财富满足更多人们的需要，更多的家庭和族群得以聚居在一起共同劳动。

[①] [美]弗朗西斯·福山：《政治秩序的起源：从前人类时代到法国大革命》，毛俊杰译，广西师范大学出版社 2014 年版，第 54 页。

第八章　变化的秩序

随着土地的重要性上升和财产的增多，以及人们相互之间的接触日益广泛和密切，新的社会组织形式——部落就随之产生。在部落社会的初期，祖先崇拜仍然是保持部落凝聚力的唯一因素，而且所敬奉的祖先并不久远，这也意味着部落的规模不大。当遇到其他部落侵犯并掠夺时，为了保护部落财产，部落领袖通常以祖先的名义带领所有部落成员共同对敌。在这样的冲突中，第一个以祖先崇拜来动员大量亲戚参战的社会，很可能享有对付敌人的巨大优势。这一动员方式一经发明，就会刺激其他部落效仿，并逐渐成为部落领袖特有的权力。因此，"战争不仅造就了国家，也造就了部落"。[1] 随着部落之间的冲突日渐增多，为了保证部落在冲突中获胜，维护部落成员的共同利益，人们就以更遥远的祖先来凝聚成更大的部落。由于血缘亲戚关系的疏远，又会产生部落凝聚力下降的相反影响。为了弥补这一缺陷，借助宗教信仰来加强部落的凝聚力就成为部落时代人类社会的共同意识，从此宗教就在促进大规模的集体行动方面扮演着不可或缺的角色。因此，在部落时代，部落利益、祖先崇拜与宗教信仰（两者可统称为意识形态）决定着部落社会的秩序。

进入原始社会末期，由于生产力的发展，更多剩余产品出现，私有制和阶级逐步形成，利益关系日趋复杂，战争就日渐成为部落之间争夺奴隶和财富的经常性活动。正如恩格斯所说：

---

[1] [美] 弗朗西斯·福山：《政治秩序的起源：从前人类时代到法国大革命》，毛俊杰译，广西师范大学出版社2014年版，第63页。

"现在打仗,则纯粹是为了掠夺,战争成了经常的行为。"[①] 当一个部落战胜另外一个部落时,为了占有财富,并在政治上控制战败部落的人民,战胜者就会建立起一个强力机构用于控制和管理战后形成的秩序。只要其规模和持续的时间达到一定程度,就会逐渐演变成一定的官僚系统,等级制度也随之形成。为了应对更大规模的冲突,部落内部也会随之出现不同的分工,包括筹措粮草、制造武器和管理后方等各种事务。几乎每一项制度的创造都与战争的需求相联系,先是有了军事体制,后来又有了文官制度,这一切都为国家的产生创造了条件。更为重要的是,战争和部落内部事务的日趋复杂,进一步提高了部落领袖的威望,加速了王权的形成。比如,在中国的大禹时期,参加盟会的各部落酋长要执玉帛,违背命令迟到者则遭杀戮,参加联盟的各部落不再是平等的了,领袖的权威逐渐成为一种凌驾于社会之上的王权,随后就是中国的第一个奴隶制国家夏王朝的诞生。西方也经历了同样的历史演变过程。在古希腊的"荷马时代"(前11世纪—前9世纪)和古罗马的"王政时代"(约前753—前509年),一开始军事首长也是公举出来的部落领袖,平时管理祭祀和裁决诉讼,战时指挥部落与敌作战。由于争夺生活资料和生存空间的战争日益频繁,这要求部落成员必须行动一致、组织严密,从而导致军事首领的权力日益增强,发展到一定程度,各项决定就已经不必再由部落议事会通过,

---

[①] 恩格斯:《家庭、私有制和国家的起源》,《马克思恩格斯选集》(第四卷),人民出版社1972年版,第164页。

而是由军事领袖最后定夺，从而形成了后来古希腊和古罗马的王权和独裁政体，即使后来出现的罗马共和制政体也在恺撒之后转向了帝制。因此，无论是中国还是欧洲，国家的形成都与战争有着紧密的联系，最终导致了以平等观念为核心的部落秩序的消亡，取而代之的是以等级观念为核心的国家秩序。它与军事组织、官僚机关、法律制度以及统治者的政治主张密切相关。在利益、祖先崇拜与宗教信仰（意识形态）的基础上，权力日益成为决定社会（国家）秩序的重要因素。

在此后的漫长历史中，无论是东方社会还是西方社会，都相继进入奴隶制国家时代。由于权力高度集中，以及奴隶主阶级对财富的垄断，社会矛盾日趋激化，而这时全社会共同的祖先崇拜已日渐弱化，盛行的是家庙祭祀，维持社会秩序稳定的精神因素基本消失，社会治理完全基于利益垄断的家族统治，如埃及、苏美尔、波斯、希腊、中国、罗马等早期的奴隶制国家皆是如此，占据重要职位的都是君主的亲戚，利益分配极其不均。这也使得统治阶级内部的权力斗争成为常态，一旦君主死亡或失去对权力的控制，各种铤而走险的宫廷内斗就会血腥地上演。比如，在中国的春秋战国时期，各国诸侯和大夫生活腐化堕落，骄奢淫逸，篡弑频仍，围绕王权的斗争此起彼伏。霸业已成的齐国在管仲的筹谋下，已立公子昭为世子。但在管仲死后，齐桓公的另外5个儿子皆求他立自己为世子，因为只有争得王权才能自保，以至于"及桓公殁，易牙、竖刁（桓公生前两宠臣）乃杀群吏而立公子无亏。世子昭遂奔宋，乞援于宋襄公，明年春，宋襄公率曹、卫、邾诸侯之师伐齐，杀无亏而立世子昭，是为齐孝公。及宋师退，而四公子复为乱，宋襄公再平定之，于是孝公之位始定"[1]。如此一来，由于内乱损耗，齐桓公奋斗数十年的霸业也就付之东流。齐国由治转乱、由强转衰，导致了中原战略格局的改变。再比如，继齐之后成为霸主的晋国也是如此，其宫廷内斗的历史更加血腥和久远。据《史记》记载，晋献公诡诸继位（前676年）不久，就听信谗言"尽杀故晋侯群公子"（前669年），后又逼太子自杀。前651年晋献公去世，大夫里克等作乱，先后杀掉继任的国君奚齐和悼子。及至晋惠公继位（前650年），不仅逼杀了有功于惠公的大夫里克，又企图杀害逃亡在外的兄长重耳，以防其夺取大位。晋惠公去世后，太子圉继位（前637年），这就是晋怀公，甫上任即"乃令国中诸从重耳亡者与期，期尽不到者尽灭其家"。意思就是给追随重耳的人一个回归的期限，期满不到者就诛灭全家。前636年，重耳在秦国的支持下返国，对此《史记》中记载："秦缪公乃发兵送内重耳，使人告栾、郤之党为内应，杀怀公于高梁，入重耳。重耳立，是为文公。"晋国正是在晋文公的领导下继齐国成为中原新的霸主。晋文公于前628年去世之后，晋国宫廷内乱又起，此后"六卿强，公室卑"。前376年，晋国分裂为韩、赵、魏三国，晋国灭亡，中原战略格局再次发生巨变。对此司马迁曰："悼公以后日衰，六卿专权。故君道之

---

[1] 台湾三军大学编：《中国历代战争史》第1册，中信出版社2012年版，第145页。

御其臣下，固不易哉！"由此可见"权力"对社会秩序的深刻影响。

　　同样，西方社会的历史也大抵相同。比如，在罗马共和国末期，自部落社会传承下来的古代民主制度日趋没落，专制独裁渐成气候，发展到尤利乌斯·恺撒（前100—前44年）时期，权力已开始沦为执政官私有。恺撒在其遇刺身亡之前，就已指定养子屋大维（前63—公元14年）为其继承人。恺撒遇刺身亡后，远在希腊阿波罗尼亚军中的屋大维迅即行军赶回罗马，设法与恺撒的同僚安东尼、雷必达结盟（史称"后三头同盟"），随后在意大利招募恺撒旧部，扩充军队。前43年11月底，"后三头同盟"带兵进入罗马，发布"公敌宣告"，大肆清洗杀害恺撒的凶手和个人政敌，斩杀了数百元老和两千名骑士。屋大维后又在争夺罗马最高统治权上不惜与安东尼决裂，并于前32年公开向安东尼宣战。安东尼兵败自杀后，为确保恺撒唯一继承人的身份，恺撒的儿子里昂也被屋大维无情地杀死，罗马已几乎成为一个没有法律的帝国。正是屋大维的统治，成就了罗马帝国的辉煌，并在欧洲社会构建起了以罗马帝国为中心的新秩序。不过，随着王权的日益膨胀，此后罗马帝国的历史，几乎就是中国春秋战国时代齐国和晋国的翻版，一朝君子一朝臣的宫廷内斗不断上演。屋大维去世后，传位于养子提比略。提比略死后，权力极大的近卫军擅自立卡利古拉为帝，但在公元41年卡利古拉又被近卫军杀死，并立其叔父克劳狄乌斯继位，等等。直到395年，罗马帝国一分为二，实行永久分治，内外交困的局面最终导致西罗马帝国于 476 年灭亡。

显然，从奴隶制国家时代开始，"权力"（王权）就成为人类社会秩序的重要标志。它反映了不同民族、不同阶级和不同阶层以及不同政治集团之间的利益关系，当这种关系相对合理，并形成有效的权力机制，就意味着一切冲突可控，社会处于有序状态；反之，当不同民族、不同阶级和不同阶层以及不同政治集团之间的关系趋于对抗，社会冲突就有可能失控，严重时会导致整个社会的权力机制失效甚至瓦解，使社会陷入无序状态。因此，随着阶级社会的产生，阶级与阶层的分化日益明显，围绕权力所导致的冲突越来越频繁。相对于过去曾经最为重要而有效地维系着部落秩序的习俗和共同观念（意识形态，包括祖先崇拜和宗教等），人类社会秩序的稳定就不得不主要依靠"权力"（王权），包括政治统治、法律制度和军队的共同作用。它们之中任何一个方面的衰败，都将对社会秩序的稳定产生着破坏性的影响，直到一个新秩序形成为止。这也意味着，每当一个社会处在由旧秩序向新秩序演变的过渡阶段，都将无可避免地出现激烈的社会冲突而导致社会失序，与此相伴的就是社会动荡、战争、利益调整和权力转移的过程，而这一切都毫无例外地体现在以下两个方面。

一是争夺国家统治权的内部冲突。自奴隶制国家时代起，一直到封建社会制度的瓦解，以暴力手段争夺国家统治权的斗争持续了数千年。每一个新王朝的诞生都意味着一个旧王朝的覆灭，社会则周期性地经历着打碎旧秩序建立新秩序的过程。

第八章　变化的秩序

社会冲突不仅导致了权力的转移，也导致了利益格局的调整，但冲突所带来的破坏也会以一定程度的社会进步作为对它的补偿。从世界范围来看，这样的过程既有历史的普遍性，也有历史的特殊性，两个方面的综合作用决定着不同地区社会发展进步的历史逻辑。比如，中国从夏王朝建立到清王朝的覆灭就历经了近四千年，形成了中华民族绵延不绝的悠久历史。以前221年秦王朝的建立为分水岭，在这之前为奴隶制时代，之后则为封建国家时代。前者包括夏（前21—前17世纪）、商（前17世纪—前1046年）、西周（前1046—前771年）、春秋（前770—前476年）和战国（前475—前221年）等历史阶段，这是一个奴隶制时代产生、发展、全面繁荣并逐渐衰微的时期，也是中国封建社会萌芽和初步确立的时期。这一时期的社会冲突主要体现为战争，目的则无一例外地都是夺取统治权，有日趋没落的部落战争、新旧王朝更替战争、巩固统治秩序战争、扩张战争和抵御战争、大国（诸侯国）争霸战争、兼并统一战争、奴隶反抗奴隶主战争等，总的趋势是战争的规模日趋扩大、战争日趋激烈和频繁、战争的目的明确、战争的结局使社会秩序（政治、经济、文化等）的变化日趋增大。其中春秋战国时代的兼并战争持续了数百年之久，形成了一个大冲突、大融合与大发展的时代，长期的社会冲突最终推动中国社会由奴隶制时代迈入封建时代。中国的封建时代则持续了2000多年，历经秦（前221—前207年）、汉（前206—220年）、三国（220—280年）、两晋（265—420年）、南北朝（420—589年）、隋

（581—618年）、唐（618—907年）、五代十国（907—979年）、两宋（960—1279年）、元（1271—1368年）、明（1368—1644年）、清（1636—1911年）等时期。每一个朝代的兴起和没落也都与战争密切相关，但与奴隶制时代不同的是，随着封建大一统帝国的形成，统治阶级内部争夺政权、统治阶级与被统治阶级之间的斗争相互交织。如秦汉时期就相继爆发过楚汉相争、刘邦削平异性王、刘启平定吴楚七国之乱，以及秦末农民起义、西汉末年绿林赤眉起义、东汉末年黄巾大起义等。此后的历代王朝都无法避免这两大困境，尤其是农民起义几乎是每个朝代的统治阶级都不得不面临的历史梦魇。这就决定了中国历史总是周期性地出现由大乱到大治，再由大治到大乱。

二是扩张性的地区（国际）冲突。从人类社会的早期开始，不同部落、民族或国家之间的冲突对于人类社会秩序的形成、发展就有着极为深远的影响。它不仅塑造了各个地区的权力中心，也为不同文明之间的相互促进与融合创造了条件，其结果也必然是一个新秩序不断取代旧秩序的过程，从而形成了人类社会历史上不同的政治、经济和文化特征。早期，主要是地区范围内不同部落或民族之间的相互攻伐，逐渐形成了地域性的文明中心，比如西亚地区的苏美尔文明、地中海区域形成的古希腊文明、北非地区的古埃及文明以及恒河流域的印度文明和黄河流域的中华文明等。随着文明的发展，冲突的范围越来越广。进入奴隶制国家时代后，不同民族和不同国家之间的冲突更趋激烈，继而出现了亚述、波斯和罗马等庞大的帝国。它们

第八章　变化的秩序

的存在几乎决定了欧亚大陆从公元前 8 世纪到 5 世纪的历史发展过程，而它们的兴衰存亡，无一不是不同民族和不同国家之间不断冲突的结果。比如，围绕罗马帝国的兴起和衰落，它数百年与外部世界的冲突就主宰了欧洲秩序的发展演变。前 265 年罗马成为意大利半岛的主人后，罗马帝国开始兴起，随之开始了征服地中海地区的步伐，首先就是与迦太基争夺地中海地区霸权的战争，即"布匿战争"（Punic War），其历史跨度达 118 年之久（前 264—前 146 年）。实际上，当时的迦太基是一个历史比罗马更为悠久的文明古国，大约在公元前 1100 年腓尼基人就已开始殖民北非海岸地区，并于公元前 9 世纪后期建立"迦太基"（其原意就是"新城"），逐渐形成一个商业帝国，其实力影响遍及当时的地中海地区。当罗马统一意大利并向地中海发展时，首先面临的就是与迦太基帝国的冲突。战争分为三个阶段，在前两个阶段①，双方各有胜负。第三次布匿战争中（前 149—前 146 年），罗马人不仅掌握了制陆权，也掌握了制海权，最终把战争扩展到了迦太基本土，并将迦太基城夷为平地，罗马在地中海地区的称霸成为定局。此后罗马的持续扩张彻底改写了这一地区的政治、经济和意识形态版图，到图拉真在位时（98—117 年），罗马帝国达到极盛，经济空前繁荣，疆域也达到最大：西起西班牙、高卢与不列颠，东到幼发拉底河上游，南至非洲北部，北达莱茵河与多瑙河一带，地中海成为

---

① 第一次布匿战争发生在前 264—前 241 年，第二次布匿战争发生在前 218—前 202 年。

冲突与未来

罗马帝国的内海，全盛时期控制了大约 500 万平方千米的土地。到公元 2 世纪时，罗马已成为地跨亚欧非三大洲的帝国，主宰了欧亚大陆广大地区的政治经济秩序。极度的扩张催生了专制政治，罗马逐渐由共和制政体转向专制独裁政体。盛极而衰似乎是历史上所有大国的宿命，罗马帝国通过扩张建立起来的世界秩序从 2 世纪开始就面临广泛的挑战，加之内乱、奴隶暴动、天灾和外敌入侵以及对外战争失败交织，罗马帝国无限度的扩张最终使自身陷入"三世纪危机"[①]。243 年，罗马皇帝率 10 万大军远征萨珊波斯帝国，遭波斯骑兵突袭摔伤大腿伤重而亡，不得不签订和约，割让大片土地后才得以平安撤退。253 年，罗马帝国再次举兵 6 万远征萨珊波斯帝国，结果全军覆没。260 年，罗马皇帝又亲率 7 万军队进攻两河流域，结果被萨珊波斯帝国的骑兵截断了粮道，军队全部被歼，连皇帝自己也当了俘虏。此后，罗马帝国逐渐陷入风雨飘摇之中，皇帝被杀、帝国分裂、蛮族入侵成为家常便饭，罗马帝国数百年建立起来的欧亚秩序濒临崩溃的边缘。395 年，罗马帝国永久分裂为东西两部分，西罗马帝国定都于梅蒂奥拉努（今意大利米兰）。东罗马帝国定都于君士坦丁堡（今伊斯坦布尔）。帝国分裂之后，西罗马帝国就遭到哥特人的不断入侵，东罗马帝国则忙于应付波斯帝国和汪达尔人的进攻，这一时期匈人也开始大规模侵入罗马

---

① 235 年 3 月 18 日，罗马皇帝亚历山大·塞维鲁被暗杀，罗马陷入长达 50 年的内战，西部面临日耳曼人和哥特人的反叛，东部则是与萨珊波斯帝国的长期战争，史称"三世纪危机"。

第八章 变化的秩序

疆域，它迫使汪达尔人由北方长途迁徙至北非并占领了迦太基，从此汪达尔人又开始渡海攻击西罗马帝国，以至于西罗马帝国相继遭到哥特人、匈人和汪达尔人的长期侵犯。410 年，哥特人阿拉里克在罗马城内奴隶的配合下攻陷罗马城，蛮族军队在城内杀掠三天而归，给了罗马帝国以沉重打击。445 年，匈人在阿提拉的率领下入侵西罗马帝国，首先攻入高卢地区，沙隆战役失败后很快整军直捣意大利本土，只是在罗马教皇利奥一世的劝说下放弃了攻城，但这时的西罗马帝国已是奄奄一息。455 年，汪达尔人从海路攻入，罗马城再次遭到毁灭性的破坏，西罗马皇帝被杀，劫后余生的罗马城只剩下了大约 7000 人。476 年，在蛮族的不断攻击下，罗马雇佣兵领袖日耳曼人奥多亚克废黜西罗马皇帝罗慕路斯·奥古斯都，西罗马帝国灭亡，从此外族瓜分了罗马帝国，西欧陷入封建割据时代，出现了诸如法兰克、西哥特和东哥特王国。欧洲之后再也没有出现过统一的政权，从此拉开了欧洲民族国家崛起的序幕，欧洲历史进入中世纪，而古希腊和古罗马文化的影响日趋衰弱。

事实上，从人类社会进入奴隶制国家时代以来，随着私有制和阶级社会的产生，任何民族、国家或政治集团就已无法彻底摆脱内外冲突的宿命。除非其正处在实力强大、政治稳定的上升时期，否则，要么会在长期的内部冲突中面对政权更替的结局，要么在激烈的外部冲突中逐渐衰落甚至消亡。不仅小国、弱国如此，大国、强国也不例外。而当内外冲突交织时，再庞大的帝国也难逃灭亡的命运。一般来说，无论是内部冲突还是

239

冲突与未来

外部冲突,主要受两大因素的主宰:一是社会因素,包括政治、经济、文化、宗教和阶级斗争等领域,存在的矛盾斗争越突出,形势越复杂,产生冲突的可能性就越高;二是自然因素,相邻的民族、国家(王朝)或政治集团越多,战略格局越复杂,冲突的产生就会越频繁,因此位处"四战之地"的民族和国家(王朝)都难以长久。前者主要决定着内部冲突的产生和发展,后者则主要规定了外部冲突产生和发展的可能性,但其本质都是"权力秩序"形成或崩溃的直接体现,而且两者之间还存在着战略上的相互联系和发生各种连锁反应的可能性,因此历史上不仅有因外部冲突而衰落消亡的民族和国家(王朝),也有更多的民族和国家(王朝)因内部冲突而衰落。它们不是面临着政权的更替,就是因此而遭受外族的统治。

因此,从奴隶制社会的产生到封建社会的终结的漫长历史过程中,以权力为重要标志的"社会秩序"的形成和崩溃总是周期性发生,而伴随这一周期性发展的则是人类自我意识的不断觉醒。人们逐渐形成了对权力(政权)合法性的怀疑,因而历史上的朝代更替以及一个帝国取代另一个帝国的过程,其实质就是权力(政权)合法性的失去与重塑的过程。这一现象不断发展的结果,不仅改变了统治阶级的意志,也改变了被统治阶级的意志。比如,自孔子以来中国儒家思想的发展,就是鼓励既要建立一种对人民来说更好的社会秩序,同时也要求建立一种对统治者而言更加和谐和良性的统治体系,主张"为政以德",认为只要统治者施"仁政",为人民提供合理的生计,人民就会支持他们，统治者也就可以顺理成章地享有"天命"，标志着社会秩序的稳定；反之，如果统治者不施"仁政"，他们就会失去"天命"，人民就会推翻他们的统治，天下就会大乱。这就是中国封建社会形成的"以德治国"的意识形态的基础。事实上，孔子的儒家学说在经历了先秦时期的百家争鸣，到汉武帝"罢黜百家，独尊儒术"，结束了先秦以来"师异道，人异论，百家殊方"的混乱局面后，从此居于统治地位，并成为此后中国历朝历代的官方意识形态。发展到宋元之后，逐渐表述成为一个以"纲常伦理"为核心的等级秩序理念。这一理念对于维持中国两千多年的封建制度有着极为重要的影响。

同样，意识形态对西方社会秩序的影响也是一个不断发展的过程，最早可以追溯到前6世纪，但与中国儒家思想经历了诸子百家之后的独特地位不同，它的发展经历了三个完全不同的阶段。

一是古代民主共和思想的发展阶段（前6世纪—前27年）。这一阶段涌现出了一大批哲学家，是现代西方意识形态发展的源头，如赫拉克利特（约前535—前475年）、普罗泰戈拉（约前490—约前420年）、苏格拉底（前469—前399年）、德谟克利特（前460—前370年）、柏拉图（前427—前347年）和亚里士多德（前384—前322年）等。他们反对种种神话创世说，主张用自然本身来解释世界的产生和发展，提出了"人是万物的尺度"的命题，推动了以雅典为代表的古代民主政治的发展。在苏格拉底之后，伯罗奔尼撒战争（前431—前404年）巨大的破坏性，进一步促使古希腊人去思考社会问题。人文哲学开始兴起，并成为此后古希腊哲学最重要的主题，相继出现了犬儒学派[①]、怀疑主义[②]、伊壁鸠鲁主义[③]和斯多葛主义，尤其是斯多葛主义继承了苏格拉底哲学，追求道德和理性，提出了自然法的概念，认为人的生存是自然的，因而进一步提出了"天赋人权"的思想。此后斯多葛哲学成为罗马帝国的官方哲学。

二是独裁专制主义发展阶段（前27年—14世纪）。伯罗奔尼撒战争后，希腊文明开始衰落。前371年，马其顿国王腓力二世打败了底比斯和雅典联军，他的儿子亚历山大大帝统治了希腊。罗马帝国兴起，并继承和发展了古希腊文明，尤其是民主共和制度得到了进一步完善。随着帝国疆域的不断扩大，越来越多不同种族和信仰的人们纳入同一个国度。由于交通信息不便、治理困难，内部冲突日趋复杂，为了抑制日益增加的不安定因素，独裁专制主义开始萌芽。前73年，罗马帝国发生斯巴达克起义，动摇了罗马共和国的统治，逐渐形成了军事寡头掌权的局面，体现民主政治的元老院则趋于弱化。前27年，元老院授予盖乌斯·屋大维"奥古斯都"称号，罗马共和国由此进入帝国时代，权力彻底转移到了独裁者手中，民主共和制度从此形同虚设，但古希腊和早期罗马文明的余绪尚存，科学与民主的理念仍对此后二百多年的罗马社会秩序产生着一定的影

[①] 主张自然主义，其代表人物是第欧根尼。
[②] 该学派主张怀疑一切，其代表人物是皮浪。
[③] 又称快乐主义。

响。比如，在罗马独裁专制统治下还出现了一位对后世产生重要影响的哲学家爱比克泰德①，他在西方最早提出了人人平等的观念。这一思想对与他同时代的罗马皇帝马可·奥勒留（161—180年在位）也产生了重要影响，后者在其戎马倥偬之际写下的《沉思录》中，就主张建立一种能使一切人都有同一法律的政体，一种能依据平等的权利与平等的言论自由来治国的政体。当然，在独裁专制主义日益盛行的时代，这样的愿望是不可能实现的，即使是皇帝也做不到。此后，就是基督教的兴起。到了476年，西罗马帝国灭亡，然后是529年柏拉图学院的关闭。这一切都标志着以科学和民主为核心的古希腊和古罗马意识形态的彻底终结，欧洲进入了一个被称为"黑暗时代"的中世纪，宗教成为影响欧洲社会秩序的重要因素。在这样一个近一千年的历史时期里，基督教教会成为当时维系封建社会秩序的精神支柱，上帝则是整个社会的绝对权威，以此为基础建立起了一套严格的等级制度。

三是资产阶级民主自由思想发展阶段（14世纪至今）。14世纪时，随着工场手工业和商品经济的发展，资本主义生产关

---

① 爱比克泰德（约公元55—135年），出生于古罗马东部弗里吉亚的希拉波里斯古城的一个奴隶家庭，童年时被卖到罗马的爱帕夫罗迪德。他很有哲学天赋，在听了斯多葛哲学家鲁佛斯的课后，对哲学产生了浓厚的兴趣。由于受主人器重，他获得了更多的学习机会，最终成为古罗马斯多葛学派最著名的哲学家之一。后在罗马建立了自己的斯多葛学院，专门从事斯多葛哲学的教学。公元81年罗马新皇帝图密善登位，他害怕哲学家日益扩大的影响力对其王位构成威胁，公元89年便将爱比克泰德等人驱逐出罗马。

冲突与未来

系在欧洲封建制度内部逐渐形成，封建制度（封建割据）开始引起人们的普遍不满，民族意识也随之觉醒。新兴的资产阶级认为中世纪文化是一种倒退，而希腊和罗马古典文化则是后世的光辉典范，由此掀起了一场复兴古典文化的历史潮流。实际上这是一场西方社会在知识和精神上空前的思想解放运动，表达了这一时期欧洲社会对曾有过的高度发达的古代文明的怀念，以及对中世纪"黑暗时代"的不满。文艺复兴思潮不断深入人心，极大地促进了人类精神意识的觉醒，也预示着中世纪的终结和资本主义时代的开始。接下来，在文艺复兴运动的推动下，产生了始于16世纪的科学革命，西方涌现出了一大批名垂千古的科学家，如波兰人尼古拉·哥白尼、丹麦人第谷·布拉赫、德国人约翰内斯·开普勒、英国人艾萨克·牛顿、意大利人伽利略·伽利雷，等等。科学的发展不仅改变了世界思考问题、解决问题的方式，也改变了世界秩序的运行方式，极大地推动了生产关系和生产方式的进步。而科学革命的成果，也彻底改变了人类认识世界和改造世界的方式。它要求人们摒弃上帝的启示和传统教条，强调理性和自然规律，并且相信人类有无限发展的潜能。事实上，到17世纪中期，英国人弗朗西斯·培根和法国人勒内·笛卡尔就已经成功地动摇了传统知识探索的根基。他们认为真相是可知的，但是真相并不是来自上帝的启示，而是必须通过缜密的观察和实验这类运用人类理性的方法来发现，每个人都可能有这样的天赋。这就是继科学革命之后启蒙运动兴起的历史必然。这一运动把西方意识形态的发展带入了一个新的历史阶段,它鼓励人们广泛地思考社会问题。在培根和笛卡尔之后,"最具影响力的是英国人约翰·洛克,他在1690年出版的著作《政府论》中宣称,人类'生而自由、平等、独立',每个人都拥有一些自然权利,包括生命权、自由权和财产权。问题在于怎样最好地保护这些权利,使人类能够发挥所有的潜能。洛克主张,人类为了保护自己的地位、加强自己的权利,和同伴一起自愿达成协议,建立了政府。因此,政府不是神明创造的,政府是为人类服务而生的。如果政府没能做到这点,例如,如果政府侵犯了被统治者的权利——那些它应该保护的权利——那么被统治者有权利解散这个政府,去建立一个新的政府来代替它"[1]。洛克的思想对西方启蒙运动的发展产生了深远影响,动摇了几千年来权力(王权)在社会秩序中的绝对地位。当然,这一时期还出现了许许多多的思想家,如伏尔泰、孟德斯鸠、卢梭、康德和休谟等人。西方意识形态的发展,最终导致了资产阶级革命,从而为数千年来"权力"(王权)在西方社会秩序中的绝对地位画上了句号。由于其广泛性和普适性,资本主义意识形态的扩张对亚洲、非洲、美洲和其他传统社会秩序的转变产生了持久而深远的影响。这就是人类社会进入20世纪以来,国家秩序和国际秩序都深受西方意识形态影响的根本原因。

毫无疑问,意识形态对社会秩序的影响持久而深远,其地

---

[1] 弗兰克·萨克雷、约翰·芬德林主编:《世界大历史(1689—1799)》,史林译,新世界出版社2015年版,第141页。

位和作用也呈现出不断上升的趋势,但对众多具体的民族或国家来说,即使都处在同一个时代,由于历史发展阶段不同、时代的主题不同,意识形态的地位和作用也不尽相同。唯一相同的是,它们都是人类社会秩序发展的旗帜和号角。基辛格说:"每个时代都有其主旋律。它是一套解读世界的信念,通过解释周围发生的各种事件,激励或安慰个人。在中世纪时期,主旋律是宗教;在启蒙时期,是理性;在19—20世纪,是民族主义和历史观。"① 因此,以历史的眼光来看,围绕着对利益的角逐,在人类社会秩序的形成、发展和变化中,要么权力(王权)占主导地位,要么意识形态占主导地位。它们共同作用的结果,决定着人类社会秩序(包括国内秩序、地区秩序和国际秩序)的变化。这就是说,随着社会的发展,人类社会的秩序也是不稳定的,虽然每个"世界秩序"在其初期都被赋予了永恒的光环,期待着能持续长久,但由于构成秩序的三个基本要素——"利益""意识形态"和"权力"是在不断地变化和流动的,随着时间的推移,世界各个部分的内部和外部都会发生变化。当各种矛盾和冲突达到一种新的平衡时,就会形成新的秩序,因而每个时期的秩序所持续的时间都是有限的。

由此,我们可以得出以下三个最基本的结论。

1. 利益是人类社会秩序得以形成的依据

没有利益观念的社会秩序是不存在的。利益的基本单元是

---

① [美] 亨利·基辛格:《世界秩序》,胡利平、林华、曹爱菊译,中信出版社2015年版,第432页。

利益个体，它是以现实的个人作为利益的需求者而存在，反映了利益主体的自然性、社会性与实践性要求。这是由人的自然属性所决定的。利益个体的存在一开始是无序的，但随着生产方式和生产关系的不断发展，个人必须通过一定的社会联系才能实现自己的利益，从而形成了利益群体。利益个体必须通过群体利益来实现个人利益，这是一切社会秩序得以形成的依据。这样的利益群体有可能是组织松散的社团，也可能是组织严密的社会组织，其范围可能是血缘性的或行业性的，也可能是地区性的、全国性的或国际性的，等等。封建社会瓦解之后，群体利益日益呈现出集团性发展特点，它们具有很强的组织性和凝聚力，这就是利益集团。它是一种特殊的利益群体，如政党、企业、政治军事联盟等，正如20世纪60年代美国耶鲁大学政治学教授罗伯特·达尔所说："从最广泛的含义上说，任何一群为了争取或维护某种共同利益或目标而一起行动的人，就是利益集团。"因此，利益集团通常在其成员所持共同态度的基础上，有着共同的价值观，并对社会上的其他集团提出了某种要求。这使得建立和维护与之相适应的社会秩序就变得越来越重要，其中利益、利益关系和利益边界就成为一切社会秩序的基本特征。

发展到现在，任何一个社会都存在着各种不同的利益个体、利益群体和利益集团，且它们之间的利益关系总是要体现为一定的社会利益格局。这一格局又包含着各个方面的广泛影响，如家庭、集体、阶层、阶级、民族、政党、国家、跨国集团、法律制度和国际关系等，这种综合性的影响最终都会体现为一定的社会秩序。因此，社会秩序不是由利益格局直接决定的，它首先取决于利益格局所赖以存在的社会条件（包括生产力、生产关系、国家制度、价值观念和历史文化等），以及各个利益群体的基本利益诉求。如果利益格局与其赖以存在的社会条件和各个利益群体的基本利益诉求相适应，社会秩序就会保持相对稳定。否则，要么导致社会变革，要么导致社会革命，前者取决于统治阶级的意志，后者则取决于广大人民的意志。这就是人类社会的历史就是一部改革与革命的历史的根本原因。因此，利益格局、利益群体的利益诉求和社会条件三个方面决定着社会秩序的稳定与否，它们之间对矛盾与冲突的容限，决定着一个社会由治到乱的边界。

2. 权力和意识形态是一切社会秩序的灵魂

社会秩序是人类文明不断发展进步的重要标志。一方面，任何现实的社会秩序，部分是过去的延伸，部分则包含着新的因素，两者的统一构成了新的秩序，而绝对全新的社会秩序是不存在的。另一方面，任何现实的社会秩序都反映了一定时期大多数人民的意志，是人们对一定社会生产生活方式的认可和所形成的共识，包括文化、传统、族群、宗教、道德和政治意识等各个方面在内，从而形成了不同的族群、部落和国家。这是地球上人类文明多样性的思想根源，也是每一个族群、部落和国家形成主流意识形态的基础。当社会秩序与这一主流意识形态相适应时，这样的社会秩序就是进步的、稳定的。因此，

第八章 变化的秩序

相对于人类的社会属性而言，如果说个人的意志和思想反映人的灵魂，那么"权力"和"意识形态"就是一切社会秩序的灵魂。

一般而言，对于社会秩序的形成与发展，权力的影响是直接的、显而易见的，具有强制性和简约性；而意识形态的影响则是潜在的、深层次的，具有批判性和复杂性。实际上，二者既相对独立，也有着内在的联系，前者反映了国家的能力和政权的稳定程度，如军队、警察和各级政府以及所形成的各种制度、政策和法令等，从而形成了统治者与被统治者之间不平等的关系，后者则体现了全体人民的共识，如民族认同、语言、宗教、传统文化、各种"主义"等，从而决定了被统治者对统治者的认同程度。因此，权力和意识形态作为一切社会秩序的灵魂是由统治者和被统治者之间的关系所决定的，因而无论是权力的衰败，还是意识形态的衰败，都必然会导致社会秩序的瓦解，它们几乎就是人类历史上一切战乱的根源。这就是说，对人类社会秩序而言，绝对的权力和绝对的自由意志都是有害的，即专制主义和无政府主义都不得人心，比较理想的情形就是两者之间的相互适应与相互制约。

当然，权力和意识形态对于社会秩序的形成和发展的作用不同，前者是维护社会秩序稳定发展的工具，而后者则是社会秩序得以形成的思想基础。当这一基础不稳甚至瓦解时，权力就只能是暴政，反之，当权力不稳甚至瓦解时，意识形态也将趋于分崩离析。比如，2003 年伊拉克战争之前，伊拉克的逊尼派与什叶派长期不和，库尔德人也长期离心离德，萨达姆就经常采取武力镇压手段，实行独裁统治；而到了战后，萨达姆独裁政权垮台，此前建立起来的权力体系瓦解，结果出现的就是教派冲突加剧，人们期盼的民主政治也遥遥无期。对任何一个国家来说，稳定的权力体系和意识形态的建立都不是一朝一夕之功，大多都要经过战争、长期的社会革命或变革才能实现。从长远来看，意识形态对人类社会秩序的影响要比权力更具有决定性，一旦瓦解，其破坏性也最为恐怖。轻则动摇国本、滋生乱邦祸水，重则削弱政权的合法性，使国家分裂。加之意识形态斗争与军事斗争相比，战略成本极低，这也就成为现代国际社会意识形态斗争更加激烈的根本原因。

3. 任何国际组织所建立的秩序都不可能永恒

正是由于人类社会利益格局的不断调整，以及权力和意识形态因素的深刻影响，我们得出的社会秩序不可能永恒这一结论，已不需要任何理论上的论证，因为整个人类社会的历史就是最好的证明。

问题是，社会秩序由治到乱，或由乱到治，变化的源头是利益还是权力或意识形态，这是社会理论家至今争论不休的问题。唯物主义者认为是利益享有天然的优先权，而站在该论点对面的人则一定认为，意识形态和权力是主要因素，因为它既是人类行动的动力，又是社会身份的来源。无论是个人还是群体，他们都是由一定的历史文化和意识形态所塑造着的决策者

第八章　变化的秩序

或行动者。事实上，能够说明唯物主义观点正确的例子有很多，如中国历朝历代的农民起义、罗马帝国的早期扩张以及第一次世界大战和第二次世界大战等，其中导致社会秩序变化的无一不是利益的冲突。同样，与之对立的观点也有许多的历史事实可以佐证。比如，公元前600年，印度的婆罗门教义就能够使刹帝利和吠舍（武士和商人）甘愿臣服于婆罗门，他们不仅向后者提供土地和经济资源，而且心甘情愿让后者控制自己个人生活的隐私，说明宗教是行为和变化的动力。中国在经历了三国、西晋、南北朝300多年的分裂分治之后，最终又在隋朝再次统一，说明了中华民族大一统思想文化的深刻影响。同样，18世纪的法国大革命也是资产阶级意识形态的历史性胜利。

毫无疑问，上述两种观点都是正确的，它们不过是人类的自然属性与社会属性所表现出的两个方面。社会条件不同，导致社会秩序发展变化的源头不同，有时是前者，有时则是后者，两个方面的统一决定着社会秩序发展变化的规律，这就是上述两种情形所具有的意义。当社会秩序处于"由治到乱"的过程中，利益就是影响社会秩序变化的主要动因，如利益冲突、分配不均、贫富分化、经济凋敝、阶级贫困以及政治腐败等，因此任何一个无能、腐败的政府都是一切社会秩序紊乱、崩溃的开始。这也就是历史上的封建王朝在它的末年都会面临农民起义的政治原因。而当社会秩序处于"由乱到治"的过程中，权力和意识形态就成为塑造社会秩序的主要因素，如社会陷入动乱、战乱、社会革命、国家分裂以及面临来自外部的政治、经济和意识形态渗透等。在诸如此类的社会背景下，只有那些能够以符合历史潮流的意识形态为号角，团结起绝大多数人民的政党或政府，才能领导全社会完成由乱到治的历史使命，与之相应所形成的权力（权力体系）才能得到人民的认可，这就是人类社会政治进步的过程。

其实，在利益群体和利益集团的现实背景下，人类社会政治发展的基本任务都是建立和维护稳定的社会秩序。但正是因为利益的原因，人类的社会秩序又是在不断地变化的。首先，是利益格局的变化。随着时间的推移，社会政治、经济、文化的不断发展，以及国内外局势的变化，会产生新的社会群体和利益集团。当现有的社会秩序无法满足他们日益强烈的要求时，就会出现对现有秩序的挑战，即一旦"新的社会群体"崛起以及形成了新的政治诉求，而现有的社会秩序又不能适应这种利益格局的变化，旧的秩序就会面临越来越多的挑战。最终的结果就只能是破旧立新，就会出现一个由旧秩序向新秩序发展的过渡阶段。这时面临的矛盾和挑战若得不到正确的处置，接踵而至的就是无序、混乱和暴力的产生，旧的社会秩序就会成为众矢之的。其次，是人类认知的局限性。人类在自身的实践活动中，基于其对社会关系和生存需求的认知，既有遵循制度和规则的理性，也有安于现状的非理性。前者通常建立在"科学"的基础上，后者则大多建立在生存"信仰"的基础上，科学理论有局限是常识，而信仰又往往存在盲目性。也就是说，所谓"正确"总是相对的甚至有可能是错误的，盲目的信仰则往往导

第八章　变化的秩序

致僵化的教条，以至于信仰越坚定，可能出现的不良后果就越明显，因此主观与客观的矛盾也是导致人类社会秩序变化的诱因。最后，是人类社会制度上的缺陷。新的利益群体和利益集团的出现，必然会挑战现有秩序，但制度总是在旧的政治平衡上建立起来的。这是它在应对新环境时存在的先天缺陷，原有的利益群体和利益集团在面对新的群体崛起时，也必然会想办法采取保卫现状的行动。他们可能使用既有的信息和资源进行对抗，也可能在规则上作出有利于自己的操纵，而这一切都将或早或晚地使社会秩序演变到更加不稳定的局面。

总而言之，人类社会秩序一直都处在发展变化之中，或快或慢，或近或远。只要这种变化超出了一定的限度，旧的秩序就要向着新的秩序演变。这是迄今为止任何社会都无法逃脱的铁律，它让人类社会遵循着由治到乱再由乱到治的螺旋式进步的历史过程。一些西方学者自诩"资本主义制度"是历史终结的论断，不过是自欺欺人罢了。

目前，世界上现存的社会制度主要有三种类型，一是王权（部落）制度，二是资本主义制度，三是社会主义制度。它们中的任何一种制度都存在着不完善之处，面临各自不同的挑战。就以目前在全球占比最高的资本主义制度而言，它也并不是西方人所吹嘘的那样美妙，选票支撑下的民主政治并不是治国的灵丹妙药。比如，目前"英国脱欧"问题就是由英国的"民主政治"所带来的，它正在把英国拖向一个危险的方向。2016 年，英国 3000 多万选民被政客们忽悠着用选票去决定英国是否"脱

冲突与未来

欧"的时候，政客们并没给他们讲清楚英国脱欧可能面临的严重后果，而且极有可能连他们自己也没有经过认真的思考。当脱欧进程走到预定的时限时，英国人才突然发现，"脱欧决定"正在让英国进退两难，因为实现脱欧就将使英国的领土主权面临破坏，也就是那一片英国绝不可能割舍，却又不得不小心维护的"北爱尔兰"未来的处境。数百年前，爱尔兰被英国吞并，直到1949年才重获独立，但这时的英国在北爱尔兰地区的殖民和同化早已"根深蒂固"，于是北爱尔兰就继续留下，成为英国的领土。北爱尔兰有一批渴望民族统一的人在抗击英国的"殖民"，直到20世纪90年代，恐怖袭击仍然不断，造成了大量的人员伤亡和财产损失。经过不懈的努力，英国和爱尔兰于1998年签订了一项和平协议[1]，暴力冲突得以终止。当年这项协议中有一个极为重要的内容，就是拆除英国设立在爱尔兰和北爱尔兰之间的军事检查站，即将边境"去军事化"。同样重要的是，由于当时英国和爱尔兰都已经加入欧盟，处在同一个海关体系和欧洲"单一市场"体系之下，人员、商品、服务和资本都可以自由流动，大家都开始以"欧洲人"自居，这也进一步令北爱尔兰的民族主义者失去了通过暴力袭击寻求与爱尔兰统一的动机。2016年，被民粹主义冲昏头脑的英国人却忘掉了这一点，直到他们被糊涂的政客们糊里糊涂地拖到投票站去履行他们的民主权利。投票结果出来后，人们才意识到一旦脱欧，北爱尔

---

[1]《贝尔法斯特协议》中，取消硬边界是该协议的重要成果之一，它终结了持续数十年的教派冲突，同时还维护了无摩擦贸易。

兰和仍然是欧盟成员的爱尔兰之间又要重新设立海关和移民入境处这些主权设施，结果将冲击现有的社会秩序。双方都难以接受，因为英国若要维护主权，这些设施就是必要的，但必定会遭到爱尔兰人的反对，而要按照欧盟的要求保持北爱尔兰与爱尔兰之间的现状不变，英国人又断难接受。结果是，要么英国人放弃一部分主权，要么历史再回到从前，使消失了的爱尔兰民族主义重出"江湖"，暴力问题很可能又会"死灰复燃"，因为英国脱欧与维护北爱尔兰的和平是根本相悖的两个政治选择。2018年到2019年，英国政治家们正在为他们的"民主政治"所带来的苦果不知所措。因为脱欧走到今天，英国社会已经分裂，并将引发社会、经济、政治和外交领域的不稳定，也会引发伦敦金融市场的动荡和欧洲的动荡，从而进一步加大欧洲的东西鸿沟和南北分歧。

美国的资本主义制度最具代表性，但其存在的问题也最突出，2008年的全球性金融危机，美国就是罪魁祸首，充分反映了资本贪婪的本性。其原因就在于，在资本主义制度下，以国际银行家为代表的金融体系，原本应该是为国家经济和资本家服务的，但现实恰好相反，他们把自己的利益看得高于一切，使国家的经济命脉和资本家成为金融寡头统治的对象。1978年6月15日，美国参议院政府事务委员会发布的一份关于银行家们控制主要公司的报告中说，在美国130家最主要公司里，银行家们拥有470个董事席位，平均每个主要公司里有3.6个董事席位属于银行家。其中，花旗银行控制了97个董事席位，JP

冲突与未来

摩根公司控制了99个，汉华银行控制了96个，大通银行控制了89个，汉诺威银行控制了89个。[①]这使国际银行家们处于一个极为有利的地位，即无论一个国家经济发展得好坏与否，只要他们有机会参与其中，他们都是获利者。他们以庞大的金融资本为手段，可以在一国或一个地区甚至全球范围内，人为地制造通胀和紧缩。尤其是20世纪80年代以来，他们设计出了各种金融衍生工具，不择手段地在全球巧取豪夺，利用这些手段，不仅可以诱发经济危机，也可以制造政治危机。这就是资本主义制度中最不堪的一面。因此，可以断定的是，2008年的全球性金融危机不是资本主义社会的第一次，也不会是最后一次。如果国际社会没有足够有效的措施加以防范，更为严重的危机将会在未来的某一时刻等待着我们，产生更大、更具破坏性的后果。当然，王权（部落）制度和苏联的苏维埃社会主义制度也有着其固有的问题。前者是封建社会的遗存，经过现代思想的修补，它的制度仍然是专制主义的，它落后的一面早已被历史所证明。后者则是20世纪初才出现的新制度，它脱胎于资产阶级革命理论与实践成果的基础，本质上是人类意识形态进步的体现，但20世纪80年代末90年代初东欧剧变和苏联解体的事实说明了这一制度的不完善。它所存在的问题已经导致了21世纪国际战略格局的重大变化。

因此，人类社会秩序的演变不会停止，而且随着利益、权

[①] 宋鸿兵：《货币战争》，中信出版社2007年版，第78页。

第八章　变化的秩序

力和意识形态的进一步多元化,以及国家之间、地区之间与国际关系的日趋紧密,社会秩序变化的脚步还将进一步加快。首先,20世纪90年代的东欧剧变和苏联解体,不仅改变了这些国家的制度,也改变了整个国际社会的秩序,世界战略格局随之大变。开始是美国一家独大的单极格局,进入21世纪之后又很快发展为以美国为主的多极格局,其中俄罗斯的复兴、新兴国家的崛起以及欧洲的一体化进程等,奠定了世界多极化的政治基础。其次,世界上的大多数国家相继推行社会改革,利益格局发生了质的变化,先是中国的"改革开放",紧随其后的是非洲国家的社会变革,以及越南、古巴等国的经济改革等,其中中国不仅是吹响改革号角最早的国家,也是发展最快、社会变革最为深刻、对国际秩序影响最为深远的国家。比如,中国改革开放元年(1978年)人均国内生产总值(GDP)只有小几百美元;到了2018年,只经历了短短的40年,中国社会就发生了翻天覆地的变化,这一年的人均GDP接近1万美元,中国已经成为世界第二大经济体,近些年对世界经济增长的贡献超过了30%。因此无论是从国内利益格局的变化,还是从对全球政治经济秩序的影响力来说,中国社会的变化已经具有了世界性的意义,结果导致了地区和大国关系发生深刻的变化。最后,"颜色革命"和战争相互交织。"两极格局"解体后,美国加紧在全球的地缘战略争夺和意识形态竞争,主要是两手策略:一是对外煽动"颜色革命",使某些国家彻底倒向西方;二是直接以战争手段更替目标国家的政权,并向其输出西方的价值观和社会制度。前者如 2003 年格鲁吉亚发生的"玫瑰革命"、2004年乌克兰发生的"橙色革命"、2005 年吉尔吉斯斯坦的"郁金香革命"、2010 年突尼斯发生的"茉莉花革命"等，后者则包括海湾战争、科索沃战争、阿富汗战争、伊拉克战争以及利比亚和叙利亚战争等。这一切都不过发生在 1990 年到 2011 年的 20 年间，这些战争要么还在继续，要么所产生的破坏性后果至今仍然存在。而且，无论是"颜色革命"还是战争，它们都体现了意识形态和利益的激烈冲突。它们的共同作用，导致了近 30 年中东、北非、中亚和西亚地区秩序的急剧变化，对欧亚大陆的和平稳定造成了灾难性的后果，对当前国际秩序的发展变化产生了难以估量的影响。这两个方面还为国际恐怖主义的发展提供了滋生的土壤，也使当代国际冲突更具复杂性和不确定性。

毫无疑问，21 世纪上半叶注定是一个风云激荡的时代，旧的秩序走向瓦解，而新的秩序也已在母腹中酝酿。时代的变与不变正处在角力之中，并在不断滋生着人们对国际秩序变化的焦虑。正如当前各国精英们对世界经济金融走向、全球民粹主义蔓延、地球气候变化、全球治理机制瘫痪、中美贸易摩擦后果的担心，以及各国在全球化与反全球化中的政治选择等，几乎到处是分歧。特朗普自 2017 年就任美国总统以来，对朝鲜、墨西哥、伊朗、中导条约、全球贸易关系以及对 WTO 等政策的变化无常等，无不反映了全球性冲突大规模爆发前的暗流涌动。在地缘政治风险上升和世界经济下行的大背景下，经济冲突将与社会冲突迭起，传统国际秩序的失衡与新国际秩序的不确定性,将使得"混乱和无序"成为未来相当长的一个时期世界的常态。

因此,我们所处的世界正处在一个非常严峻的时期。在政治领域,看看叙利亚、乌克兰、伊朗、中东以及近期出现的委内瑞拉局势就会明白,世界上几乎任何地方的动乱都涉及美国和俄罗斯,它们或者在台前直接对抗,或者在幕后操控。在经济领域,美国在全球发起贸易摩擦,与中国形成水火不容之势,波及世界上的主要经济体,已经把世界经济拖入整体下行的风险之中。在意识形态领域,美中对抗的趋势愈演愈烈,美国的精英阶层公开把中国列为美国面临的最大威胁,甚至提出了要构建类似北约的"太平洋联盟",不惜以战争相威胁遏制中国发展。而且,大国之间时不时的战略误判,也在对这一复杂的局势产生着推波助澜的作用。比如,在苏联解体之后和2014年俄罗斯收回克里米亚事件发生之前,西方就曾普遍认为俄罗斯将采纳基于西方规则的秩序,以为某种历史性的演变将席卷欧亚大陆。北约东扩威胁到了俄罗斯的核心利益,遭到了俄罗斯的强烈反对。克里米亚也是戏剧性、快速地重返俄罗斯的怀抱,其所产生的战略性后果,至今仍对欧亚大陆秩序产生着深刻影响,导致了西方制裁俄罗斯,而俄罗斯则针锋相对。再看看欧洲,"冷战"结束后,欧洲国家的政治发展处在了观望不定的阶段,领导人一心想着避免麻烦和争取选票,既害怕和美国的关系太近,更害怕一个没有美国的世界。对其他一些中小国家来说,它们既想安心过日子,又不得不跟随历史潮流作选择,有时候左右为难，就不得不说一套做一套，脚踩两只船。从当前的世界形势来看，我们正处在一个由旧秩序向新秩序转变的过渡阶段，但国际秩序是否能继续发展进步，不仅取决于大国，也取决于中小国家的战略选择，更取决于人类是否有一个全新的意识形态。因为对于人类社会秩序而言，只有旧的观念、科学技术的快速进步和更聪明的政策制度是远远不够的。

在这样的背景下，没有一个国家不面临改革或社会变革的压力，而且改革的难度越来越大，政治冲突越来越明显。2018年以后，改革的环境在发生质的变化，世界开始出现与过去30年完全不同的复杂局面。

首先，是美国对现有国际秩序逐渐失去信心。现有秩序难以为继，出现了要打破和改革现有国际秩序的民粹主义呼声，原因主要是美国面临着两大困境。一是出乎美国的意料之外，新兴国家快速崛起，一定程度上对美国利益构成了挑战。美国人觉得现有秩序不仅没有达成改造、弱化或瓦解对手的目的，反而损害了美国利益。二是美国与盟友之间的合作越来越缺乏凝聚力，相互之间的信任在降低。北约就是一个明显的例子。美国指责英国、法国和德国，只能在最低程度上协助防卫北约，是在长期占美国的便宜，使共同防务成为美国的负担。加之他们对地区和国际问题的看法不统一、英国脱欧以及民族主义和反自由主义在欧洲各国的兴起，正在撕裂着美国与盟友的关系。前者威胁到了美国的霸权，后者则侵蚀着美国的信心，两者的相互作用似乎昭示着历史的变化。这就是特朗普就任美国总统以来面临的国际形势,而他的所作所为正暗合了一个新时代来临的迹象。"退约""撕毁协议""攻击盟友""指责现有国际秩序"以及在国际上采取各种"对抗措施"等行为,就成为特朗普总统标新立异的"特殊符号"。基辛格指出:"我认为特朗普可能是历史上不时出现的那些标志着一个时代的结束并迫使一个时代抛弃旧有伪装的人物之一。这并不意味着他明白这一点,也不意味着他正在考虑任何合适的替代方案。这恐怕只是一个意外。"①显然,美国改变国际秩序的企图将进一步加剧世界的"混乱和无序",为当前世界各国正在进行的改革蒙上了一层阴影。

其次,对于大多数发展中国家来说,国情千差万别,改革的方向到底在何方,没有明确的答案。1989年东欧剧变,随后是超级大国苏联的解体,第二次世界大战后建立起来的社会主义阵营遭遇挫折,西方奉行的价值观念和资本主义意识形态好似获得了胜利,抛弃社会主义制度成为当时绝大多数国家的政治选择。除了东欧国家和苏联的政治转向,非洲大陆上的大多数国家也随之向右转,剩下不多的几个社会主义国家也只能苦苦支撑,熬过了一段非常困难的时期。所幸的是,中国从1978年就开始改革开放,不仅赢得了改革体制的时间,也创造了中国特色社会主义的非凡奇迹,为世界树立了"中国模式和中国道路"的成功经验。反观资本主义社会,它辉煌的历史让人们记忆犹新,尤其是在过去的几百年里,引领了人类社会的民主、

---

① [美]基辛格:《世界处于非常严峻的时期》,2018年7月25日《参考消息》第10版。

自由和人权革命，创造了人类社会前所未有的政治、经济和科技进步。它在 18 世纪战胜了封建主义之后，又在 20 世纪末取得了一次对社会主义的阶段性胜利。伴随着社会主义阵营的衰微，他们以为资本主义制度将是人类社会历史的终结。事实恰好相反，美国发动的战争不得人心，政治信用透支，而 2008 年的金融危机也让美国的制度性缺陷再一次暴露在世人面前。事实上，资本主义制度的弊端丛生本不是秘密，它只不过是一方面不断经受着历史的批判，另一方面又在不断地改良。资本主义的本质缺陷是无法彻底根除的。资本主义的伦理基础是个人主义，经济上是唯利是图，政治上是资本家的利益至上，因而集团利益斗争是资本主义制度下最常见的政治现象。当经济发展好时，这种斗争还会顾及体面；当经济发展不好、利益争端激烈时，往往就会凶相毕露，惨烈的第一次世界大战和第二次世界大战就是证明。

在今天的世界，人们越来越深切地感受到，各国改革所面临的环境日趋复杂化，稳定的目标参照系正在瓦解，"道路"和"模式"不再是一个单一的答案，即任何国家的改革必须符合自己的国情实际。那种简单地照搬美国模式的改革方式在 21 世纪是注定不会成功的。同样，对社会主义模式的改革也绝不会一帆风顺。

随着美国霸权的衰落和全球领导力的削弱，世界秩序将由大治向大乱转变，国际秩序的中心将由西方向东方转移，正如 2017 年慕尼黑安全会议在其年度报告《后真相，后西方，后秩

第八章 变化的秩序

序》中所指出的：西方主导的世界秩序可能正走向终结，非西方国家开始构建世界事务新框架。美国人认为，全球化最终损害了美国的利益，不仅实体经济遭到削弱，就业岗位也大量向海外流失，2019年债务规模达到了22.6万亿美元的历史新高，俄罗斯的复兴和中国的发展已经威胁到了美国的霸权地位。欧洲认为，受美国的欧亚扩张政策的冲击，在欧元危机、难（移）民危机、英国脱欧、接二连三的恐怖袭击事件、各国民粹主义抬头等因素的叠加下，欧洲社会出现的反主流、反建制的民粹主义势力，日益成为影响各国内政的重大隐忧，欧洲在政治、经济和意识形态上的统一趋势正在倒退。亚洲的广大地区尤其是东亚和南亚地区，政治、经济关系日趋紧密，正在逐渐形成以中国为核心的经济自由贸易区，新的东亚和南亚秩序正处在抛弃旧怨走向新途的过程中。南海局势和台海局势虽然风险犹存，但随着中国的发展，日益得到有效的控制。在广大的非洲和拉美地区，美国制度的影响力正在消退，"冷战"结束后一边倒的崇美趋势在悄悄地发生变化。输入性的民主制度并没有给这些国家带来他们所期望的福音，有些国家还面临着改革是半途而废还是重起炉灶的问题。

当然，国际新秩序的形成是一个由量变到质变的过程，这是由各国的政治、经济和军事影响的综合效应决定的。在开始的量变阶段，最明显的症候是利益冲突增多、涉及的范围不断扩大、大国间的合作变得越来越困难。由于利益冲突总是有调和、妥协的余地，协商、谈判和改革就成为这一时期寻求突破

冲突与未来

的主要渠道。当协商、谈判不成时，就只有通过改革的方式消弭冲突，如通过调整改革政策、制度、规则和利益格局等，其基本要求是所有冲突方都需各让一步，避免把国内政治强加于他国。但是，改革的要求一旦上升到政治层面，冲突的性质就会发生改变，就会成为你死我活的斗争，所引发的冲突将远大于利益冲突对现有国际秩序的破坏。比如，当前美国与世界各主要经济体之间的贸易争端，就已经开始夹杂着政治的因素，美国现政府公开的战略企图就是要遏制复兴中的俄罗斯和日益崛起的中国，并尽可能地打压欧洲，因而把改革现有国际秩序放在了首位。但问题是自从第二次世界大战后，美国已经不习惯于进行"自我革命"，而总是运用强权政治改造世界，逼别国就范，以符合不断巩固和扩大美国利益的需要。这一招在过去的近三十年里屡试不爽，在美国人的政治字典里就只剩下了"唯我独尊"的把戏，特朗普政府的"美国优先"主张就是这一现象的体现。美国眼里的改革就是政治强权的代名词，其政策一旦失控，后果不堪设想。

总而言之，在我们所处的这个时代，国家间的利益冲突将又一次上升为政治上的冲突。美国已经在很大程度上重新采取"冷战"时期的姿态，煽动一些国家对另一些国家的敌意，人为地制造和扩大价值观念上的冲突，加上其他激发民族矛盾、分离主义和宗教极端主义等现实问题的存在，导致大国间爆发极端冲突的可能性在上升，战争与和平已经成为当代紧迫而重大的战略课题。

第九章　战争与和平

战争与和平是一对孪生兄弟,有战争就有和平,有和平也就有战争。它们相互对立,也相互统一,以至于在历朝历代的朝堂上,只要面临着国家(民族或政治集团)间的冲突,就形成经典的两派,即主战派和主和派,意味着既有主战的理由,也有主和的理由。它们之间的区别就在于各种战略上的权衡,通常涉及四面八方、国内国外等诸多政治、经济、军事、文化和宗教等因素。由于这些因素的现实性、历史性和复杂性相互交织,无论是战争还是和平,都是一定时期人类社会各种因素综合影响的"总和",是一种客观存在的政治现象。

在原始社会时期,文明还处在萌芽阶段,人类的活动范围极为有限,生产工具简单。发展到五六千年前,北非和亚洲的大河流域出现了世界上最早的城市和王国,有了国王、统治者以及财富与权力的不平等,不同地区之间的差别也日益明显,战争日渐成为普遍的社会现象,武力是一个王国(民族、部落)

掠取另一个王国（民族、部落）的财富最有效的手段。更为重要的是，对一个王国（民族、部落）而言，最具凝聚力的事莫过于为了共同的利益团结一致对抗共同的敌人。由于当时人类思维能力的限制和巫术的盛行，敌人的真假其实并不重要，因为当把所有的注意力都集中到外敌威胁上时，统治者（国王、酋长）就更容易在王国（民族、部落）内部获得民心。因此，当时的近邻之间为了掠夺财富，不断发生冲突（战争），互相征服，频繁战斗。确定战争与和平的条件十分简单，通常都是因利而起，也因利而止。一些王国（民族、部落）就是通过不断发动对邻国的战争发展壮大了起来，势力范围越来越大，而另一些王国（民族、部落）则随之消亡，战争与和平之间的转换具有随意性。若以今天的眼光来看，那个时代的战争无拘无束，是一个个独立的事件，很少受战争双方以外因素的影响；和平则几乎是人们生存方式中的"自然现象"，就如同人们生产活动之间的间隙。这一时期，人类的战争与和平通常都局限在不同的王国（民族、部落）之间，冲突（战争）之间互不相干，此处的和平也与彼处的和平互不相干，因而人们大多更容易选择冲突（战争）。

到了奴隶制社会，原始社会的氏族残余逐渐衰亡，国家开始形成，而且随着青铜冶铸发展到一定的水平，生产力得到了快速发展，也推动了手工业生产的进步。伴随着财富的快速积累，王权专制制度不断得到强化，战争得以升级，其中武器装备经历了由木石兵器到铜石兵器再到青铜兵器的过程，战争的规模和破坏性与日俱增,扩张统治区域的兼并战争风起云涌,争夺霸权成为当时决定战争与和平的主要因素。比如,春秋战国时期(前770—前221年),经历了500多年的兼并争霸战争,最终是西部边陲的秦国成为这一时期最后的霸主,并以秦始皇扫平六国为标志,建立起了一个大一统的秦帝国。同时代的地中海地区也大抵相似。先后经历了希腊城邦争霸的伯罗奔尼撒战争和马其顿王国的崛起,但最后是由意大利半岛中部的小型城邦国家罗马征服了意大利地区、打败了迦太基以及由亚历山大大帝的继承人所统治的王国,最终将东西方诸民族囊括在罗马的统治之下。罗马成为地中海地区最后的霸主,由此建立起了一个疆域广阔的罗马帝国。这个时代的战争与和平不再是一个个独立的事件,因为任何霸权国家都是以天下为敌,需要战胜所有的敌人,才能获得最终的胜利。这样的局面决定了战争与和平的复杂性,即任何一个国家(王国)要达成兼并争霸的目的,不仅要经历频繁和长期战争的过程,又必须在政治、经济和军事上进行周密的计划,需要制定正确的策略、各个击破,因而战争与和平既出于霸权国家的主观意志,是其战略选择的结果,也是一个与所有国家都密切相关的历史过程。它们成为一种既相互区别又相互统一的政治现象,战争与和平的选择开始变得复杂化。

比如,秦统一中国的过程就是一场历史大剧。当时秦国对战争与和平的选择,涉及了当时所有的诸侯国,尤其是统一前的最后一百年,其间的策略运用更是取得最后胜利的关键。首

冲突与未来

先，秦惠王于公元前 316 年采纳司马错伐蜀的主张，相继灭了蜀国、苴国和巴国。这一战略选择有利于秦国扩大战略纵深，解除来自后方的掣肘，对于秦国的富国强兵产生了极为积极的影响，为支撑长期而频繁的兼并战争提供了广阔的战略空间和强大的物质基础，否则要削平六国是不可能的。其次，是诱楚背齐，合力削弱楚国。秦国运用计谋（假以国土相赠）让楚与齐绝交，使齐迅速转向与秦交好，达成离间楚齐的目的，致楚怀王怒火向秦。前 312 年，楚发兵攻秦，两军大战于丹阳（今陕西商县东南及河南内乡西北之丹水以北地区），秦军斩楚军八万余人。楚军又征发全国之兵再次攻秦，又被秦军大败于蓝田（今陕西蓝田西）。这时韩、魏两国乘楚军大败也联兵攻楚至邓（今河南漯河市东南），最后迫使楚割两城与秦讲和。再次，秦借合纵之力摧毁齐国。公元前 318 年，燕国因王位之争发生内乱，齐国认为有机可乘，决定干涉燕国内政。前 315 年，燕国内乱演变为内战，齐国乘机出兵攻燕，不到两个月就占领了燕国全境，但这马上引起了其他诸侯国尤其是赵国的强烈反对。面对各种压力，齐国只好撤出燕国。齐国的举动却刺激了各诸侯国的安全神经，各国出于自保，开始纷纷反齐，争相合纵，与燕国共谋伐齐。对秦国来说，借天下合纵之力摧毁一个强大的敌手齐国更是千载难逢的好机会，于是秦国便乘机以盟主的身份正式出面合纵攻齐。公元前 284 年，燕昭王起倾国之兵，以乐毅为将军，统率燕、秦、赵、韩、魏五国之师攻齐。齐国主力与五国合纵联军大战于济水之西（今山东高唐、聊城一带地区),齐军大败,统帅触子逃亡,下落不明。齐国遭到了前所未有的惨败,实力下降到只能图存而已,这大大推进了秦国兼并天下的历史进程。最后,重创赵国,造成兼并天下的席卷之势。秦国主盟攻齐,夺取了定陶作为魏冉的封地,但秦国并没有动用主力,只是利用燕和三晋的力量摧毁了齐国。当燕、赵等国继续攻齐之时,秦于前280年起连续五年攻楚,夺占了大片土地,逼使楚国迁都于陈(今河南淮阳),然后连续三年东攻韩、魏。前276年白起率兵攻魏,夺取两城,次年魏冉再攻魏至大梁,魏割温(今河南温县西)求和。前274年秦又攻魏,夺取四城。前265年秦国大举攻韩,侵占了少曲(今河南济源东北少水湾曲处)、高平(今河南孟县西),次年秦武安君白起攻占了韩的陉城(今山西曲沃东北)。第三年,白起攻占韩太行山南的南阳,第四年白起又攻取韩国的野王(今河南沁阳),野王降秦。韩桓惠王异常恐惧,献上党郡求和,但上党郡守冯亭不愿献地于秦,却将上党郡十七县转献于赵国,由此诱发了秦、赵长平大战。公元前261年,秦军攻上党,赵军由上党退守长平(今山西高平西北)。由于赵王中了秦国的离间计,撤换了廉颇,改用夸夸其谈的赵括为将,导致长平大败,40万大军被白起坑杀,只放回了老弱幼小240人,用以宣扬秦国的军威。赵国从此元气大伤,再也没有实力与秦抗衡。由于齐、楚、赵三国俱弱,此后仅仅花了40年的时间,秦国便统一了天下。由此可以看出,在春秋战国时期,战争与和平的基本格局已经与上一个时代完全不同,不仅一个地区的战争与另一个地区的战争相关，而且一个地区的和平也与另一个地区的和平有着密切的联系。更为重要的是，战争与和平之间既存在着直接的联系，也存在着间接而普遍的历史逻辑，"唇亡齿寒"就是这一历史逻辑的终极体现。

在经历了漫长的兼并争霸战争后，历史的车轮进入封建社会。由于受人类社会生产力水平和统治方式的局限，大国扩张的势头逐渐达到了极限，即综合实力的增长再也难以满足继续扩张的需要，或者说再也无法满足因扩张而日益增长的政治、经济和军事需求。大国面临的内外挑战越来越多，也越来越大，这使得大国企图不断扩张的权力意志受到了制约，从而逐渐形成了相对稳定的地区秩序，出现了大国与周边众多小国共存的局面，在这一背景下，封建时代的战争与和平就主要与王朝政治、王朝更替或大国（民族或集团）的兴起与衰落有关。比如，在东亚地区，随着中国封建王朝制度的日趋稳定，自汉武帝时期开始，就逐渐形成了以中国为核心的地区政治秩序，并主要体现为"宗藩"关系。据《汉书》卷六《武帝本纪》记载，前121年（元狩二年）秋，"匈奴昆邪王杀休屠王，并将其众合四万余人来降，置五属国以处之"。颜师古注曰："凡言属国者，存其国号而属汉朝，故曰属国。"① 因此"属国"就是当时向大汉王朝归附的边疆民族国家。到汉末时为止，北、西、东三面

---

① 颜师古（581—645年），唐朝初年经学家、训诂学家、历史学家，是研究《汉书》的专家，对两汉以来的经学史十分熟悉，唐太宗继位后，拜中书侍郎，曾随唐太宗征辽东，途中病故。

均有属国，大者领有五六城，小者一二城。其中藩属国的国王继位须经过宗主国册封才算取得合法地位。藩属国需定期向宗主国朝贡，宗主国则负有帮助藩属国应对外部威胁和维护统治秩序的责任。就王朝政治和王朝更替而言，自秦王朝建立至清王朝覆灭，围绕争夺国家统治权的战争几乎伴随了每一个朝代，包括军阀割据战争、民族统一战争和农民起义战争等。只有在一个王朝处于较为强盛的历史阶段，才能保持一个相对稳定的和平局面。相反，当王朝实力削弱、衰落或周边某个国家（民族）强盛起来，并足以改变地区的实力格局时，战争也会如影随形地降临。例如，始于西汉初年的汉匈战争持续了百余年，五代时契丹族的崛起导致后来的宋辽战争持续了25年（979—1004年），后来中国东北的女真族崛起建立金朝又导致宋金战争持续了百余年（1125—1234年）。

同样，一个与中国秦王朝同时代出现的罗马帝国，更是把扩张的极限、内战和被外部力量摧毁的历史过程演绎得淋漓尽致，完整地阐释了从奴隶制社会末期到封建社会没落这样一个漫长时代的战争与和平问题。

罗马帝国是从意大利中部一个小型的城邦国家发展起来的，初期面对周边残酷竞争的生存环境，冲突与战争是家常便饭。它通过元老院的集体领导和执政官的民选制度，以及对个人任职履历和战功的重视，激发出了罗马公民对军功和军事荣誉的追求，从而奠定了罗马共和国时期军事立国的基础。这一时期战争频繁，极大地推动了罗马共和国早期的扩张，但大规模的

冲突与未来

征服战争所带来的巨额财富大多数都落入了贵族和高级军官的腰包，以至于罗马权力的扩张既导致了奴隶数量的剧增，又使得社会贫富分化加剧。更为重要的是，军事将领的政治影响力急剧上升，发展到共和国晚期时，他们在罗马社会和政治领域发挥着越来越重要的作用，军阀开始登上罗马的政治舞台，相继出现了马略、苏拉、克拉苏、庞培以及恺撒等军阀势力。他们垄断执政官权力直至独裁，而元老院的集体权威则被大大地削弱，内战和奴隶起义相继出现，最后是庞培和恺撒之间的军事冲突把罗马世界分裂为两大阵营。两个军阀之间的战争决定了罗马共和国灭亡的命运，后者最终击败前者成为罗马共和国的独裁者。前44年，恺撒宣称将终身担任独裁官一职，高级官员的遴选不再通过选举，而是由恺撒任命，这标志着罗马共和国的终结。前44年3月15日，恺撒被刺身亡，又导致了一场新的内战，先是恺撒的副将安东尼和其继承人屋大维为报复恺撒之死而在罗马上演了残酷的杀戮，紧接着就是"后三头"（屋大维、安东尼和雷必达）之间的内战。罗马再一次分裂，内战的结局是屋大维成了罗马世界的统治者。前27年，他取号"奥古斯都"（皇帝），标志着罗马进入帝国时代。伴随着共和国制度的衰败和权力的私有化，罗马帝国的扩张动力也在不断消退，在其行省之外逐渐形成了类似于中国历代王朝的"附属国"的地区政治秩序。如在向东扩张中，庞培在前63年赢得了对本都国王米特拉达梯的战争后，对罗马在东方的领地进行了重新规划，"沿海地区的本都、比提尼亚、奇里乞亚和叙利亚成为罗马

第九章　战争与和平

行省。在这些行省之外的疆域则由认可罗马霸权的依附国施行统治，其中包括犹大和亚美尼亚。尤其是亚美尼亚充当了罗马和公元前1世纪崛起的劲敌——帕提亚帝国之间的一个重要缓冲带①。而向西的扩张，也因将领瓦鲁斯在公元9年镇压日耳曼人的条顿堡森林战役中全军覆灭而停止，随后的百余年是罗马帝国难得的一个和平稳定时期。事实上，罗马帝国的扩张势头在图拉真②时代达到了历史的顶点，此后就在不断增多的内忧外患中开始了衰落的历史过程，内战、军阀割据、奴隶（隶农）起义与"蛮族"入侵相互交织，最终酿成了"三世纪危机"。这是"一场不可自救、无法逆转的危机，使罗马社会经济全面崩溃。古典时代繁荣的商品经济彻底瓦解，城市破败，商业凋敝，农村赤贫化，土地荒芜，人口锐减。同时整个罗马帝国政治剧烈动荡，帝国将军自立为帝，军阀混战，内乱不断，武装割据"③。再往后，罗马帝国分裂为东西两部分，其中西罗马帝国在内部危机和外部日耳曼诸民族入侵的双重打击下迅速衰落，并于476年灭亡，许多入侵的"蛮族"在西罗马帝国的领土上先后建立了10个王国。东罗马帝国也只能在危机中苦苦挣扎，在它此后存在的1100年里，每当它试图开展对外征服战争时，接下来都会陷入一阵大的衰退，政治、经济和军事实力再也无法支撑其

---

① [英]戴维·格温：《罗马共和国》，王忠孝译，译林出版社2018年版，第115页。
② 图拉真（53—117年），罗马帝国皇帝，98年至117年在位，由于其功绩卓著，获得了罗马元老院赠予的"最佳元首"称号。
③ 陈志强：《拜占庭帝国史》，商务印书馆2017年版，第53页。

冲突与未来

盲目扩张的企图,因而在大多数情况下,东罗马帝国在战略上已经完全陷入守势,甚至要靠贿赂敌国来避免战争。而从查士丁尼(东罗马皇帝,527—565年在位)去世后,后来的东罗马帝国继承人已经难以对付来自边境外的入侵,拜占庭帝国[1]的东部劲敌波斯军队恢复了对拜占庭人的攻势,从东面侵入帝国的亚洲领土,先后攻占了东部重镇叙利亚、大马士革、耶路撒冷等城,兵临博斯普鲁斯海峡。新兴的阿瓦尔人和斯拉夫人则从北面多瑙河一线大举南侵帝国腹地和希腊地区,形成了对首都君士坦丁堡直接的陆上威胁。在西班牙,西哥特人对帝国属地全面进攻,拜占庭军队鞭长莫及,只能听凭西哥特人为所欲为,最终丧失了其最西部的领土。在意大利,伦巴底人乘东哥特人的再度反叛之机,袭击帝国军队,迫使拜占庭帝国势力龟缩于拉文纳城内。远在北非的柏柏尔人也频繁打击拜占庭军队,使得这支曾经横扫非洲、不可一世的军队只有招架之功[2]。也就是说,这时的东罗马帝国在东、北、西三面已是危机重重,而到了7世纪阿拉伯人崛起后,南部边境也变得危机重重。东罗马帝国遭到了更为沉重的打击,阿拉伯人几乎占领了东罗马帝国所有的南部省份,到7世纪中叶,叙利亚、埃及彻底沦为阿拉伯帝国的一部分。此后,被外族彻底削弱的东罗马帝国四分五裂,奄奄一息,其中"6世纪末和7世纪前半期的边疆危机使拜占庭军队遭到一连串的失败,帝国西部军队有三分之二被击溃,东

---

[1] 即东罗马帝国。
[2] 陈志强:《拜占庭帝国史》,商务印书馆2017年版,第144页。

部军事势力有七分之一被摧毁,军队内部的组织系统被破坏"[①]。正是因为经历了这样的历史过程,当奥斯曼帝国崛起后,它对东罗马帝国的战争就如摧枯拉朽一般,除了一些港口城市,其他地方几乎都被奥斯曼帝国占领。1453年5月29日,经过两年的包围,君士坦丁十一世战死,君士坦丁堡陷落,以东罗马帝国的灭亡为标志,存在了一千多年的罗马帝国最终灰飞烟灭,只给这个世界留下了一个曾经的辉煌和一声沉重的叹息。

因此,从前5世纪至15世纪的2000年间,决定战争与和平的因素,主要是王朝(民族、王国)政治以及大国和大国周边力量的兴盛与衰落。早期是争霸扩张战争,选择战争的理由极为简单,一是弱肉强食,二是大国争雄。这几乎被当时所有的城邦、王国和民族奉为政治圭臬,因而在这一时期,战争是国家(城邦、王国或民族)间竞争的主要方式,不仅先进文明的国家(城邦、王国或民族)能够征服落后的国家(城邦、王国或民族),野蛮落后的国家(城邦、王国或民族)也可以依仗武力征服比自己先进的国家(城邦、王国或民族)和地区。这一现象对人类社会的历史产生了深远影响,和平则不过是各个不同时期不同战争活动的间隙,短暂而有限。统治者都依据自己的实力确定对战争与和平的选择,但只要一个国家应对战争的能力下降到不足以自保的程度,和平就失去了稳定的保障。这一局面一直持续到出现大国扩张的极限,在中国是以建立大

[①] 陈志强:《拜占庭帝国史》,商务印书馆2017年版,第159页。

冲突与未来

一统的秦王朝（前 221 年）为标志，西方则是以罗马帝国的分裂（395 年）为标志。此后，相对稳定的地区政治秩序逐渐形成，大国除了要继续面临来自外部的军事威胁，也开始面临日益增多的内部冲突，包括统治阶级之间、统治阶级与被统治阶级之间、主要民族与少数民族之间的各种冲突等，而战争往往是这些冲突产生的必然结果，包括军阀割据战争、农民起义战争、分裂与统一战争以及民族征服战争等。在这一时期，内部战争与对外战争相互交织。其中，对大国而言，当其政治、经济和军事实力衰落到一定程度时，由于不同民族、阶级或政治集团对权力的觊觎，战乱将不请自来，来自外部的入侵也会接踵而至；而对周边国家（民族）而言，如果它们的兴盛正好与大国的衰落同时发生，挑战大国就会成为其崛起的历史机遇，这将促使它们主动选择战争。上述两个方面的相互交织，可能导致三种不同的结局：一是旧的王朝得以存续；二是大国发生王朝更替；三是出现一个全新的大国。无论哪一种情形出现，都会导致地区政治秩序的历史性变迁。因此，相对于过去的争霸扩张时代，战争与和平不再是崇尚武力的直接结果，而是大国政治发展的产物，即只要大国稳定，地区和平就有保障，即使发生战争，也是一种趋于可控的局面；反之，战争就不可避免，甚至会把整个地区都卷入战争的旋涡。

　　中世纪之后，西方社会经历了文艺复兴、宗教改革和启蒙运动，逐渐进入资本主义时代，广大人民开始觉醒，并日益成为影响战争与和平的重要因素。与此同时，自 17 世纪中叶以后，欧洲各国开始了工业革命，英国、法国、俄国、德国、奥地利等先后成为欧洲举足轻重的强国，进而相继爆发了资产阶级革命，受资本主义生产方式的驱动，西方列强之间的冲突由欧洲向全球扩展。其中，英国在全世界范围内获得了面积庞大的殖民地，缔造了日不落大英帝国的神话；俄国则大规模地攫夺欧亚大陆各国的领土，一跃成为世界上领土最多的大国；德国也是近300年欧洲混战的大赢家之一，实现了统一与富强，一时成为英、法两国的劲敌；法国则一直以欧洲的中心和欧洲大陆领导者自居，通过支持美国独立以对抗英国；此时的荷兰、西班牙等国也在忙于向欧洲以外地区进行大规模的殖民地扩张。这就是中世纪之后欧洲战争与和平的历史背景。一方面，在文艺复兴和启蒙运动的深刻影响下，民主、自由、平等观念在欧洲广泛传播，形成了君主立宪与共和制的政治理想，从而决定了中世纪后西方民族国家政治发展的方向，逐渐建立起了民有、民享、民治的共和制政府，为清除过去数千年不断滋生内战的政治土壤（王权以及权力的私有化制度）奠定了基础。另一方面，资本主义生产方式的快速发展，推动着西方国家整体性崛起，形成了列强共存的局面，使得西方各国在争夺殖民地、资源和海外市场等方面的竞争日趋激烈，西方列强之间的矛盾、冲突和战争随之扩展到了亚、非、拉广大地区。因此，从中世纪之后，随着资本主义制度的建立，西方社会的战争与和平问题，开始发生有史以来最为深刻的变化。一是国内战争作为封建主义的政治遗存逐渐消亡，正如我们所看到的，英国自1688

冲突与未来

年"光荣革命"之后，法国自1871年巴黎公社运动之后，以及美国自1861年"南北战争"之后，再也没有爆发过国内战争。二是随着工业革命和科学技术的快速发展，殖民主义战争随之产生，国家与国家之间，尤其是西方列强之间的战争变得更加残酷，而且由于它们都不约而同地向全球扩张，战争日益具有了全球性特征，最终导致了人类有史以来最为惨烈的两次世界大战，其产生的历史影响至今仍难以消除，战争与和平日益成为全球性的政治选择。

不过，从西方资本主义的兴起到20世纪前后的四五百年间，与西方列强的群体性崛起不同，在西方世界以外的地区，尤其是广大的亚、非、拉国家（民族），他们或者成为西方列强的殖民地，或者还处在奴隶制社会或封建社会晚期，或者两者兼而有之，因而既面临着传统的冲突，也面临着来自西方殖民主义者的入侵，以及由这些入侵所产生的反对帝国主义和殖民主义的民族解放运动，从而使得这些地区的战争与和平问题变得更加复杂化。比如，中国从1840年鸦片战争以后，就逐渐沦为一个半殖民地半封建的国家，反殖民战争、国内战争、民族解放战争和革命战争交织，内外压迫与反压迫的斗争形势非常突出，形成了一个独特的革命与战争的时代，推动社会进步与争取民族独立的政治、经济、文化和军事斗争交相辉映。这一局面一直延续到1949年中华人民共和国的成立，前后历时约110年。

1840—1842年的第一次鸦片战争，英国用武力打开了中国的国门，迫使清政府订立了《南京条约》，使中国传统的自然经

第九章　战争与和平

济结构开始解体，领土和主权遭到破坏，资源被掠夺，被动卷入世界资本主义市场。中国传统的政治、经济和思想文化领域遭受了前所未有的冲击，其所支付的巨额战争赔款更是给中国人民带来了沉重的负担[①]。

1851年，在国内封建统治和西方殖民主义侵略的双重压力下，中国广西爆发了太平天国农民起义，起义战争历时10余年，战争席卷了中国的半壁河山，既沉重打击了清王朝的封建统治，也使中国的国力变得更加衰弱。各地民众也纷纷起义，如捻军起义、天地会起义、上海小刀会起义、广东红巾军起义以及西南少数民族起义接踵而起。

而从1854年开始，西方列强乘中国内乱，一再向清政府提出无理的"修约"要求。遭到清政府的拒绝后，又很快爆发了以英法联合出兵进攻、俄美策应支持的第二次鸦片战争。战争从1856年正式开始，打打谈谈，持续到1860年，历时4年。在这场战争中，沙俄乘机吞并了中国东北和西部地区的大片领土，英、法、俄共同迫使清政府签订了《北京条约》，中国丧失了更多的主权。

到了19世纪70、80年代，由于内忧外患的综合影响，边疆危机此起彼伏，列强开始从四面八方觊觎中国。在北方，俄

[①] 鸦片战争的战争费用支出加上赔款，中国付出了9000余万两白银。清政府则用加捐加税和巧立名目之法搜刮百姓，以至于鸦片战争以后10年，赋税增加一倍以上。上行下效，地主也乘机加重对农民的剥削，土地兼并进一步发展，使中国社会陷入持续的动荡之中。

冲突与未来

国强占了中国新疆的伊犁地区,并于 1881 年订立《中俄伊犁条约》。后来清政府虽收回了伊犁,但俄国仍割占中国 7 万多平方千米领土,勒索了一大笔赔款。在东部,日本侵略朝鲜和中国台湾等。在西南和西藏地区,英国不断扩张其势力,强迫清政府签订了《烟台条约》。在中国的南方,法国在侵占越南南部之后,不断向北方的中国边境扩张,挑起了中法战争,两国先后签订《中法简明条约》《中法会订越南条约》等,迫使中国承认了法国对越南的"保护"。法国不仅夺取了越南,而且打开了中国的西南门户,取得了在中国西南地区的特权。

1894 年,更大的危机随着中日甲午战争的爆发扑面而来。由于清军溃败,被迫订立中日《马关条约》,割地、赔款、丧权一应俱全。这是继中英《南京条约》之后,给中国造成危害最大的一项不平等条约,开启了此后列强瓜分中国的狂潮。西方国家竞相在中国争夺各项权益,强占"租借地"。甲午战争后,清王朝的国际地位一落千丈。

1900 年 5 月,英、美、法、德、俄、日、意、奥八国伺机寻找借口,组成"八国联军"大规模入侵中国。联军占领北京后,纵兵大肆屠杀和抢掠,其中从紫禁城、中南海、颐和园中抢掠的珍宝不计其数。清军战败后,中国被迫签订《辛丑条约》,除了各项主权的丧失,还赔款 4.5 亿两白银[1],给当时的国家和人民带来了空前的灾难。

---

[1] 当时中国人口 4.5 亿,以示每人一两。

第九章 战争与和平

1911年，在以孙中山为代表的革命党人的领导下，中国人民通过辛亥革命推翻了清王朝，结束了中国两千多年的封建帝制时代，但革命的成果迅即被袁世凯窃取，以后又形成了以袁世凯为代表的大地主、大资产阶级与清朝的帝制复辟势力以及民族资产阶级之间错综复杂的斗争，中国因此又陷入了数十年军阀割据的混乱局面。这一时期的中国大地上战火不断，生灵涂炭，但中国人民的苦难并没有到此结束。

1931年9月18日，日本在中国东北制造事端，乘机侵占中国东北三省。以1937年7月7日"卢沟桥事变"为标志，日本发动了全面侵华战争，企图灭亡中国，迫使中国人民开始了艰苦卓绝的抗日救亡运动，战火几乎遍及全中国。直到取得抗日战争的胜利，中国近一百年来国势衰落的趋势才得以逆转，最终通过由中国共产党领导的人民革命战争推翻了国民党反动统治，建立了一个崭新的人民共和国，中国社会进入一个全新的时代。

显然，中国自鸦片战争以来的一百多年里，帝国主义的侵略和封建主义的落后导致内外冲突相互交织，使中国积贫积弱到了极点。它们让中国社会长期陷入掠夺性战争的恶性循环，外敌不断，内乱不绝，卖国者猖獗，强加给中国人民的战争接二连三，和平则成为难以实现的奢望。

同样，亚洲的其他地区以及非洲和南美洲的许多国家，由于社会发展远远地落后于西方资本主义社会，在15世纪末地理大发现之后的四五百年里，都有着同中国人民一样悲惨的历史。

冲突与未来

这些国家大多战乱频繁，受压迫、受奴役的历史更长。比如，非洲的坦桑尼亚就是一个深受殖民主义戕害的国度，饱受西方列强的奴役。

14世纪末，坦桑尼亚地区早期建立的桑给帝国开始衰落。1497年葡萄牙的一个船队在前往印度洋的途中，发现东非沿海城邦贸易兴隆。为了建立殖民中转站和扩大殖民贸易，葡萄牙决心控制东非沿海地区。1502年，葡萄牙派出8艘军舰直接驶入并控制基尔瓦港（位于桑给巴尔岛）。1503年，包括温古贾和奔巴岛在内的东非沿海各重要港口悉数落入葡萄牙人之手，桑给巴尔人民为此进行了英勇顽强的抵抗，但最终在西方的船坚炮利面前被迫臣服。葡萄牙开启了在桑给巴尔长达150年的殖民统治。

1643年，趋于衰落的葡萄牙被新兴的阿曼苏丹国赶出了阿拉伯半岛。1652年阿曼苏丹赛义夫率战舰强攻桑给巴尔，活捉并处死了包括总督奥古斯都在内的葡萄牙殖民者，桑给巴尔随之成为阿曼苏丹的海外领地。阿曼王朝统治初期，除了残酷压迫当地人民，还开始少量地向波斯和阿拉伯国家贩卖奴隶，主要是满足巴林等地采集珍珠对奴隶的需要。

进入18世纪以后，由于法国人开始开发毛里求斯和留尼旺，美国开始大规模开发西南部，英国人开始开发新属地西印度群岛等，西方列强对非洲黑人奴隶的需求大幅度增加，阿曼苏丹遂将奴隶贸易作为谋取经济利益的重要途径，温古贾和奔巴两岛很快成为全球奴隶买卖的集散地。大批来自东非大陆的奴隶经巴加莫约被转运至桑给巴尔,进而被贩运至美国、英国、法国以及阿拉伯和西南亚各地。据专家估计,坦桑尼亚及其整个东非地区,约有3000万黑人成为奴隶贸易的受害者。

随着阿曼帝国的衰落,德国接着成为新的殖民者,1884年德国殖民协会领导人卡尔·彼得通过诱骗手段同坦桑尼亚沿海和内地一些苏丹或酋长签订秘密"保护条约",规定以适当方式由德国对相关地区提供政治和军事"保护"。1885年3月德国正式宣布,现今的坦桑尼亚坦噶尼喀(沿海地区及桑给巴尔除外)地区为德属殖民地,与布隆迪、卢旺达一道称作"德属东非",依靠军事力量对坦噶尼喀实行了史学家所称的"铁鞭式"的直接殖民统治。坦噶尼喀人民也为反抗德国殖民者的入侵,开展了连续不断的英勇斗争,包括布希里起义(1888—1890年)、赫赫族起义(1890—1898年)和马及马及起义(1905—1907年)等。这些起义虽以失败告终,但都沉重打击和动摇了德国殖民者的统治。

第一次世界大战期间,英国和比利时乘德国在欧洲大陆自顾不暇之机攻占了肯尼亚,进而出兵占领了坦噶、莫希、布科巴等地,然后一鼓作气攻占了现坦桑尼亚首都达累斯萨拉姆及坦噶尼喀境内其他地区。1918年11月一战结束,驻东非地区的德国军队宣布投降。1919年,巴黎和会决定将"德属东非"大部分地区交由英国"委任统治",1920年英国将上述地区正式定名为坦噶尼喀(今坦桑尼亚大陆地区),并派总督进行殖民统治,直至1961年12月9日坦噶尼喀获得民族独立。

冲突与未来

此后，坦桑尼亚政府和人民更是义无反顾地成为东南部非洲各国民族解放力量的战略基地，为非洲大陆的民族解放运动提供了大量的人力、物力支持和战略庇护。津巴布韦、纳米比亚、博茨瓦纳、莫桑比克、乌干达、南非、扎伊尔（今刚果民主共和国）等国的大批自由战士，以及许多反政府武装力量的各级领导等，均曾在坦桑尼亚境内避难或接受军事训练，其中就包括穆加贝、穆塞韦尼和卡比拉等非洲国家领导人，都曾在坦桑尼亚长期生活、学习和工作，对于推动20世纪60、70年代非洲民族解放运动作出了不可磨灭的历史贡献。

自西方资本主义兴起，人类社会战争与和平的基本格局就发生了彻底的改变，全球形成了两种性质完全不同的社会群体，一个是不断衰落的奴隶制和封建主义社会，他们人口众多、地域广阔，大都处于以小农生产为主的自然经济状态，生产力落后，社会分散封闭；一个是蒸蒸日上的资本主义社会，在文艺复兴、启蒙运动和科学革命的推动下，生产力得到了极大的解放，民主、科学与市场经济给西方社会的政治、经济和文化注入了巨大的活力，社会生产关系日趋紧密，社会财富和国家实力均呈现出急剧增长的局面。由于资本主义生产力的革命性发展，西方国家对财富、资源与市场的需求与日俱增，对外扩张尤其是向全球落后地区的扩张，就成为资本主义早期发展的血腥印记，这也决定了此后数百年战争与和平发展演变的趋势。

一是殖民主义战争向全球蔓延。西方的扩张时代始于15世纪,一直持续到 19 世纪末期,他们先后征服了亚洲、非洲和美洲等大洋沿岸的国家和地区,并在这些国家和地区建立起殖民地。首先是葡萄牙,从 15 世纪末到 16 世纪中叶,葡萄牙人已在海外夺取了大片土地,包括在中国、日本、印度、巴西和非洲建立起殖民据点,形成了一个庞大的殖民帝国。接下来,就是西班牙崛起,它逐渐取代葡萄牙成为开辟欧洲海外殖民地的新先锋,"以残忍和贪婪著称的西班牙征服者很快便在新大陆为自己和西班牙政府建立起庞大的殖民帝国"①。然后,就是英国、法国、意大利和德国的殖民主义扩张,其中英国建立起了一个殖民地遍布全球的"日不落帝国"。伴随着这些殖民主义脚步的战争也如影随形蔓延至全球,为广大落后地区的国家(民族)制造了不尽的苦难。

二是帝国主义争霸战争不断。西方列强在开始全球殖民扩张的同时,也埋下了帝国主义战争的种子,"早在 1494 年,葡萄牙人和西班牙人曾就新大陆的归属问题发生过冲突,还差点发展为战争。结果,教皇不得不宣布用一条分界线把两国未到之地一分为二,把位于分界线西部的地区划给西班牙,把位于分界线东部的地区划给葡萄牙"②。到了更多国家加入殖民主

---

①② 弗兰克·萨克雷、约翰·芬德林主编:《世界大历史(文艺复兴至 16 世纪)》,王林译,新世界出版社 2014 年版,第 184 页。1492 年,克里斯托弗·哥伦布抵达新大陆后,西班牙人和葡萄牙人就为该土地的归属权问题起了冲突。1494 年,教皇亚历山大六世批准了《托德西利亚斯条约》,把新大陆一分为二。西班牙获得了继续探索和开发巴西以西地区的权利,而葡萄牙则把巴西以东地区纳入自己的势力范围。

义竞争的行列时，列强之间的冲突已难以避免。比如，16世纪的西班牙为了保持其海外殖民霸权，就进行了一系列的战争，"1516年至1556年，哈布斯堡王朝的查理五世在位期间曾帮助神圣罗马帝国抵御过奥斯曼土耳其的进攻，并为反对法国入侵意大利而与法国开战。此外，西班牙还介入同德国新教徒的战争。1556年至1598年，查理五世的儿子腓力二世推行过一系列举措，然而这些举措却导致了西班牙的多次挫败。1568年，荷兰新教徒奋起反抗西班牙的统治。1588年，英国击溃西班牙'无敌舰队'，由此引发西方国家海洋势力均势的巨大变化，西班牙的海外殖民霸权至此终结，就像当初西班牙取代葡萄牙成为海洋霸主一样，现在的西班牙不得不屈服于英国、荷兰和法国等日益崛起的海洋新势力"[1]。此后，就是英国、法国、意大利、德国等争夺欧洲和全球霸权的战争，战争的范围逐渐扩大到欧洲和大西洋之外，并最终酿成了两次惨烈的世界大战。

三是民族解放运动风起云涌。自19世纪晚期以后，以欧洲列强为代表的帝国主义国家已经实质上控制了整个世界。到了20世纪初期，全球即已经被英国、法国、俄国、德国、美国、日本、比利时、荷兰等国瓜分完毕，它们不惜以牺牲原住民的福祉为代价，建立起了巨大的殖民帝国，并通过吞并领土或对他国建立经济和政治霸权，以满足资本主义制度的贪婪。亚洲、非洲、拉丁美洲成为帝国主义的商品市场、投资场所、原料产

---

[1] 弗兰克·萨克雷、约翰·芬德林主编：《世界大历史（文艺复兴至16世纪）》，王林译，新世界出版社2014年版，第185页。

地、农业附庸和军事基地,世界分成了压迫民族和被压迫民族,而殖民主义、帝国主义的掠夺和剥削,使殖民地半殖民地国家(民族)经济发展停滞,人民生活极端困苦,激起了所有被压迫民族、被压迫国家广大人民的不断反抗。第一次世界大战和俄国的"十月革命"进一步加速了殖民地半殖民地人民的觉醒,反对民族压迫以及使各殖民地半殖民地国家(民族)从帝国主义压迫下解放出来,就成为这一时代人类社会最大的政治,形成了全世界无产阶级大联合的历史潮流。在"十月革命"的影响和共产国际的推动下,亚洲、非洲、拉丁美洲许多国家先后建立起了代表被压迫阶级、被压迫民族和被压迫人民的政党——共产党,建成了全球反帝、反殖民统一战线,使得民族解放运动的浪潮席卷全球。第二次世界大战后,民族解放运动的武装斗争在全球此起彼伏。比如,在亚洲,朝鲜人民和越南人民分别取得了抗美救国战争和抗法、抗美战争的伟大胜利;在非洲,埃及人民取得了反对英、法殖民主义的胜利,收回了苏伊士运河主权;在拉丁美洲,古巴、尼加拉瓜开展武装斗争赢得了民族独立,巴拿马、多米尼加等国人民则掀起了广泛的反美爱国斗争。

四是人民革命战争前赴后继。1917年11月7日,俄国工人阶级在布尔什维克党的领导下,通过武装起义推翻了当时的资产阶级临时政府,并联合广大农民建立起了苏维埃政权,为殖民地半殖民地的民族解放运动开辟了新的道路。一种新的社会制度也随之诞生,即出现了一个由劳动人民当家作主的社会

冲突与未来

主义制度，结束了资本主义独领天下的局面，从而拉开了社会主义与资本主义之间历史性冲突的帷幕。在这一历史的早期，苏俄经过了 3 年艰苦的国内战争，粉碎了帝国主义集团[①]的武装干涉和国内地主资本家发动的武装反抗，1922 年 12 月 30 日，正式成立了苏维埃社会主义共和国联盟。由于世界上第一个社会主义国家的出现，马克思列宁主义在全世界获得了更加广泛的影响，对资本主义世界形成了极大的冲击，进一步鼓舞了世界上其他殖民地和半殖民地国家（民族）的人民的革命斗志，许多国家相继组建了共产党，如匈牙利、波兰、中国、越南、朝鲜、安哥拉和古巴等国。他们领导这些国家的人民逐渐走向了武装夺取政权、建立社会主义国家的道路，人民革命战争如星星之火在世界范围内不断传播。到了 20 世纪 30 年代末，欧洲列强冲突再起，第二次世界大战爆发，为了粉碎以德国为首的法西斯主义在全球的扩张，美、苏、英等国结成战时同盟。这既为全世界取得反法西斯战争的胜利奠定了基础，也为各国共产党的大发展和战后社会主义国家的出现提供了历史机遇。战后的欧洲和亚洲出现了一大批社会主义国家，非洲和拉丁美洲的民族解放运动也在这一形势的鼓舞下日益高涨。在 20 世纪上半叶，世界战争与和平的基本特征是人民革命和国家（民族）独立，形成了哪里有压迫哪里就有反抗压迫的人民革命战争的洪流，从而打破了资本主义一统天下的局面，逐渐形成了两大

---

① 1918 年第一次世界大战中，协约国在战胜德奥之际，趁新生的社会主义国家苏俄立足未稳，以英国、法国、美国和日本为首的协约国出兵干涉俄国革命。

对抗性的"阵营",即一个以美国为核心的资本主义阵营和一个以苏联为首的社会主义阵营,从而也成为决定第二次世界大战后半个世纪战争与和平的主要因素。

五是意识形态冲突愈演愈烈。资本主义的兴起本身,就是人类意识形态大发展的开始,尤其是随着民主、自由、人权观念的广泛传播,其影响力大大超越了此前任何传统意识形态,对摧毁封建主义和整个封建制度发挥了极其重要的作用。到了19世纪,在资产阶级意识形态产生和发展的基础上,共产主义思想诞生了,其主要的奠基人是卡尔·马克思。1848年2月他发表了《共产党宣言》,对资本主义进行了猛烈的批判。1867年马克思又发表了重要著作《资本论》,揭露了资本主义的本质,认为无产阶级的贫困是资本家掠夺剩余价值的必然结果。他断言激烈的阶级冲突无法避免,工人阶级必须站起来推翻资产阶级统治才能获得自身的解放,并号召:"全世界的无产者,联合起来!"此后,马克思主义逐渐成为当时最受推崇的社会主义学说,到1917年苏俄建立起世界上第一个社会主义国家后,马克思主义学说(共产主义)就成为20世纪世界范围内反帝、反殖和反封建主义最为锐利的思想武器,最终引导了一大批国家在第二次世界大战后获得了民族独立、建立了社会主义制度[①]。因此,社会主义学说和社会主义国家的出现,既为20世纪被压迫、被掠夺国家的人民带来了解放和进步的希望,也

[①] 最多时,全世界有29个社会主义国家;目前只剩下5个,包括中国、越南、古巴、老挝和朝鲜。

形成了一个与资本主义制度尖锐对立的意识形态。前者高扬集体主义和公有制的旗帜，特别强调和注重阶级矛盾的历史作用，但对革命过程中物质利益的驱动作用重视不够；后者则坚持个人主义和私有制的发展方向，承认剥削制度的合理性，无限夸大市场功能所能发挥的社会作用，通过鼓吹政治、法律上的平等模糊贫富分化和阶级矛盾。第二次世界大战后，两种意识形态之间的斗争导致了两类国家之间的激烈对抗，最终演变成为人类历史上前所未有的"两极"对抗格局。20世纪50—80年代，社会主义和资本主义意识形态之间的冲突达到了白热化程度，出现了一个社会主义革命风起云涌的局面。在这一背景下，社会主义国家因强调不断革命，政治和社会发展比较僵化，整体上呈现出"极左"化态势，在一定程度上削减了经济建设的活力；而资本主义国家则在面临日益扩大的社会矛盾和冲突面前，不得不采取"改良"的策略，它们在大力推动中产阶级发展壮大的前提下，施行各种照顾社会底层和弱势群体的"福利政策"，实行一定程度的国有经济，以及股份制、工人参与管理等政策，在一定程度上消弭了剥削制度和私有制的弊端，缓和了阶级矛盾，使当代一些资本主义国家保持了较长时期的稳定和发展活力。因此，这一时期的世界战争与和平，几乎都与"两极对抗格局"下的意识形态斗争密切相关，如当时的中东战争、朝鲜战争、越南战争以及各种地区性冲突，无不是全球意识形态斗争的深刻反映。在资本主义阵营和社会主义阵营的历史性对峙中，资产阶级由于害怕无产阶级革命，普遍都在国内采取了较大程度的阶级让步措施，不断改善本国无产阶级的政治、经济地位及其生活状况，阶级矛盾得到了较大的缓和，同时对外采取联合、政治拉拢和经济援助等措施，加强资本主义国家之间的团结，充分利用西方国家科技发展的先发优势，使生产力在二战后的几十年里得到了前所未有的提升，因而在政治改革和经济繁荣两个方面，都获得了比社会主义国家明显的优势。相反，社会主义制度不成熟、不完善的状况在这一时期还没有得到根本改变，导致苏联和东欧社会主义国家崩溃，意味着以俄国"十月革命"为重要标志的20世纪国际共产主义运动高潮的终结，使得资本主义意识形态在20世纪末获得了一次全面的胜利，资本主义阵营的不战而胜，直接推动着东西方意识形态冲突进入一个全新的历史阶段。

进入21世纪后，人类战争与和平的发展进入一个全新的时代，王朝战争基本绝迹，殖民主义战争走进了历史，帝国主义战争也随着人类价值观的广泛传播而逐渐走向消亡，同时也导致了人民革命战争由高潮转入低谷，并逐渐弱化、泛化为各种国内冲突（战争）或地区性局部冲突（战争），而日益广泛的意识形态斗争将成为决定21世纪战争与和平的关键因素。

事实上，意识形态斗争发展到今天，已经日渐成为一种普遍性的社会特征，不同国家之间、不同民族之间、不同阶层之间、不同政党之间以及不同宗教之间，都已无法逃脱意识形态的广泛影响。它几乎渗透到人类社会生活的各个领域的各个方面，如不同的社会制度、政治上的多党制、经济上的各种主义、

冲突与未来

社会上的各种团体等，尤其是它能够通过现实政治的途径，对社会冲突的形成、发展演变过程产生着"无微不至"的影响。这也是人类社会最近500多年发展进步的历史性结果，彻底改变了民族、社会、国家和一切政治集团生存、发展的传统面貌，尤其是在经历了资产阶级革命和马克思主义理论的广泛传播，以及资本主义和社会主义实践的历史过程之后，意识形态的普遍性成为一切现实政治得以产生、选择和发展的思想基础，而人类历史的巨大进步更使两者之间的关系日趋紧密，即意识形态斗争必然要体现为现实政治的选择，现实政治又一定是意识形态斗争的反映。因此，基于不同的意识形态和不同的政治选择，对抗与合作就成为现实社会的常态，其综合性影响决定了我们这个时代不同民族、阶级、国家或政治集团的性质和属性，构成了一切冲突得以产生和发展的"共识"，而谁拥有了一种进步团结的"共识"，谁就能在冲突和战争中取得优势，反之就只能走向失败的宿命。这一结论从欧洲资产阶级革命以来就一直不断地得到证明，如17世纪中叶的英国资产阶级革命战争、18世纪末的法国资产阶级革命战争、美国独立战争、苏维埃革命战争、中国革命战争等，它们的胜利无一不是意识形态和政治选择的胜利。

因此，基于一定的利益冲突，意识形态和现实政治构成了我们观察当代战争与和平的"晴雨表"。当对抗双方（多方）之间的意识形态斗争和现实政治冲突可控时，世界（地区）将保持或拥有某种程度的和平；当只有其中一种冲突存在时，世界

（地区）将表现出既对抗又合作的局面，反之就可能面临冲突或爆发战争的危险。比如，19世纪末的美西战争就已经具有了上述"晴雨表"的全部特征。这场战争的导火索源于西班牙对古巴的殖民统治，一方是从英国殖民主义统治下独立的美国，一方是老牌的殖民主义国家西班牙。1492年哥伦布第一次航行抵达古巴，1511年古巴沦为西班牙殖民地，1762年英国占领古巴，1763年《巴黎条约》签订，西班牙用佛罗里达的大部分领土又换回了对古巴的殖民统治权，1790年古巴爆发奴隶起义，独立运动开始萌芽，1868年和1895年先后爆发两次独立战争，此后古巴各地反抗殖民统治的斗争风起云涌。1896年1月，美国各家报纸开始纷纷刊载有关古巴的消息和文章，指责西班牙殖民统治者对古巴实行残酷的剥削和镇压，这在美国国内激起了对殖民主义极大的愤怒，古巴人民的斗争获得了美国人民的广泛同情。当然，古巴紧临美国本土的佛罗里达半岛，素与美国有着频繁的贸易往来，有些美国商人利用当地廉价的食糖、烟草等原料和人力资源在那里直接设厂。由于西班牙残酷的殖民统治激起了古巴人民的反抗，激烈的社会冲突使古巴陷入一片混乱局面。这自然严重损害了美国商人的经济利益，因此美国商界普遍希望政府对古巴问题进行干预，以保护自身利益。为了取得社会"共识"，他们一方面以反对殖民主义的旗号进行广泛宣传，大肆制造舆论；另一方面，这些商人通过直接投资美国各大报刊、购买版面，授意媒体连篇累牍地刊发有利于自己的新闻报道，以促使美国政府出兵干涉古巴政局。1898年2月，停靠在古巴哈瓦那港口的美国战舰"缅因号"意外被炮弹击沉，两名军官和264名士兵丧生。这一事件迅速传回美国，使美国国内的主战情绪达到了高潮，并有传言说，西班牙战舰已经在开赴美国海岸的途中。4月21日，时任美国总统麦金莱在反对殖民主义意识形态和现实政治的双重压力下，宣布对西班牙开战。由于既有美国人民的支持，又有古巴人民的默许，战争的结局毫无悬念，美国赢得了对西班牙的战争。

第二次世界大战后，"两极"对抗格局形成，意识形态斗争逐渐成为主导国际关系的关键因素，两大阵营的政治对抗也日益尖锐。在这一背景下，整个世界陷入前所未有的"冷战"局面，和平变得脆弱，局部热战不断。由于世界在意识形态和现实政治两个方面的分歧和冲突严重，相继爆发了中东战争、朝鲜战争、非洲民族解放运动和阿尔及利亚战争、印巴战争、越南战争、古巴导弹危机、越柬战争、阿富汗战争、两伊战争以及美国对一些小国进行的一系列入侵等，而美国和苏联几乎是所有这些战争的背后推手，以至于在"冷战"短短的44年里，多次面临世界大战一触即发的危险，准备战争成为这一时期各国现实政治的主要任务。比如，美国就曾提出做好同时打"两个半战争"的准备[①]，而苏联在欧洲陈兵百万准备与以美国为首的"北约"随时决战。欧洲被美、苏这两架庞大的军事机器所

[①] 能够在欧洲对苏联和在亚洲对中国各打一场大规模战争的同时，还能够在亚、非、拉地区打一场小规模战争。后来中苏分裂，又调整为同时打"一个半战争"的准备。

绑架，世界各国都不同程度地被拖入军备竞赛的行列。在这一时期，大国的现实政治都完全服从、服务于意识形态斗争，小国则不得不在政治上选边站，从而使得世界范围内的意识形态斗争形势不断恶化、更趋严峻。各国人民被迫卷入不同程度的政治旋涡，如1950年至1954年间美国的麦卡锡主义就甚嚣尘上，这一席卷全美的政治运动以反对共产主义为名，肆意迫害疑似与共产党有联系的民主进步人士，受害者牵连甚广，许多人受到监禁、被驱逐直至遭到暗杀。斗争的矛头甚至波及像乔治·马歇尔这样的著名政治活动家，指控他犯下的罪行包括在第二次世界大战中极力反对在巴尔干开辟第二战场，使得苏联先于西方盟国到达东欧，并控告他在雅尔塔会议上蒙蔽罗斯福总统，使苏联在领土等方面获利，等等。与此同时，亚、非、拉广大的第三世界国家则成为美、苏意识形态斗争的前线，涌现出了各种各样的政党和武装派别，各种游击战、丛林战和代理人战争层出不穷，意识形态对抗、政治冲突和社会动荡相互交织。

"冷战"结束后，随着东欧剧变和苏联的解体，与西方意识形态对抗的社会主义运动陷入低潮，意识形态斗争的主导权落入以美国为首的西方国家手里。美国开始疯狂吞食苏联传统的势力范围，并不择手段地在全球推行美式民主，1991年的海湾战争就是这一形势变化的分水岭。1989年前后，东欧一些社会主义国家的共产党和工人党在短时间内纷纷丧失政权，社会制度随之发生根本性变化，但萨达姆却对这一即将发生深刻变化的国际形势缺乏足够的直觉和理性的判断，还在做着他大伊拉克的美梦，以为欧洲和中东局势的动荡正是他吞并科威特的天赐良机。但没想到的是，伊拉克入侵科威特①是伊拉克和萨达姆的噩梦的开始。1990年8月2日，联合国安理会以14票赞成、0票反对（也门未出席），通过了谴责伊拉克违反联合国宪章、要求其撤军的第660号决议。接着又通过了11个谴责和制裁伊拉克的其他决议，以及一个授权对伊拉克动武的678号决议，规定1991年1月15日为伊拉克必须撤军的最后期限。这一切迅速使伊拉克在国际上陷入政治、经济、军事和外交上的孤立，更让萨达姆想不到的是，8月3日美国和苏联达成共识，发表《联合声明》，要求伊拉克无条件撤军，同时停止对伊拉克的武器供应与军事援助，而阿拉伯联盟也在8月3日发表决议，加入谴责伊拉克侵略的国际阵营。萨达姆成为众矢之的，海湾战争爆发，地面战争不到100小时，伊拉克军队就遭到多国联军的重创，并被迅速赶出了科威特。此后，世界战争与和平就以一种与"冷战"时期完全不同的方式发展，以美国为首的西方阵营占据了国际意识形态斗争的制高点，战争完全成为美国和西方国家现实政治和对外政策的工具。加之科学技术的发展和战争形态的变化，发动战争变得极为容易，可以通过战争更直接地获取它们所需要的战略利益。这让以美国为首的西方发达国家在战略上更加好战和具有攻击性，而第三世界发展中国家

---

① 1990年8月1日科威特时间凌晨1时，在空军、海军、两栖作战部队和特种作战部队的配合下，伊拉克共和国卫队的3个师越过边界，向科威特发起了突然进攻，并很快占领了科威特首都。

则不得不陷入战略上的自保和长期的全面防御。选择战争还是和平，一时间皆取决于西方强权政治的需要，这一模式从 1999 年的科索沃战争起，到阿富汗战争、第二次海湾战争（伊拉克战争）、利比亚战争以及叙利亚冲突等，无一不是如此。

比如，1999 年的科索沃战争就是西方国家对上述模式的早期运用。自 20 世纪 80 年代起，南斯拉夫科索沃地区的阿尔巴尼亚族分离主义兴起，到 1991 年南斯拉夫解体后，科索沃的阿族人更是自行组织全民公投寻求独立，接着分离主义又发展到以暴力手段公开对抗中央政府，并得到了以美国为首的西方国家的支持。面对科索沃地区激烈的分离主义运动，以米洛舍维奇为首的南联盟（南斯拉夫解体后的主体部分）当局采取强硬措施维护国家统一，派遣大批塞族军队和警察进驻科索沃，但由于西方意识形态的绝对优势地位，其能够通过各种政治、经济、文化和军事手段推波助澜，形势不仅没有得到有效的控制，反而使得该地区的武装冲突不断升级，伤亡人员日趋增多，造成了大约 30 万人流离失所。这一切随后正好成为美国和西方国家武力介入的借口，因为它们早就不能容忍南联盟作为东欧剧变后西方异己政治的堡垒继续存在。为了加强对巴尔干地区的控制，接下来就以"人权政治"为借口，即以保护科索沃地区阿尔巴尼亚族的人权之名，对南联盟发动了长达 78 天的空中战争。此后，一直不放松对南联盟的打压，直至南联盟政权垮台、国家领导人被国际社会通缉。在实质上，这场战争是东欧剧变的政治余波，其根本目的就是摧毁南斯拉夫的米洛舍维奇政权，

冲突与未来

是国际霸权政治的具体显现。

同样，美国人发动的阿富汗战争也是如此。2001年9月11日，美国本土遭到恐怖袭击，纽约世贸大楼双子塔被恐怖分子驾驶所劫持的民航客机摧毁。美国迅速确定恐怖袭击是"基地组织"所为，要求阿富汗塔利班政权交出本·拉登等基地组织成员，并在开战前一周发出最后通牒：要求把"基地组织"高层成员交给美国，释放所有被监禁的外国人，保护在阿富汗的外国记者、外交人员、支援人员，让美国派人检查所有训练营地，以证实它们全部被关闭。塔利班政权则以美国是非伊斯兰国家为由，拒绝与美国直接对话，而是通过其在巴基斯坦的大使馆要求美国提供证据，让阿富汗自行在伊斯兰法庭起诉本·拉登，后来又提出把本·拉登移送到中立国，但被美国总统乔治·布什拒绝。10月7日，距恐怖袭击发生不到一个月，美国发动了阿富汗战争，声称战争的目的就是捉拿本·拉登和惩罚阿富汗塔利班政权。战争完全是出于美国现实政治的需要，在这么短的时间内对一个主权国家迅速发动全面战争，这在"冷战"时期是不可想象的，美国人对战争的选择已开始不受任何约束。2003年的伊拉克战争，更是到了仅以一个虚假的情报为由头就可以开战的程度，伊拉克的罪名就是拥有大规模杀伤性武器并暗中支持恐怖分子（事后证明这一切都是捏造的），以美、英军队为主的联合部队竟然绕开联合国安理会，不顾任何国际道义，迅速对一个主权国家实施全面军事打击，直到把萨达姆政权推翻。

最后，美国的霸权政治竟然发展到了随心所欲的地步。2019年5月19日美国总统特朗普不顾外交礼仪，在推特网站上公开发出对伊朗的战争威胁，他写道："如果伊朗想打仗，那么伊朗将正式终结，永远不要再次威胁美国。"也就是说，在美国的政治选项中随时都可能运用军事手段摧毁伊朗，但美国政府对此又没有详细说明伊朗对美国有何种"直接威胁"。事实上，美伊之间的冲突不仅源于意识形态上的对抗，自特朗普上台之后更是急转直下，其主要原因是特朗普对其前任奥巴马总统签署的《联合全面行动计划》（即伊核协议）不满。美国政府在六方协议上出尔反尔，不顾国际道义，单方面退出协议（撕毁协议）。这一举动从一开始就遭到了国际社会的普遍反对。若论冲突升级的责任在谁，已是天下皆知的事情，当然也可能包含有伊朗激烈反对美国的中东政策的原因，以及特朗普总统以所谓"极限施压"方式逼伊朗重新谈判的企图。但不管如何，都是因为美国不顾国际社会已经形成的共识，把自己的政治选择强加于人。早在2015年7月29日，时任美国国防部长阿什顿·卡特就曾宣布"保留对伊朗动武选项"。这是国防部长卡特、参联会主席登普西以及其他3名内阁成员在参议院军事委员会上作证时的表白。其中，参联会主席登普西还说，实施核协议事实上会强化军事行动这一选项，因为在加强对伊朗核设施的核查后，美国就能够获得关于这些"我们可能进行打击的"核设施的更多的信息。国防部长卡特则进一步表示，国防部将继续保持强大的军事姿态来威慑侵略行为，加强以色列和该地区其他盟友的安全，确保海湾的航行自由，遏制伊朗的邪恶影响力。由此可知，自"冷战"结束以来，美国人就已经习惯于把战争手段当作对外政策的重要工具，特朗普政府也特别钟情于这一推行美国意志的"有效方式"。2019年5月初，在没有任何征兆的情况下，美国就往海湾地区派遣了1艘航空母舰、1个轰炸机特遣队以及防空作战系统等作战力量，使得海湾地区一时间又笼罩在美国战争政策的阴影之下。同时，我们还可以看到美国在朝鲜半岛、委内瑞拉、中东和乌克兰等地区，不断采取各种有违国际道义的政治举措，尤其是自2018年蛮横地挑起美国与中国、加拿大、墨西哥、欧盟等国家（地区）之间的贸易冲突，其中美中贸易摩擦已经从经贸领域扩大到了高科技领域。无论最后的结局如何，这种以美国国内法凌驾于国际法之上，企图以关税大棒强迫别国屈服的行径，将在国际政治、经济和意识形态领域产生极为消极的影响，最直接的结果就是导致现有国际秩序的瓦解。

但是，随着西方意识形态的傲慢和强权政治在"冷战"后发展到顶点，美国的衰落也在加快。历史的逻辑开始走向了霸权的反面。

进入20世纪后，美国对世界秩序和全球安全所发挥的作用是毋庸置疑的，尤其是对于战后国际秩序的形成发挥了极为重要的作用，如在国际安全层面，主导建立联合国、"北约"和各种双边同盟条约，与以苏联为核心的"华约"及其社会主义阵营构成了全球"共治"体系，保持了世界总体上的和平局面；

第九章　战争与和平

在经济层面,则创建了马歇尔计划、国际货币基金组织和世界银行等,为战后全球经济的恢复提供了有利条件。"冷战"结束后,美国以其主导的自由市场经济为基础,形成了所谓的自由主义国际秩序,开启了经济全球化时代,极大地推动了民主、自由、人权观念的传播,促进了世界经济的活跃,减少了贫困和疾病,并在一定程度上遏制了大国之间的冲突。这一切之所以能够行之有效,都是以美国所拥有的超强实力为基础,这也使美国获得了"世界警察"的称号。

第二次世界大战后全球经历了几十年的繁荣发展,尤其是随着"冷战"后新兴国家的整体性崛起,以及美国发动的几场不得人心而又代价高昂的战争之后,人们发现,美国的衰落已经成为越来越明显的事实,其标志性的事件有三个。一是2001年的"9·11"恐怖袭击事件,美国为了反对苏联而在阿富汗扶植的"基地"组织,最终却扭头狠狠地咬了美国一口。这与美国在"冷战"后不加约束的扩张有关,相当于搬起石头砸了自己的脚,标志着美国不再是一个绝对安全的国家。美国随后发起的反恐战争,如阿富汗战争和伊拉克战争等,不仅让美国在全球的政治信用透支,也过度消耗了美国的实力。美国布朗大学沃森国际公共事务研究所2018年11月14日发表《战争代价》年度报告指出:"到2019年财年结束,美国用于反恐战争的已拨付和法定拨付的开支估计将达5.9万亿美元,包括直接和间接战争开支以及'9·11'之后退伍军人的未来开支。""总之,战争以及与战争相关的昂贵开支已成为严重的国家安全问题,因为它不可持续。"① 二是 2008 年的雷曼公司破产所引发的全球性金融危机，导致美欧资本市场一朝倾覆。这是自 20 世纪 70 年代美元不再与黄金挂钩之后，美国在世界上逐渐积累的安全感和信任感所遭到的沉重打击，戳破了美国人仅凭股市敛财和金融投机的财富泡沫，暴露了美国经济体系的脆弱性。它不仅给西方世界制造了混乱，也极大地削弱了美国在全球的主导地位，导致国际格局深刻变化。中国脱颖而出，成为世界第二大经济体，俄罗斯也重拾其全球政治、军事力量平衡的角色，这也意味着美国"冷战"后所主导的单极时代结束。三是 2016 年 11 月 9 日特朗普当选美国第 45 任总统。能让一位政治门外汉当上美国总统，既可能是西方民主制度的"魅力"所在，也标志着美国的传统政治模式面临挑战，是对美国民主、共和两党一直秉持的国际自由主义政治理念的嘲讽。尤其是特朗普上台后痴迷于对付中国，并与盟友争执不断，既担心中国取代美国在亚太地区的政治、军事地位，又感到美国已没有足够的实力继续承担对盟友的义务。这让那些一直沉醉于白人种族优越论的美国精英阶层恼羞成怒，因而把不择手段地遏制中国作为美国最迫切的战略选择。残酷的现实是，一边是美国的中产阶级越来越穷，另一边却是军火商热衷的反恐战争就像一个无底洞在继续消耗着美国的实力。越来越多的迹象表明，美国的实力越来越难以支撑其全球霸权。

随着美国的衰落，民粹主义堂而皇之地登上了美国政治舞

---

① 2018 年 11 月 16 日《参考消息》。

台。虽然在过去的两百多年里,全球民粹主义浪潮不断,但自第一次世界大战后,从美国威尔逊总统倡导成立国联开始,美国人就担当起了在全球传播自由、民主的历史使命,并把这一"天定命运"赋予美国的两党政治,逐渐形成了以自由市场经济为基础的自由主义国际新秩序。进入 21 世纪后,民粹主义在欧洲、拉美和全球的广大地区日益成为新一代主流政治家们的标签,最终也冲垮了美国人对自由主义国际秩序的信心。特朗普上台之后,更是直接攻击这一国际体系,他直言不讳地宣称:"我们再也不会让这个国家或它的人民听信全球主义的虚假之歌了。"[1] 从巴黎气候协定到跨太平洋伙伴关系协定(TPP),再到伊朗核问题的多国协议等,美国一概放弃它对自由主义国际秩序的责任,不再承认契约的神圣,对国际机构和多边协议更是嗤之以鼻,同时也强烈地对作为"北约"核心的集体防务条款表示失望,抨击美国的盟友们在"占美国的便宜"。因此,美国在目前日益加剧的内外政治、经济压力下,不惜一切代价地追求短期财务回报和暂时性的关系,企图以关税壁垒刺激美国实体经济的繁荣,重塑美国过去半个世纪的辉煌。这也意味着美国正在放弃自罗斯福总统以来的国际自由主义和全球化的理想,而这正是过去半个世纪以来,被美国历届总统和精英阶层认为是一条能够推进国内外和平与繁荣事业的伟大道路。

特朗普的"背叛"是美国衰落过程的一个重要节点,它改

---

[1] 2018 年 9 月 5 日《参考消息》。

冲突与未来

变了包括美国在内的世界各国对现有国际秩序的深层次认识，所产生的影响将是长期而深远的。确保美国对外政策继续沿着理想主义方向前进的防护措施已破败不堪，这不是源于特朗普制造的"伤疤"，而是特朗普揭开了早已存在的"伤疤"。更为重要的是，美国的意识形态、政治影响力、价值观、契约精神、政策和联盟等都会因之而发生变化，而特朗普对这些都不感兴趣，就像特朗普现在谈论欧盟如同谈论一个对手、谈论非洲如同谈论一堆"没有价值的国家"、谈论叙利亚如同谈论一个一钱不值的沙堆一样。根本的问题是，美国和这个世界都变了。美国所附带的特朗普现象注定会持续很长时间，这是美国衰落的直接后果，对当代战争与和平的发展演变具有极为重要的影响。首先，美国作为一个全球性霸权国家，已完全陷入狭隘的国家利益观念，这将使它变得对别国漠不关心而具有攻击性。反映在意识形态领域，就是它可能日益表现的故步自封与傲慢自大。这将加剧东西方文明、社会制度和社会生产生活方式的冲突，造成全球地缘政治环境的恶化。其次，为了维护和扩大美国在全球的既得利益，美国的现实政治将变得更激进、更任性、更乖张，对国家利益的攫取也会更加不择手段，政治、经济冲突将成为国际社会的常态，导致国际政治日趋多元化，各国所奉行的政策与策略之间的冲突不可调和且日趋严峻。

可以预见到，美国的衰落将带来一个必然的附加后果，即全球性冲突将进入不断积累和持续扩大的阶段，因为霸权国家的习惯性逻辑是宁愿改变世界也不改变自己，新兴国家则正好相反。这意味着现有的秩序和规则只会对新兴国家越来越有利。这是霸权国家面临的意识形态困境，若不能找到有效的途径加以缓解，冲突上升为战争的可能性将明显增加。一是大国之间的冲突难以避免。美国治下的世界和平开始解体，这从当前北约、七国集团、二十国集团、世贸组织和欧盟都陷入不同阶段的危机中可见端倪。尤其是美中之间的贸易战已经扩大到了高科技领域，全球技术"冷战"正在形成，网络战一触即发。加之美中两国不仅意识形态不同，现实政治的选择也不尽相同。美、俄关系也陷入复杂的恶性循环，从克里米亚主权到叙利亚战争，再到委内瑞拉危机，并进一步扩大到伊朗核问题，两国针锋相对，除非美国的战略思维走出狭隘的境界，否则转圜空间极为有限。美欧关系也在生变，这一点从美国支持英国脱欧就可以看出来。因此 2019 年也许就是世界分崩离析的开始，局部战争将越来越成为我们面临的现实威胁。二是地区（中小国家之间）冲突失去约束。若大国冲突不能停止，世界就将进入"礼崩乐坏"的"战国时期"。尤其是在那些历史积怨深重和意识形态冲突激烈的地区，动荡和战乱既可能成为大国乘势而入的热点，也可能是冲突地区的中小国家视为其实现特定战略目标的有利时机，如中东、朝鲜半岛以及非洲和拉丁美洲的某些地区等。毫无疑问，"美国霸权下的和平"已无法恢复，而使用武力更不可能获得和平。

　　世界的未来将如何发展，这不仅是各国政治领袖们关注的重点，也是世界各国面临的现实挑战。

第十章　通向未来的道路

德国哲学家伊曼纽尔·康德在 1795 年出版的《永久和平论》一书中提出代议制政府和世界联邦的构想，认为"永久和平"最终将以两种方式降临这个世界：或者由于人类的洞察力，或者因为在巨大的冲突和灾难面前，除了永久和平人类别无选择。毫无疑问，由于人类社会的性质，这两者都受人类意识形态和政治抉择的深刻影响。事实上，康德关于永久和平的思想，直到第一次世界大战尤其是第二次世界大战后，才逐渐为世人所重视，包括一战后"国际联盟"和二战后"联合国"的成立以及后来欧盟的出现，都受到了这一思想的启发。不过，"人类的洞察力"到底看到了什么，却是一个仁者见仁、智者见智的问题，而且每一个时代都不可能相同。这意味着"永久和平"只能存在于未来。至于"巨大的冲突和灾难"更是一个深不可测的问题，人类社会只要不面临共同毁灭的命运，就难以形成锻造永久和平的机制，即必须出现一个无法分割的"巨大的冲突和灾难",才可能出现一个没有裂痕的"永久和平"。康德并没有对这样一个"巨大的冲突和灾难"作出明确的定义。这无异于说,当冲突和灾难趋于极限时,"永久和平"才会到来。可在这样的"冲突和灾难"面前,"永久和平"又一定会远离我们,并随之发生质的变化。因此,按照康德的思想逻辑,无论是沿着"人类的洞察力"这一线索,还是沿着"巨大的冲突和灾难"这一线索,"永久和平"都只可能是人类追求的一种理想。

不过,康德虽然只是指出了"永久和平"存在的可能性,但他的思想仍然对我们有着深刻的启示。他让我们看到了人类意识形态和政治抉择的历史影响,以及对战争与和平的深刻认识。其中永久和平是人类对战争与和平的终极答案,是每一个历史时期最重要的政治命题,而"人类的洞察力"则是引领历史不断进步的灯塔。自古以来,人类物质文明进步的过程总是伴随着政治和意识形态进步的过程,而每一个时代的政治和意识形态的进步,又必然会成为进一步引领社会发展的重要因素。比如,古罗马人在数个世纪的内忧外患中锻造出了罗马共和国,而古罗马的民主共和思想和元老院政治又反过来引领着罗马发展成为欧洲古代前所未见的强大力量。同样,中国古代在经历周王朝末期的崩溃过程中,逐渐形成了一个"百花齐放,百家争鸣"的时代,相继产生了道家、儒家、法家、兵家等各种学派,进而为后来秦王朝的大一统准备了政治、思想条件。在中世纪之后,欧洲的文艺复兴和启蒙运动促进了资本主义意识形态的产生和发展,形成了君主立宪和议会政治。此后,人们所

冲突与未来

信奉的民主、自由思想又进一步地引领着西方社会的快速发展，并为人类现代文明的发展进步奠定了基础。

尤其是从法国大革命后，意识形态对人类社会的影响越来越显著，以至于整个 20 世纪以来的历史，几乎就是一部意识形态斗争的历史。民主、自由和人权理念不断深入人心，而现实政治的影响则渗透到人类社会生活的各个方面，并在促进人类社会全面进步的历史过程中发挥着更加巨大的作用，对战争与和平产生着更加持久而深远的影响。

首先，法国大革命导致了法国社会的政治分裂和阶级对抗，然后迅速扩大到了整个欧洲，最后演变成了一场波及全球的民主运动。1789 年 8 月 4 日，法国三级会议宣布法国封建制度终结，3 周之后，议会发表《人权宣言》。这引起了保守派（包括王室、贵族、政府上层官员、国家军队和虔诚的天主教徒等）的严重不满，在他们的鼓动下，国王路易十六下决心进行武力镇压。为了保卫革命成果，法国民众进行了殊死抵抗。冲突爆发后，法国贵族持续分批逃离法国，并在其他国家王室的支持下继续谴责法国革命，以至于革命派认为只有将革命的烈火烧向其他国家，法国革命的成果才能巩固，而战争是鼓动其他国家参与革命最有效的方式。在革命派紧锣密鼓的筹谋下，法国社会形成了支持对外战争的政治舆论，并于 1792 年 4 月对奥地利宣战。初期的战局完全朝着不利于法国的方向发展，后来由于奥地利和普鲁士之间的互不信任，才避免了法国的战败。激进派为了赢得人民进一步的支持，在国内采取各种措施不断满足人民获取现实利益和夺取权力的欲望。8月初，在激进派的动员下，巴黎人民革命的怒火被点燃，巴黎民众袭击了王室官邸杜伊勒里宫，迫使王室成员出逃，占领了首都巴黎，建立了自己的政权——革命市政委员会，其很快成为法国的最高权力机构，宣布已有宪法无效，下令解散立法议会，并通过选举成立了国民公会，起草了一部更为激进的宪法，导致革命行动日趋激进，超过1000名反对革命的保守派人士被处决。此后，国民公会迅速召开了第一次会议，宣布成立法兰西第一共和国，公开对国王路易十六进行审判，指控其勾结外国力量危害法国安全。1793年1月，这位不幸的国王遭到处决。为了战胜由英国、荷兰、西班牙和葡萄牙共同支持的普奥联军，法国新政府引入了"大规模征兵"制，吸引了无数平民加入保卫祖国、战胜欧洲封建制度的战争中。"到1794年，法国革命者已经拥有了一支80万人的军队，代表了法国当时武装力量的最高水平。这支军队士气高昂，部署周密，重创了对手，他们在1794年夏天取得了一系列战争的胜利，消除了威胁共和国存在的因素。"[①]

其次，法国大革命不仅敲响了欧洲封建制度最后的丧钟，也给法国社会带来了一系列的变革，如推崇自由放任的经济政策、引入新的纪年方式、以公制代替了混乱的传统重量和长度计量制度，甚至人们的服饰风格也发生了变化，"男人们脱去了贵族式的及膝马裤，女人们的穿衣风格则仿佛回到了罗马共和

---

① 弗兰克·萨克雷、约翰·芬德林主编:《世界大历史（1689—1799）》，史林译，新世界出版社2015年版，第370页。

时代和雅典民主时代。革命者还对基督教群起而攻之,他们将原先的教堂变成了'理性的殿堂'。罗伯斯庇尔①宣称,法国人民应该共同信仰一个'至高无上的存在',以填补信仰上帝者和不信仰上帝者之间的鸿沟"②。随着法国革命的深入,恐怖政治一时盛行,任何想要恢复君主专制政体的想法都被以暴力的手段消灭在了萌芽状态。1795年国家行政权力逐渐从国民公会和参议院剥离,具体由两者联合选出的5名督政行使,从而出现了一个短暂的"督政府"时期。由于自1792年开始,法国就深陷腐败、政治瘫痪和对外战争等一系列问题,人民期待出现一个铁腕人物来引领法国。1799年11月拿破仑参与发动政变,推翻了督政府,此后法国历史就进入一个短暂的拿破仑时代。拿破仑凭借其军事天才和法国大革命的潮流,带领法国士兵四处征战,战争最远扩大到了非洲和俄国领土纵深,屡次让世界格局依照他的思路而变,几乎成功地征服了整个欧洲。1801年2月,法国与奥地利签署《吕内维尔条约》后,对法国保持战争状态的就只剩下孤悬海外、已经筋疲力尽的英国。1802年3月,英、法签订《亚眠和约》,标志着之前的两次反法同盟均以失败告

---

① 罗伯斯庇尔是法国革命政府的灵魂人物,他的革命目标在于依照启蒙运动的思想原则重建法国。他曾是一名法官,有"不可腐蚀的人"的称号。正是在他的强烈要求下,法国处死了路易十六,并将许多政治对手送上了断头台。1794年,罗伯斯庇尔的健康出现了问题,经常因病缺席立法会议。由于当权时树敌过多,最终他也被政敌送上了断头台。

② 弗兰克·萨克雷、约翰·芬德林主编:《世界大历史(1689—1799)》,史林译,新世界出版社2015年版,第370页。

终。1803 年 5 月，战争再起，英国建立了包括奥地利和俄国参与的第三次反法同盟，但"在 1805 年到 1807 年间，拿破仑取得了一系列不可思议的军事胜利，成为俄国广袤的草原以西的欧洲大陆的真正霸主"①。第三次反法同盟也以失败而告终，沙皇亚历山大一世只好请求法国谈判，签订《提尔西特条约》(1807 年)，并与法国结成同盟。当然，拿破仑最终还是失败了，先是于 1812 年率军入侵俄国造成了灾难性的政治军事后果，然后就是 1815 年 6 月他在比利时滑铁卢的惨败。拿破仑时代随之结束。

当然，法国大革命不仅仅在欧洲掀起了历史巨变的浪潮，实际上也开启了一个世界性的革命与战争时代。

它直接点燃了拉丁美洲的民族独立运动。自哥伦布时代起，欧洲各国便开始在美洲大陆殖民，包括法国、英国、西班牙、荷兰、葡萄牙在内的许多欧洲列强都在美洲建立了殖民地政权。随着许多受过良好教育的殖民者接受了启蒙运动的思想，法国《人权宣言》就在拉丁美洲得到了广泛传播，逐渐激发起了殖民地人民追求独立自由的思想。他们把之前的美国独立战争和正在进行的法国大革命作为自己效仿的对象，由此出现了越来越多的反抗和暴动。最早是 1806 年弗朗西斯科·德·米兰达在委内瑞拉发动推翻西班牙殖民统治的斗争，最后虽然以失败告终，但开启了美洲革命的序幕。之后，面对英军对布宜诺斯艾利斯的进攻，西班牙殖民者逃之夭夭，是当地领袖带领人

---

① 弗兰克·萨克雷、约翰·芬德林主编：《世界大历史（1799—1900）》，严匡正译，新世界出版社 2014 年版，第 4 页。

冲突与未来

民打退了英国人的入侵、控制了局面，脱离了西班牙的殖民统治。后来，海地的奴隶起义军在杜桑·卢维杜尔的领导下，更是驱逐了法国殖民者，建立起了完全独立的国家。此外，"在基多、查科斯（现玻利维亚）、新格拉纳达、智利和危地马拉，革命纷纷爆发"[①]。当然，与法国大革命资产阶级的胜利不同，拉美各国在取得独立战争的胜利后，面临着更加复杂的建立政府和经济制度的艰巨任务，如处理独立后的社会问题、摆脱殖民统治后与世界各国关系的重新定位问题等。人们对自由主义和独立运动的理解各行自是，最终导致了政治上的幻灭和沮丧，正如西蒙·玻利瓦尔[②]所说："在拉美，不仅人们彼此缺乏信任，各国之间也缺乏信任。合约不过是一堆废纸，制度形同虚设，选举就像打架一样，所谓的自由是一片混乱，活着只是一种折磨。"[③] 这是由革命者、革命行动和社会发展落后和不成熟所带

[①] 弗兰克·萨克雷、约翰·芬德林主编：《世界大历史（1799—1900）》，严匡正译，新世界出版社2014年版，第35页。其中，基多（Quito）于1809—1810年爆发革命、查科斯（Charcas，现玻利维亚）于1809—1810年爆发革命、新格拉纳达（New Granada）于1810—1816年爆发革命、智利（Chile）于1810—1814年爆发革命，危地马拉（Guatemala）于1811—1814年爆发革命。

[②] 玻利瓦尔（1783—1830年），出生于委内瑞拉的加拉加斯，西班牙后裔，拉美革命军领袖，建立起了一个包含哥伦比亚、委内瑞拉和厄瓜多尔在内的新国家——大哥伦比亚共和国，并就任总统，后来还曾兼任秘鲁总统。1825年，他的副手安东尼奥·何塞·苏克雷解放上秘鲁后，将该地区命名为"玻利维亚"。1826年，西班牙军队被彻底赶出了南美，在他的斡旋下，美洲各独立共和国在巴拿马举行了第一次美洲大陆会议，哥伦比亚、秘鲁、墨西哥和中美洲联邦签署了同盟协议。

[③] 弗兰克·萨克雷、约翰·芬德林主编：《世界大历史（1799—1900）》，严匡正译，新世界出版社2014年版，第38页。

来的必然结果。即使到了今天，拉美地区的民主发展和社会治理，仍然处于比较混乱的局面。

它间接推动了中国在20世纪初的旧民主主义革命。19世纪下半叶至20世纪初，中国社会已陷于政治动荡和内外交困的局面，一是农民起义战争风起云涌，严重动摇了清王朝的封建统治；二是来自资本主义列强的不断侵犯，让中国经历了两次鸦片战争和甲午战争的惨败，1900年的八国联军更是直接侵入北京烧、杀、抢、掠，无恶不作，中国的主权遭到帝国主义的肆意蹂躏。为了拯救中华民族于危亡之中，广大有识之士不断以各种方式探索救国救民的真理，许多人开始向西方学习，并日益为西方意识形态所吸引，孙中山就是他们之中的杰出代表，被称为现代中国的"国父"。1894年，孙中山在美国的夏威夷建立了革命团体"兴中会"，提出了推翻清王朝的政治纲领。1895年，孙中山策划了广州起义，失败后逃亡日本，继续传播其革命理念，以后又经历了多次起义的失败。1905年，孙中山在日本发起成立"同盟会"，1911年辛亥革命爆发，清王朝寿终正寝，结束了中国两千多年的封建社会。正是"同盟会"领导了这场资产阶级性质的革命，他们分别在各省组织士兵、知识分子、市民等各社会阶层武装起义夺取地方政权，其中华中、华南和西北各省相继宣布从清政府独立。革命爆发时孙中山正在美国为革命募捐，得知消息后立即回国，然后各省革命代表会聚南京共商国是，会议共同推举孙中山为临时大总统。1912年1月1日，孙中山宣布"中华民国"成立，并在"同盟会"

的基础上建立了一个新的政党——国民党（中国国民党）。不过，由于中国封建社会的没落，社会发展过于落后，这场资产阶级性质的革命既不可能复制法国大革命的成果，也与拉丁美洲革命不同。辛亥革命的果实最终被袁世凯窃取。随之各路军阀崛起，整个国家陷入一片混乱，中华大地上持续上演了二十多年的军阀混战，经济凋敝、民不聊生，国家衰弱到了极点。

从 19 世纪初的拉丁美洲革命和 20 世纪初的中国革命来看，一方面，资本主义意识形态正处在发展上升阶段，对人类社会进步的影响日益显著。在这一背景下，只要广大人民开始觉醒，民主自由的思想就如同燎原的烈火，足以让一切封建制度化为灰烬。另一方面，尽管拉丁美洲革命和中国革命都受到了法国大革命的影响，但革命所导致的结果既与法国大革命不同，各自之间也有明显的区别。这反映了资本主义意识形态与资产阶级革命的历史局限性，即因受不同社会因素的深刻影响，如历史背景、科技水平、经济发展模式和人们的生产生活方式等，革命不可能以完全一样的形态、过程和结局出现在不同的时代和不同的国家。这正是拉丁美洲革命和中国辛亥革命不彻底的根本原因。这也说明，尽管此后各国资产阶级性质的革命足以让一切封建主义的制度不堪一击，但法国大革命的结果不可能在新的历史条件下完全重复。这是由人类社会不断发展进步的历史逻辑决定的。不同的时代一定有不同时代的主题，它们涌现的方式不同，人们理解和解决问题的方式也就不同。因此，资本主义的产生、发展也只能是人类社会进步的一个历史阶段，不可能是历史的终结。事实上，进入20世纪后，新出现的资本主义国家已经很难获得成功的事实，就是资产阶级革命历史局限性最有力的实证。这些国家的普遍现象是政治上的混乱和经济上的低效，主要包括三种类型。一是二战后出现的资本主义国家，如亚洲的菲律宾、缅甸、马来西亚、印度、印度尼西亚、孟加拉国、斯里兰卡、巴基斯坦等国，共同的问题是发展缓慢，几乎都属于第三世界国家。非洲的资本主义国家数量较多，但大多徒有其名，落后成为其最主要的代名词。纵观二战后产生的资本主义国家，能够称得上成功的很少，仅有以色列、新加坡和韩国等小国比较成功。二是"冷战"后出现的资本主义国家，主要包括苏联解体、东欧剧变以及中亚、北非地区经历"颜色革命"后的许多国家，如俄罗斯、格鲁吉亚、乌克兰、罗马尼亚、保加利亚、阿尔巴尼亚、蒙古、突尼斯、埃及等一大批国家，这些国家面临的社会阵痛至今还在持续，难以称得上获得了成功。三是由美国通过战争输入资本主义意识形态的国家，如阿富汗、伊拉克、利比亚等国，这些国家现在更是一片乱局，社会秩序失范，其政治、经济发展还不知道要到何时才能走向正轨，甚至还有可能堕入失败国家的行列。

从法国大革命以来，人类社会的发展趋势就与一个此消彼长的政治过程密切相关，即随着人类社会的进步，一方面是封建制度的瓦解和封建主义意识形态的衰落，另一方面则是资本主义意识形态的兴起和资本主义制度的建立。当然，资本主义意识形态在法国大革命前就已经历了大约三百年的萌芽和早期

冲突与未来

发展阶段。早在14、15世纪时,地中海沿岸的某些城市就已开始出现资本主义生产的萌芽,而商品经济的产生和兴盛逐渐引发了封建社会自然经济的解体。这为此后资本主义意识形态的形成和资本主义制度的建立创造了条件。随着资本主义经济的发展,资本主义意识形态得到了进一步的发展和传播,资产阶级的经济、政治力量不断壮大,这在客观上就为后来欧洲各国的资产阶级革命作好了准备,从而有了荷兰在16世纪末、英国在17世纪中叶、法国在18世纪末、德国及其他一些国家在19世纪中叶先后爆发的资产阶级革命。其中法国大革命对世界产生了最为广泛的影响,具有更重要的历史地位。但是,伴随着封建制度的瓦解和封建主义意识形态的没落,资本主义意识形态和资本主义制度在蓬勃发展的同时,也在为自己制造着另一个历史性的"对立面"。因为西方社会在经历了早期手工业、工场手工业和机器大工业的发展后,工业化的生产规模不断扩大,商品经济发达,资本主义制度逐渐建立起来,再加上西方殖民主义的发展,殖民地范围不断拓展,资本主义国家的国内市场与世界市场紧密相连,这进一步刺激了资本主义生产力的迅猛发展,使资本主义生产关系扩展到了社会的各个领域。因而围绕生产资料所有权和劳动力市场两个方面,逐渐形成了资本主义社会基本的二元结构,一方是占有生产资料、资本和市场的资产阶级,另一方就是出卖劳动力、知识和技能的无产阶级,他们既在生产关系上相互依存,又在政治和经济利益上相互对立,其中相互依存的关系是暂时的,相互对立的关系则总是深刻而持久。资产阶级革命之后，一个必然出现的结果就是两个阶级将在此前对付封建主义的共同意识形态基础上出现政治分化，产生一个与资本主义意识形态相对立的新的社会意识形态，这就是产生于19世纪中叶欧洲大地上的共产主义意识形态。

共产主义意识形态，也称为科学社会主义。它的产生以1848年2月马克思发表的《共产党宣言》为标志，但这一思想的萌芽早在法国大革命时期就已出现。"阶级意识行动第一次发生在1796年，格拉古·巴贝夫组织了一次密谋行动，策划推翻统治法国的资产阶级政府。行动暴露后，巴贝夫被处决；但密谋者之一的菲利普·邦纳罗蒂成功逃走，他的余生都在积极鼓动利用政治革命来解决资本主义内在的社会问题。"[1] 这一意识形态的早期先驱还有法国的圣西门、夏尔·傅立叶和英国的罗伯特·欧文等。圣西门参加过美国独立战争，并在一些方面大力地支持法国革命，他"设想建立起一个由专家或技术统治论者进行规划和指导的经济与社会体系，他们可以超越阶级斗争。这样一个社会追求的不是个人财富的积累，而是供全民共享的更高程度的繁荣……其中包括对至少一种生产资料采取公有制"[2]。夏尔·傅立叶也认为："一个以追求个人财富为基础而建立起的现代、城市和工业社会摧毁了人类精神。因此，为实现人们最大程度的幸福，他建议将社会分为小的单元或社区，称为法伦

---

[1] 弗兰克·萨克雷、约翰·芬德林主编：《世界大历史（1799—1900）》，严匡正译，新世界出版社2014年版，第299页。
[2] 同上，第300页。

斯泰尔（Phalanstery）。典型的法伦斯泰尔应当是在农村地区，基本上能实现自给自足，所有成员和谐地开展工作，经常转变任务内容，避免感到厌倦。傅立叶相信，互助合作可以为最多数量的人带来最多的好处。"[1]罗伯特·欧文则在实践上更加前卫，他曾在一家纺织厂做过工，后来成为其所有者，工人的普遍状况让他感到震惊。他决定将自己的工厂转化为文明社区，并推动了另外几个文明社区的建立，其特点是追求农业和工业生产的平衡，实现自给自足，不过他1825年在美国印第安纳州建立的最为重要的"新和谐公社"只维持了3年就以破产而告终。

在上述这些先驱之后，马克思对资本主义社会进行了更加令人信服的分析，他认为"历史就是阶级斗争的产物"。没有生产资料的阶级会为摆脱来自有产阶级的剥削压迫而进行斗争，拥有生产资料的阶级则会为维持自己的统治地位进行斗争。在古代这种斗争主要发生在奴隶与奴隶主之间，到了中世纪是农奴反抗地主的斗争，而到了现代则是无产阶级或工人阶级反对资产阶级或工厂主及其同伙的斗争。马克思认为，阶级分化必将造成意识形态上的分化，以至于全世界工人之间的共同点，要比他们与工厂主之间的共同点更多，因此马克思在《共产党宣言》的结尾发出了一句强有力的号召："全世界无产者，联合起来！"现实的情况是，在19世纪50年代末、60年代初，欧洲资本主义飞速发展，工人运动和民主运动也随之高涨。由于资本主义世界市场的

---

[1] 弗兰克·萨克雷、约翰·芬德林主编：《世界大历史（1799—1900）》，严匡正译，新世界出版社2014年版，第300页。

逐渐形成，资本主义国家之间的联系越来越具有国际性，这让全世界劳动人民遭受的压迫也日益加剧，使无产阶级和被压迫人民的反抗斗争面临着更大的困难。这一新的历史形势促使人们认识到，各国无产阶级有着共同的敌人，而分散的斗争常常失败。为了加强国际工人运动的联合与协调，1864年国际工人联合会（International Workingmen's Association，也称第一国际）在英国成立，马克思在成立大会上致开幕词，并成为第一国际的主要领导人。1871年，第一国际法国支部参加并领导了巴黎公社运动。随着巴黎公社革命运动的失败，各国资产阶级对第一国际展开了疯狂的进攻。残酷的打击与迫害使这一组织日渐衰弱，1876年正式宣布解散，各国工人组织独立进行斗争，并逐渐向政党形式发展。此后，随着科学社会主义在欧美的广泛传播，到19世纪80年代末，欧美已有16个国家先后建立社会主义政党，各国工人和社会主义者之间建立国际联系的要求又被郑重地提了出来，但这时马克思已经去世（1883年）。为了加强对国际工人运动的领导，防止修正主义者掌握国际共产主义运动的主导权，恩格斯做了大量的理论和实际工作，最终促使德、法等国社会主义政党的代表于巴黎人民攻克巴士底狱100周年纪念日，即1889年7月14日，在巴黎召开"国际社会主义者代表大会"。共有22个国家的393名代表与会，讨论了国际劳工立法和工人阶级的政治、经济斗争任务，通过了《劳工法案》以及关于每年庆祝"五一劳动节"等决议。这次大会标志着第二国际的建立。事实上，第二国际是在西方资本主义相对稳定的发展时期建立起来的。这时欧美工人运动更加风起云涌,各国相继建立起了独立的无产阶级政党,公开、合法斗争成为这一时期工人运动的主要特征。为了适应这一时期国际工人运动的现实要求,各国政党工作完全独立自主。第二国际不是各国无产阶级政党的上级组织,更没有发表过成立宣言或纲领性文件,而是通过历次代表大会的决议统一策略,给各国政党指出行动方向,直到1900年巴黎大会上才决定成立常务委员会——社会党国际局,1905年后改称社会党国际局执行委员会,由每个国家的党组织选派1—2名代表组成。第一次世界大战爆发后,由于各交战国的无产阶级政党纷纷按国家利益选边站,客观上破坏了第二国际确定的国际主义原则,第二国际名存实亡。1914年8月4日德国社民党议员在德国国会投票通过军事预算案后,列宁宣布"第二国际已死,第三国际万岁!"接下来,登上历史舞台的就是"第三国际"(1919—1943年)。这是一个对第一次世界大战后以及当今世界格局产生深远影响的国际组织,又名"共产国际"。1919年3月2日,在莫斯科召开"国际共产主义代表会议",来自21个国家的35个政党和团体的代表参加了大会。大会通过了《告国际无产阶级宣言》《共产国际行动纲领》《关于资产阶级民主和无产阶级专政的提纲》等文件,宣告了第三国际的成立。这是一个完全共产主义性质的国际组织,它把马克思列宁主义作为自己的理论基础,秉持民主集中制的组织原则,其基本任务是团结工人阶级和劳动群众,推翻资本主义和帝国主义统治,建立世界苏维埃社会主义共和国联盟,彻底消灭阶级,实现社会主义和共产主义。由于俄国十月革命的胜利和"共产国际"的建立，国际共产主义运动进入一个全新的历史时期。无产阶级与资产阶级的斗争开始变得日益尖锐而不可调和，斗争形势更加复杂，也更加残酷，最终成为一场你死我活的斗争，并在国际上形成了两个敌对的阵营。1943年5月15日，为了适应世界反法西斯战争的发展，巩固战时同盟，便于各国共产党独立处理国际国内问题，更有利于在战场上迅速取得反法西斯战争的胜利，在苏联党和政府的推动下，共产国际执行委员会作出了《关于提议解散共产国际的决定》，第三国际的历史使命结束，但苏联在国际共产主义运动中的地位和作用，以及共产主义意识形态的全球性影响仍然在持续扩大。

共产主义运动的发展，推动了人类社会的历史进步。1917年苏俄率先建立起了世界上第一个社会主义国家，世界面貌因之而大变。第二次世界大战后，更是在欧洲、亚洲和美洲等地区诞生了一大批社会主义国家，尤其是中华人民共和国的诞生，是共产主义意识形态对封建主义和资本主义意识形态的全面胜利，极大地促进了国际共产主义运动和亚非拉民族解放斗争，最终形成了以美国和苏联为核心的"两极"对抗格局，意识形态的对立对人类社会的历史影响达到了一个前所未有的高度。因此，在第二次世界大战中，虽然美、苏两国出于战略上的共同利益结成了同盟，但战争一结束，由于在意识形态上的根本对立，美、苏两国的关系很快从战时的合作转向了对抗。美国要在全世界推行资本主义，包括西方的价值观和生活方式，而苏联则要在全世界推行社会主义，包括推行无产阶级革命和民族解放运动，因此在它们

冲突与未来

共同的敌人消失后，两种意识形态的对抗主导了近半个世纪的美、苏对抗的历史，并主要表现在以下三个方面。

一是美、苏两国在全球划分势力范围。战后，东欧国家归入了社会主义阵营，包括波兰、匈牙利、保加利亚、罗马尼亚、捷克斯洛伐克和民主德国等国；西欧诸国则唯美国马首是瞻，如英国、法国、意大利、挪威、联邦德国、比利时、冰岛和葡萄牙等国。

二是美、苏两国在战略上针锋相对。美国在1947年、1948年、1949年相继发起和推行"杜鲁门主义""马歇尔计划"和"北大西洋公约组织"，从政治、经济和军事上三管齐下，对苏联实行政治上的孤立、经济上的封锁和军事上的包围。其中"杜鲁门主义"是"冷战"政策的核心，只要世界上任何一个地区有进步运动发生，美国就会宣布这个地区有"共产主义威胁"，接着就会对当事国或政府提供经济、军事援助，实在不行就会出兵直接干涉。最早是代替英国应对希腊和土耳其危机，出钱、出枪、出力帮助镇压了两国的共产党，然后就是介入朝鲜战争和越南战争，以及在全球建立联盟体系。为了对抗苏联，美国还经常不惜代价支持各种代理人战争甚至地区恐怖主义。苏联也不甘示弱，1949年、1955年相继发起建立"经济互助委员会"[①]"华沙条约组织"，目的就在于抗衡西方资本主义对东欧的影响，同时也像美国人一样，利用古巴在第三世

[①] 早期也称为莫洛托夫计划，与马歇尔计划相似，目的是援助东欧经济的发展。

界打代理人战争,如插手安哥拉内战、在红海地区介入索马里和埃塞俄比亚战争等。为了打通南下印度洋的通道,就直接出兵占领了阿富汗。

三是美、苏两国运用国力展开全面竞争。在20世纪的50年代和60年代,总体趋势是美强苏弱。苏联在二战前就在经济上落后于西方国家,尤其是大幅度落后于美国,并在二战中遭到了巨大的人力、物力损失,国民经济遭到的破坏更是触目惊心。战后,斯大林确立了积极防御的战略方针,一方面大力恢复和发展经济,优先和高速发展重工业,尤其是突出国防工业建设,以加快提升综合实力;另一方面,采取积极的措施,整顿和改组军队,全面提高武装力量素质,更新武器装备,改组作战指挥系统,等等。这一时期的美国则凭借其二战之后的超强实力四面出击,二战一结束就提出了与苏联全面对抗的思想,最著名的便是1946年2月22日美国驻苏联大使馆的乔治·凯南的"八千字电报",标志着遏制苏联战略理论的萌芽。随后(1946年9月)美国总统特别顾问克拉克又向杜鲁门提交了一份题为《美国与苏联的关系》的报告,主张美国应准备与英国和其他西方国家联合起来,按西方价值观塑造世界,任何反对苏联的力量均可得到美国的经济援助和政治支持。1947年3月12日,杜鲁门在国会发表国情咨文时宣称:今日世界的所有国家都面临着对两种不同生活方式的选择,一种是以大多数人的意志为基础的自由制度,另一种是以强加于大多数人的意志为基础的"极权政体",而美国的政策必须支持那些自由国家的

冲突与未来

人民抵抗武装的少数人。这一期间，美国对苏联的攻势咄咄逼人，发动了大规模的朝鲜战争和越南战争。到了 20 世纪 70 年代，苏联的实力得到明显提升，美国的实力则明显下降，在国内外面临的挑战越来越多，一方面朝鲜战争和越南战争削弱了美国的实力，日益引起美国人民的不满，美、苏实力对比开始出现不利于美国的变化；另一方面，美国与西欧和日本的矛盾加深，一些第三世界国家也在试图摆脱美国的控制。苏联则在这一时期巩固了"东欧大家庭"，并出兵捷克斯洛伐克，在社会主义阵营主张"有限主权论"，加强了对东欧的控制。20 世纪 70 年代初，勃列日涅夫向西欧发动"缓和攻势"，向第三世界发动扩张攻势[1]，在非洲与美国争夺战略要地、战略资源和海洋通道，逐渐打破了美国的战略围堵。这一切对美国造成了很大的压力，迫使美国在战略上采取守势。进入 80 年代，美、苏对抗的局面又开始反转，受阿富汗战争的影响，苏联的综合国力开始走下坡路，尤其是勃列日涅夫后期以来的政治僵化，使苏联社会发展严重停滞，各种危机累积，开始陷入内外战略困境。美、苏实力的此消彼长，把美国从 70 年代的战略守势中解放了出来，转而在各个方向对苏联施压，不断逼苏联让步。1980 年，美国总统卡特宣布："任何企图控制波斯湾地区的外来势力都将

---

[1] 1971 年至 1981 年，苏联就同埃及、印度、伊拉克、越南、埃塞俄比亚等 12 个国家签订了"友好合作条约"，利用这些条约把上述国家变成了苏联的势力范围，而与苏联签订条约的国家又利用苏联的势力向邻国入侵，如苏印条约签订后，印度马上入侵巴基斯坦；苏越条约签订后，越南便进攻柬埔寨。

第十章 通向未来的道路

被认为是对美国根本利益的侵犯,我们必须采取必要手段,包括武力在内,反击这种企图。"1986年,时任总统里根在《自由、地区安全与全球和平》的外交咨文中更进一步提出,"以低烈度的战争"方式支持亲苏国家中的反政府武装活动,甚至可以采取军事行动直接介入反政府活动不明显的亲苏国家,支持那里的"自由战士",以便将苏联在这些国家和地区所取得的政治和军事进展"有限地推回去"。1985年戈尔巴乔夫上台后,试图通过政治改革的途径,改变苏联经济发展严重失衡的局面,但由于社会积弊深重,激进的政治改革措施反而加快了苏联国力的衰落,从而给美国带来了"和平演变"的历史机遇。美国最终不战而胜,苏联则一败涂地。

1989年12月3日,美、苏两国领导人在马耳他的高峰会上宣布结束"冷战",苏联承诺不再反对东、西德国在北约的组织下实现统一;1991年7月1日,华沙条约组织在布拉格会议上宣布解散;1991年12月26日,苏联解体,国际共产主义运动陷入低谷。这一变化表明,完全建立在计划经济上的传统的社会主义已经失败,资本主义意识形态在与共产主义意识形态的对抗中获得了阶段性胜利。然而,中国从1978年12月已经开启社会主义改革的进程,包括"对内改革"和"对外开放"两个方面。1982年,中国共产党十二大提出了以计划经济为主、市场经济为辅的观点;1984年,中国共产党十二届三中全会又提出社会主义经济是公有制基础上的有计划的商品经济的观点;1987年,中国共产党十三大进一步提出社会主义有计划商品经济的体制应该是计划与市场内在统一的体制的观点；1992年初，邓小平发表"南方谈话"，从根本上破除了市场经济姓"资"、计划经济姓"社"的传统观念；1992年10月12日，中国共产党十四大报告中正式提出"我国经济体制改革的目标是建立社会主义市场经济体制"；1993年，中国共产党十四届三中全会通过了《中共中央关于建立社会主义市场经济体制若干问题的决定》，其中设计了社会主义市场经济体制的基本框架，确立了社会主义市场经济体制改革的各项任务，等等。这一系列的发展创新，表明了社会主义意识形态在理论和实践上的重大突破。越南也开启了社会主义改革，1986年越南共产党第六次全国代表大会提出了"革新开放"的理念，主要包括经济上和思想上的改革开放，开始导入市场经济和对外开放政策。老挝、古巴和朝鲜也或早或晚地走上了社会主义改革之路。

正是在这一个时期，随着"两极"对抗的消失和资本主义意识形态在世界范围内的广泛传播，美国利益迅速向全球拓展，进而在全世界大力推行自由主义市场经济理念，从此开启了一个经济全球化时代，即各国通过对外贸易、资本流动、技术转移、提供服务、相互依存、相互联系而形成的全球范围的有机经济整体的过程，包括商品、技术、信息、服务、货币、人员、资金、管理经验等生产要素的跨国跨地区自由流动。世界经济日益成为一个紧密联系的整体，人类社会第一次按照生产要素的合理配置，形成了一个与资源、资本、市场和劳动力素质相适应的全球性产业链。由于各国的国情不同，不同的国家处在产业链的不同位置，发达国家通常处在整个产业链的顶端，而发展中国家则处在全球产业链的中低端，前者在资本、技术和人才上占据着优势，后者则在资源、劳动力和市场方面更具竞争力。而且，经济全球化不仅促进了全世界生产和市场的统一，实现了各国市场的分工与协作，创造出了更多的财富，为世界的和平与发展创造了机遇；也更加有利于科学技术的进步和生产力的提升，促进不发达地区经济较快发展，消除贫困，推动人类社会的整体进步。当然，经济全球化也产生了许多负面因素：一是西方发达资本主义国家在经济全球化中占有主导地位，以至于少数大国可以通过制定不平等规则，操纵世界经济事务，使本应平等互利的国际经济活动被扭曲，导致国家之间的竞争和民族冲突更加激烈；二是资本主义制度的固有缺陷增加了国际政治经济的不稳定性和不确定性，经济危机极易通过国际金融体系和全球产业链向全球扩散，破坏性巨大，如1997年的亚洲金融风暴和2008年的全球性金融危机等，发展中国家一旦应对不力，极有可能造成政府破产、社会动荡；三是各国经济主权的独立性遭到削弱，尤其是发展中国家的民族经济面临越来越大的压力和冲击，从而加剧了世界经济发展的不平衡，南北差距不断扩大，落后国家对发达国家的依附性也不断增大；四是经济全球化带给发展中国家最大的问题是国家主权受到威胁，带给发达国家的是实体经济下降、虚拟经济上升，国家经济的长期稳定面临挑战，等等。

冲突与未来

但是，即使存在着这样那样的问题，经济全球化是人类社会经济活动范围不断扩大、人类追求共同理念和价值观趋势不断发展的必然结果，符合人类社会生产力进一步发展要求，因而所产生的积极影响是主要的，是不可逆转的历史潮流。从目前阶段经济全球化的结果和所产生的影响来看，已经有了非常明显的世界意义，人类有可能在全球化、全球性问题、全球利益和全球治理的基础上，形成一种全新的共同价值观念和新的人类文明，其结果将必然是对人类现有文明的总体超越，包括打破近代西方意识形态在人类文明中的主导地位。因此，从 20 世纪末到 21 世纪初的社会主义改革和经济全球化潮流，正在对未来人类社会的发展方向产生极为深远的影响。对共产主义意识形态和社会主义国家而言，是一次深刻的革命，并把它们纳入了人类共同发展的历史洪流，已成为支持全球化最坚定的力量。对西方发达的资本主义国家而言，是重大的历史机遇，但它们面临着历史性的判断，即如何在资本主义意识形态获得阶段性胜利和经济全球化所产生的负面影响面前进行抉择。它们既有反对全球化的理由，也有理由推动全球化继续发展，而对其他大多数的资本主义国家而言，和平与发展仍然是它们不得不追求的战略目标。因此，未来全球化的过程必将取决于上述三种力量之间的斗争与联合。如此前所未有、广泛深入的全球性政治、经济活动，决定了人类社会正处在一个进入新时代的门槛上。世界大国以及各种国际力量和地区势力围绕全球化的长期较量将进入一个新的阶段，一场全新的历史大剧已经开始。

第十章 通向未来的道路

■ 经受历史逆流的冲击

人类社会的发展，经历了漫长的历史。伴随这一过程的是人类活动范围的不断扩大，不同族群的不断融合，社会化的广度和深度不断拓展，文化和文明的不断进步，不同国家（地区）之间的政治经济联系日益密切，生存空间逐渐从较狭窄的地区走向区域性空间、再到全球性空间的过程，因此全球化一定是这一漫长历史过程的终极方向。进入 20 世纪后，全球化开始出现制度性因素的萌芽，其中的标志性事件是"国际联盟"（League of Nations，简称"国联"）的成立[1]。这是第一次世界大战后基于《凡尔赛条约》组成的国际组织，最多时拥有 58 个成员国。建立国联的构思最早可以追溯到康德的思想，经历 19 世纪到 20 世纪初国际和平主义者的不断探索之后[2]，英国外交大臣爱德华·格雷在第一次世界大战期间提出了建立国联的设想。大战结束后，美国总统伍德罗·威尔逊对这个建议很感兴趣，认为这可以避免重蹈第一次世界大战的覆辙，他在巴黎凡尔赛和会上提出的"十四点和平原则"中的最后一点就是关于成立"国联"，其宗旨是减少各国的武器数量、平息国际纠纷、

---

[1] 1920 年 1 月 10 日成立，1946 年 4 月 18 日解散。
[2] 19 世纪拿破仑战争后，为了维持欧洲安全，避免再次发生战争，经过欧洲各国的协调，促进了国际法律体系的萌芽，包括日内瓦公约及海牙公约的诞生，形成了国际法中的人道主义标准。1889 年，英国和平主义者威廉·兰德尔·克里默和法国和平主义者弗雷德里克·帕西发起成立"各国议会联盟"（Inter-Parliamentary Union，简称 IPU），至 1914 年时有 24 个拥有国会的国家是各国议会联盟会员，其中的议会机构就是国联的前身。

冲突与未来

提高民众生活水平、促进国际合作和国际贸易。1920年1月10日，《凡尔赛条约》正式生效，在威尔逊总统的主持下，国际联盟宣告正式成立，凡是在大战中对同盟国宣战的国家和新成立的国家都是国际联盟的创始会员国[①]。但是，由于人类对如何运作这样的国际组织缺乏经验，它从成立伊始就不断受到各主权国家尤其是大国权力的冲击，除了曾成功地解决了一些小的纷争，如瑞典和芬兰有关奥兰群岛之争、土耳其和伊拉克有关摩苏尔之争，以及包括尝试打击国际间的鸦片贸易、改善难民生活状况等；对于大的争端和冲突却总是无能为力，如1928年爆发的玻利维亚与巴拉圭战争、1931年日本入侵中国东北、1935年意大利入侵阿比西尼亚（今埃塞俄比亚）、1936年的西班牙内战等。因为国联缺乏处理国际争端和重大国际问题的强制力，它在大多数问题上都需要依赖大国的支持，实际上只能受大国操纵。总而言之，国联难以改变当时主权国家争端冲突此起彼伏的现实，因而几乎没有起到维护世界和平的作用，倒是帮助大国重新划分了势力范围，最终也就不能阻止国际纠纷、大国入侵、法西斯行为以及第二次世界大战的爆发。这一切与建立国联的初衷相违背的事件接二连三地发生，最终导致人类第一次建立的全球性政治机构失效。

尽管如此，第二次世界大战的惨痛教训激起了人们对实现世界永久和平的向往。世界反法西斯阵营在美国罗斯福总统

[①] 由于美国与英、法争夺国际联盟的领导权失败，1920年1月19日美国参议院拒绝批准《凡尔赛条约》及《国际联盟盟约》，因此美国最终未加入国联。

第十章 通向未来的道路

的努力推动下，下决心继续推行威尔逊式的国际和谐理念，设想在战后建立起一种集体安全模式，以新的全球化安全观取代传统的地区均势安全理念，目的是避免重蹈覆辙，不再犯国际联盟以及第一次世界大战结束时所订立的制度的失败（失效）错误，即"以和谐而非均势为基础来建立国际合作秩序"[①]。为此，早在第二次世界大战正酣时，罗斯福就有了建立"联合国"的设想，并在 1942 年 1 月发布《联合国家宣言》时正式使用了这一概念。1942 年春天，罗斯福在苏联外交部长莫洛托夫访问华盛顿时，又在他的联合国构想的基础上提出了"四大警察"理论，即战后只准许英国、美国、苏联以及中国等大国可以拥有武装，作为维护世界和平体系的"执法人"，通过这些"警察"国家的合作来维持世界和平。罗斯福的观念糅合了传统的美国主义、威尔逊式的理想主义以及他自己对人类历史文明的解读。可惜的是，"罗斯福总统就像摩西，见到了乐土却可望而不可即"[②]。他还来不及实践他的伟大理想，就在第二次世界大战结束前去世了，只能把建立联合国的重任和实现世界永久和平的理想留给了杜鲁门总统。后来，杜鲁门也试图完全继承罗斯福的政策和理想，在他宣誓就职后数分钟内，就声明美国将参加旧金山会议（讨论建立联合国的问题），会期将不延迟，罗斯福定下的计划亦不改变。杜鲁门说："我愿意

[①] [美] 亨利·基辛格：《大外交》，顾淑馨、林添贵译，海南出版社 1998 年版，第 350 页。
[②] 同上，第 378 页。

冲突与未来

使大家明确知道，对于建立一个防止战争、维持和平的国际机构，我是极端重视的。我知道在建立这样一个机构的过程中，我们可能遇到许多的陷坑和障碍，但我也知道，假若世界上没有这样的机构，我们将注定永远蒙受毁灭的威胁。"[1] 但是，由于杜鲁门并不具备罗斯福在国际上的崇高威望，加之要推动这样一个伟大的事业所面临的困难又前所未有，即使罗斯福在世，要经受多少挫折也难以预料，因此后来除了建立起了联合国，罗斯福的远大理想也就随着他的去世而逐渐暗淡了下来。罗斯福去世不到一年，英国前首相温斯顿·丘吉尔就在美国富尔顿发表了一个改变世界的"铁幕演说"[2]。丘吉尔不甘心"日不落帝国"就此衰落，推动杜鲁门和斯大林把世界带进了"冷战"，开启了"两极"对抗的时代，然后就是美、苏争霸，世界又陷入狼烟四起的局面，历史的车轮又被国际政治的传统势力带回了对抗发展的老路。

"冷战"结束后，苏联解体，"两极"格局消失，美国成为世界上唯一的超级大国，这使美国人的自信和对这个世界负有"天定命运"的思想再一次高涨起来。苏联解体之后，美国把美洲当成了自己的后花园，把全世界当作了实现"美国梦"的大舞台。美国利益随之在全球快速扩张，给了资本家占领世界市场、获取全球资源、追求天下财富的天赐良机，也为美国政治

---

[1] [美]哈里·杜鲁门：《杜鲁门回忆录》（上卷），李石译，东方出版社2007年版，第214页。
[2] 罗斯福于1945年4月12日去世，丘吉尔于1946年3月5日发表演说。

精英向海外输出美国文化和意识形态提供了历史机遇。前者在全球经济舞台上攻城略地,后者在国际政治舞台上所向无敌,二者相辅相成,在世界范围内形成了贸易自由化、生产国际化、资本全球化和政治民主化的世界潮流,开启了经济全球化时代。这一过程所产生的直接和间接影响主要体现在以下三个方面。一是使得以美国为代表的西方发达国家和跨国公司利用推动国际自由主义经济方式,获得了控制世界经济的权力。二是形成了全球产业链和资源的全球配置,推动国际市场不断扩大,加速世界经济增长,为发展中国家追赶发达国家提供了一个难得的历史机遇,从而促进了新兴国家的崛起。三是经济全球化所导致的世界市场一体化极大地密切了世界各国之间的政治、经济联系,推动了人类社会生产生活方式的开放式发展,使人类文明的发展进步进入了"地球村"时代,为人类追求永久和平的理想提供了共同的基础。上述三个方面互为表里、相互作用,决定了今天资本全球化、生产社会化和经济关系国际化的基本格局,推动了自联合国诞生以来新的全球化浪潮。这是人类全球性经济活动所导致的必然结果。早期,美国天然是这一波全球化浪潮的主导者和领导者,包括在制定规则、资本输出、科技发展、金融服务、引导全球产业结构调整等方面。美国的影响在全球无处不在,正是得力于美国的大力推动,这一波全球化所产生的影响前所未有,从根本上改变了人类社会的"政治面貌"。但是,这样的局面在 2008 年由美国次贷危机引发的世界性经济危机之后开始发生转折性的变化。由于美国在世界经

冲突与未来

济体系中的霸权地位，连带把整个世界都拖入了经济危机的陷阱，导致了世界各国对美国政治、经济政策的广泛质疑。自"冷战"结束以后，美国还相继发动了海湾战争、科索沃战争、阿富汗战争、伊拉克战争以及主导了利比亚、叙利亚冲突，并通过"颜色革命"在全球制造混乱、干涉别国内政等。金融危机和战争不仅使美国的国力遭到削弱，也导致了美国国际政治信用的不断透支，打破了世界上大多数人民原本对美国制度和意识形态的无条件信任，美国的国际威望从此大打折扣。与此同时，世界新兴经济体开始崛起，国际产业链逐渐形成，世界各国之间的政治、经济联系日益紧密，和平与发展成为世界潮流，促进了"人类命运共同体"理念①的产生，世界各国对美国的不满越积越多，这极大地削弱了美国等西方国家控制世界经济的权力。从2008年国际金融危机以来，世界经济形势逐渐向着美国不可控的方向发展，已经到了越发展美国就越恐慌的地步，结果造成了2016年美国国内政治生态的大转变。特朗普当选美国第45任总统就是这一转变的重要标志，民粹主义在美国大行其道，公开反对全球化，开始把世界第二大经济体中国当作美国的头号敌人，而一切所谓"占美国便宜"的国家也都

---

① 2012年11月，中国共产党第十八次全国代表大会召开，习近平当选总书记，首次提出了"人类命运共同体"理念，认为国际社会已日益成为一个你中有我、我中有你的"命运共同体"，面对世界经济的复杂形势和全球性问题，任何国家都不能独善其身。2015年9月，习近平在纽约联合国总部发表讲话，进一步指出："当今世界，各国相互依存、休戚与共。我们要继承和弘扬联合国宪章的宗旨和原则，构建以合作共赢为核心的新型国际关系，打造人类命运共同体。"

成了美国要"整肃"的对象,包括欧盟、日本、加拿大、韩国等盟友在内。在国际政治舞台上,美国则以"退群"为手段胁迫他国,如退出巴黎气候协定、退出伊朗国际核协议、退出中导条约等,在解决全球性问题上采取不合作的态度。今天的美国已经把全球化当作导致美国衰落的"罪魁祸首",以至于发动贸易战和制造贸易壁垒就成了特朗普总统的治国"神器",美国的所作所为正在使全球化再次面临严峻挑战,不仅国际政治的发展方向面临抉择,人类社会的发展进步也可能面临曲折或暂时倒退的风险。

美国从全球化的主导者和领导者向全球化的反对者转变,是美国霸权衰落的政治后果,但美国绝不会心甘情愿地放弃霸权和已经到手的利益,肯定要与历史潮流作对。这是人类社会进步必然要经受的历史逆流,国际社会能否在这场反对历史逆流的斗争中取得胜利,彻底告别霸权主义时代,决定了未来相当长一个时期世界历史的发展方向。

第一,可以肯定的是,美国当前发动贸易战只是反全球化逆流的开始,如果得不到有效的阻击,接下来还会出现新的反全球化战线,如全球性的产业控制战、投资战、科技战、汇率战和金融战,甚至有可能出现冻结海外资产、实行石油禁运、控制战略资源和战略通道等局面,而后者已是某种程度上的准战争行为。

第二,美国不可能在这场斗争中取得最后的胜利,这是由美国自身的因素决定的。一是美国的意识形态是以个人主义

冲突与未来

和全面私有化的经济模式为基础的,这对特朗普心心念念如鲠在喉的中美贸易逆差而言,通过贸易战只能把问题从左手转移到右手,而不可能解决问题。美国人民需要的产品若不来自中国,就要来自别的国家,除非美国人通过自己的生产满足需求,但在全球化背景下,美国的生产成本太高,这不符合资本家的利益。美国的国家利益受到资本主义逐利本性的制约,而企图通过贸易战来改变这一局面只怕是适得其反,这一点已经逐步证明[1]。那么,接下来美国就不得不扩大战场,从点对点的贸易战发展到破坏全球经济体系的经济战,包括科技战、金融战和产业控制战等。这势必使美国陷入与天下为敌的局面,其结果可想而知,但全世界也将要因此经受一场"浩劫"。二是由于"冷战"的胜利和唯一超级大国的地位已经成为美国的

---

[1] 贸易摩擦从 2018 年 3 月 8 日开始,美国首先对中国,也对其他国家钢铝产品单方面加征关税,标志着贸易战开打;4 月 16 日,美国禁止向中国中兴通讯销售软件及零部件,为期 7 年,开始对中兴实施制裁;7 月 6 日、9 月 24 日,美国先后两次宣布对中国输美产品加征关税,第一次是 500 亿美元产品加征 25% 的关税,第二次是 1000 亿美元产品加征 10% 的关税,随后又对中国 2000 亿美元商品加征 10% 的关税;2019 年 5 月 10 日,美国宣布对 2000 亿美元中国商品加征的关税提高到 25%,8 月 1 日又宣布将对余下的 3000 多亿美元的中国产品加征 10% 的关税等。作为反击,相应国家被迫对美国采取反制措施。这一切所产生的结果,不仅为美国人民所反对,也遭到了世界各国政府和人民的抵制和谴责。比如,当美国把关税由 10% 扩大到 25% 的时候,美国国内的反对声浪日益高涨,代表美国 150 多家贸易协会的游说组织发表声明说,关税战导致美国近 100 万个就业岗位的损失。美国鞋类协会和零售批发商协会发布声明说,关税战严重损害美国消费者利益,对企业和整个美国经济来说是灾难性的。美国的大公司包括沃尔玛等约 600 家企业联名致信美国政府,要求贸易战休战,与中国达成协议,等等。

历史包袱,美国的政客们在政治上变得傲慢自大,总是习惯于去改变世界(别国),而不是变革自己。他们善于把自己的问题归罪于外部因素,有不达目的誓不罢休的霸权心态,因此政治上的故步自封将使美国政治中的进步因素受到限制,导致意识形态的进步停滞不前,这是决定美国将走下坡路的根本原因。如果美国不能正视自己的问题,它最后走向失败就将成为必然。

第三,伴随着反全球化历史逆流的持续,世界将陷入一场旷日持久的意识形态冲突。这个世界刚从"冷战"中走出来,"冷战"思维的阴影并未远去,尤其是像美国这样的全球性霸权国家,在面临中国高举多边主义旗帜、坚定支持全球化的立场,以及中国特色社会主义的发展模式越来越获得广泛的世界认同时,将习惯性地重返意识形态战场,重新集合起一个反对中国的意识形态阵线,企图通过各种精心策划的意识形态斗争再次复制搞垮苏联的历史,至少可以打压遏制中国。因此,不仅中国将面临日益严峻的意识形态斗争局面,世界也将面临一个新旧势力斗争的新时代。可以预见到,在未来的二三十年,中、美之间将在政治、经济和军事领域展开更加激烈的战略博弈,意识形态斗争将贯穿于全领域和各条战线。在国际政治领域,20世纪末资本主义意识形态的历史性胜利,并不能掩盖资本主义制度所存在的重大缺陷。2008年金融危机后,资本主义意识形态和制度也面临着改革的历史压力,而中国特色社会主义越成功,它们面临改革的压力就会越大。这将导致新的国际

冲突与未来

阵线的产生，以及人类对传统意识形态的超越。这一局面将促使人类新的意识形态加速成长，而这必将对于未来世界的进步发展具有决定性的意义。

　　第四，全球化导致了国际格局的深刻变化，新的世界秩序正在孕育之中，而这一变化最直接的表现将是美国霸权的衰落。美国将继续保住霸权的选择决定了未来冲突（战争）产生的必然性，这个是世界必须经历的历史过程。在未来相当长的一个时期，美国可能是一切冲突（战争）背后的根本原因。对于中国而言，没有经济全球化的深入发展，中国的改革开放很难成功，中国特色社会主义实践也会面临更多更大的困难。而在美国看来，经济全球化成就了中国，却使美国积累了危机，尤其是在市场经济规律的作用下，以制造业为核心的美国实体经济不断衰落，蓝领阶层的不满越来越明显，加剧了美国社会的贫富分化，国家债务急剧膨胀。这使美国感受到了霸权衰落前的危机，因此如何遏制和打压中国就逐渐成为美国精英阶层的共识。同时，对全世界大多数国家来说，全球化是和平与发展最可靠的保证，各国利益相互交织，合作才能共生共赢，因此美国在全球屡试不爽的打压遏制策略和经济制裁政策将越来越不得人心。全球性的反美斗争形势正在形成中，而美国也不会心甘情愿地看到这一场景发展下去。世界何去何从，既取决于美国当权者的政治选择，更取决于世界上大多数国家人民的意愿。在这样的历史背景下，矛盾和冲突已经不可避免。

第十章 通向未来的道路

■ 意识形态的历史归属

人类社会在不同的时代，产生着不同的意识形态。从早期人类使用石器时代的原始思维，经过图腾崇拜、神话、迷信、巫术、原始宗教的不断酝酿，直到中国诸子百家和古希腊哲学的产生，到文艺复兴时期史无前例的思想繁荣，最终孕育出了在近代影响最为深远的资本主义意识形态和共产主义意识形态。因此，只要是对人类社会历史有一定常识的人，都可以得出一个基本的结论，即人类意识形态的发展经历了由个性化时期到区域化时期再到全球化时期的历史过程，全球性成了意识形态发展的必然方向。但是，意识形态的发展进步遵循的绝不是简单线性的规律，而是在矛盾冲突的历史逻辑中发展，是人类社会一定历史阶段的产物，它深刻地反映了不同民族、阶级和政治集团之间进步与落后的斗争过程。总而言之，意识形态的发展始终包含着历史进步的过程和现实斗争（冲突）的过程。

事实上，早在170多年前，马克思就已提出"世界历史"理论，科学地预见到了社会化生产的世界性扩展，以及由此带来的人类社会内部日益深刻的相互影响这一历史性趋势，从而将共产主义的实现与世界历史的发展进程紧密地联系起来。马克思认为，一切社会变迁和政治变革的终极原因，不应当到人们的头脑中去寻找，而应当到生产方式和交换方式的变革中去寻找，因为生产活动是人类最基本的实践活动，物质资料的生产是人类生存和发展的基础，正如恩格斯所指出的："每一历史时代的经济生产以及必然由此产生的社会结构,是该时代政治的和精神的历史的基础。"[1] 随着经济活动的日益全球化,人类社会的历史将逐渐由孤立、隔绝的民族史,走向各个国家相互影响的世界历史时代,一国的生产生活方式并不完全由其国内因素来决定,而是很大程度上将受到国际因素的影响,甚至受到国际因素的决定性影响。马克思强调人类的生产活动一步一步地由低级阶段向高级阶段发展,其社会化程度也必然会一步一步地扩展和提升,而经济全球化的实质就是人类社会生产活动的全球性扩展,是人类社会发展不可逆转的潮流与规律。经济全球化的基本面貌是经济一体化,世界经济活动将日益结合成一个完整、统一的系统,虽然这种系统不必然要求各个组成部分(地区、国家)必须与整体相契合,但各个部分自身要求的满足,不能破坏系统整体的稳定与持续发展。这便进一步要求政治、经济管理与调节的一体化与全球化,以及社会分配正义和全球治理在全球化范围内的实现。当然,经济全球化最初是以自发状态来发展的,其结果就是世界范围内的分工合作首先是由发达国家所主导,利益分配不均的现象由此产生,即在分工链条中处于不同位置的国家和民族,会在全球化利益分享和代价承担方面形成极为不均衡的局面,发达国家依靠其经济、政治和军事力量形成和维持着自身的优势与享有大部分利益的地位,并对落后国家的发展形成了规则上的束缚。随着经济全球化的深入,发展中国家的综合实力

---

[1]《马克思恩格斯选集》(第一卷),人民出版社 1972 年版,第 232 页。

将逐渐得到增强，对世界经济体系的影响力不断上升，当形成了某种历史性趋势，就必然要求对国际政治、经济制度进行改革，国际格局就会发生相应的变化，最终形成新的世界秩序，并引领全球化进入一个崭新的阶段，此前世界经济发展的不均衡性将因此逐渐得到改善，从而推动人类社会进入一个新的时代。纵观今天的国际形势，我们也许正站在进入这一伟大时代的门槛上，一种新的全球主义的意识形态已呼之欲出。

当然，新的意识形态也不是凭空产生的，它一定是现实斗争的产物。现实生活中，意识形态涵盖范围极广，不同的民族、阶级、阶层、国家或政治集团生存的环境不同，政治发展和利益诉求也不完全一致，社会意识形态的发展通常具有多样性和层次性，如当前中国社会普遍存在的宗族意识、社团意识和民族意识等。这些普遍的、大众化的多元意识形态通过它们之间的相互交流、碰撞、冲突与融合，会逐渐产生一个体现时代特征的为绝大多数人所接受的主流意识形态。这样的主流意识形态又会与其他生存空间的主流意识形态发生交流、碰撞、冲突与融合，继而形成涵盖范围更广的新的意识形态，这就是人类社会意识形态斗争的基本格局。因此，任何一个时代，既存在着主流意识形态与非主流意识形态之间的斗争，也存在着不同主流意识形态之间的斗争。主流意识形态与非主流意识形态之间的斗争，是一种普遍的社会现象。它长期存在，反映了人们不同的精神诉求，不仅有促进主流意识形态发展的一面，也有阻碍、消解主流意识形态的另一面。当前者起主要作用时，社会的统一、发展和进步就有了保证，反之，就标志着社会转型的开始，社会有可能因此陷入失序和结构解体的过程，如 20 世纪 90 年代苏联的解体就是从主流意识形态的崩塌开始的。不同主流意识形态之间的斗争，则是每一个时代特殊的政治现象，是人类社会生存空间扩大、政治发展不断进步的标志，如民族之间的融合以及世界性大国的崛起等。但是，主流意识形态之间的斗争对人类社会的发展进步具有决定性意义。它不仅深深地烙印着一个民族、阶级、国家和政治集团的思维模式、思想观念和利益诉求，也包含着一个特定时代人们的思想认识和政治理想，对于构造人们的理想和价值观体系具有极其重要的作用。而综观历史，最近的 170 多年，世界不同主流意识形态之间的斗争主要体现为资本主义意识形态与社会主义意识形态之间的斗争。这种斗争不仅促进了资本主义社会的发展进步，也为社会主义意识形态的发展进步提供了历史机遇，更为当代人类社会的繁荣发展提供了精神助力，并正在引领一个新时代的开始。

　　资本主义意识形态与社会主义意识形态的斗争始于 19 世纪中叶，前者的政治基础是个人主义和私有制。这是在市场经济条件下，由它所建立的生产方式和交换方式所决定的，"取而代之的是自由竞争以及与自由竞争相适应的社会制度和政治制度、资产阶级的经济统治和政治统治"[1]。而后者则是在资本主义意识形态的基础上产生的，建立在阶级斗争的基础上，在反

---

[1]《马克思恩格斯选集》（第一卷），人民出版社 1972 年版，第 256 页。

对资本家剥削和争取无产阶级应有的权利的斗争实践中形成的。正是在这种斗争中，工人阶级联合了起来，他们迫使资本家和政府用法律的形式承认工人阶级的利益。他们的合理要求得不到满足，最终被迫以暴力革命的手段反对资产阶级的暴力统治，建立了社会主义制度。因此社会主义意识形态从其产生的一开始就是对资本主义意识形态及其制度的反叛。前者突出发展人类个体的经济意识，以自由市场经济为基础建立社会制度；而后者则特别强调人类整体的政治意识，以普遍的社会公平正义为基础建立社会制度，认为资本主义的"法律、道德、宗教，在他们看来全都是掩盖资产阶级利益的资产阶级偏见"[1]。因此"每一个国家的无产阶级当然首先应该打倒本国的资产阶级"[2]。这两种意识形态之间的斗争引导了此后人类社会的大变革。

首先，在社会主义意识形态经历了半个多世纪的理论探索与传播之后，以1917年"俄国十月革命"胜利为标志，世界上诞生了第一个社会主义国家，国际共产主义运动从此风起云涌，到1945年第二次世界大战结束后，更是导致了一大批社会主义国家的出现，这使得社会主义意识形态（共产主义意识形态）在其产生后的一百年里获得了阶段性的、历史性的胜利——建立起了社会主义制度。而此时的资本主义意识形态却一直承受着国际共产主义运动不断高涨的历史冲击，它迫使资本主义制度不断改革与自新，促进了社会进步因素的发展，尤其是通过

---

[1][2]《马克思恩格斯选集》（第一卷），人民出版社1972年版，第262页。

冲突与未来

制定广泛的福利政策和法律制度、改善资产阶级与无产阶级之间的关系，极大地缓和了阶级矛盾，因此社会主义意识形态实际上为这一时期资本主义的改革提供了方向和依据。比如，19世纪末20世纪初期，在美国工人运动持续不断的冲击下，美国进入了一个被称为"进步主义运动"的时代，针对工业化所带来的社会流弊、阶层矛盾和阶级冲突，全国性的改革运动风起云涌，并在20世纪初期开始走向高潮。一方面在各级政府中出现了不少进步主义者在积极从事民主政治改革，另一方面还出现了许多民间改革团体，提出了许多改革主张。正是在这一历史背景下，共和党人西奥多·罗斯福在1901年到1909年间出任美国总统，他顺应历史变革的要求，实施了不少改革措施，国内阶级矛盾得到进一步缓解，经济持续增强，受到了包括广大底层民众在内的美国国民的广泛拥戴。1912年，民主党人伍德罗·威尔逊当选总统后，继续进行社会改革，大力促成了《联邦贸易委员会条例》的通过，修改了反托拉斯法（《克莱顿反托拉斯法》），制定了童工法（《基廷—欧文法》）、铁路工人工时法（《亚当森法》）和工业事故赔偿法（《凯恩—麦克基利卡迪法》）等，目的是加强对企业的管理、执行反托拉斯法和使社会所要求的公平正义得到保障，尤其是强调政府对于规范企业行为和保障公平竞争的社会责任。这一场改革对于美国在一定程度上克服顽固的"资本主义制度缺陷"和"工业文明综合征"起到了极为重要的作用，为美国成为20世纪世界政治、经济和军事强国奠定了基础。

第十章 通向未来的道路

第二次世界大战后,资本主义意识形态与社会主义意识形态之间的斗争更加激烈,国际社会因意识形态被一分为二,形成了以美、苏为核心的对抗阵线,使人类社会进入一个前所未有的、扩展至全球的"两极"对抗时代。基辛格认为:"美苏关系紧张并非因双方误解而起,而是双方政策、目标迥然不同,无法调和而起。"① 其实两者在意识形态和社会制度上都是对立的,一个是以个人主义和私有制为核心,另一个则是以集体主义和公有制为基础。它们通过波茨坦会议把欧洲划分成东、西两大势力范围,而这正是罗斯福总统在世时想极力避免出现的局面。这一结果使得罗斯福构建全球集体安全的"四大警察"构想寿终正寝,全球性的意识形态对抗已完全不可避免。1946年2月9日,斯大林也在一次重要的演讲中宣称:"现在胜利表明,我们的苏维埃制度赢了,苏维埃社会制度已成功地接受战火考验,证明了它的完全活力,……苏维埃社会制度已证明比非苏维埃社会制度更具活力、更加稳定,……苏维埃社会制度是比任何非苏维埃社会制度更优秀的社会组织之形式。"② 他演讲中对社会主义意识形态先进性的坚定信念溢于言表,但后来的历史表明,作出这样的结论为时尚早。社会主义国家在二战结束后的初期,国家重建和经济恢复都明显比资本主义国家迅速,尤其是这一时期的苏联和中国在全面的社会进步、经济发

---

① [美]亨利·基辛格:《大外交》,顾淑馨、林添贵译,海南出版社1998年版,第381页。
② 同上,第393—394页。

冲突与未来

展上都取得了人类历史上少有的惊人成就。苏联很快就实现了工业化，中国则从一个一穷二白的农业大国，初步完成了社会主义改造，建立起了相对完善的工业体系。但随着中国国家经济建设的不断深入，绝对化的公有制与计划经济模式（"大锅饭"）的弊端日益显现，逐渐导致整个社会政治和经济的问题变得十分严峻。这时的苏联则是经济发展畸形、民生得不到保障、生活日用品极度短缺、国民经济结构严重失调，等等。在这一历史背景下，中、苏两国于1978年和1986年分别迈上了改革求变之路[①]。苏联解体之后，中国的改革在西方主流意识形态的不断冲击下独自艰难前行。

改革开放之后，中国领导人毅然提出向西方学习，认为社会主义要赢得同资本主义相比较的优势，必须大胆地吸收和借鉴世界各国尤其是资本主义发达国家的一切反映现代社会化生

[①] 中国的改革始于1978年12月中国共产党召开的十一届三中全会，会议提出了对内改革、对外开放的政策。中国经济改革先从农村开始，实行"分田到户、自负盈亏"的家庭联产承包责任制。尔后改革进一步向城市拓展，促进放开国有企业经营自主权。在对外开放方面，中央政府批准广东、福建两省在对外经济活动中实行特殊政策和灵活措施，并决定在深圳、珠海、厦门、汕头试办经济特区，拉开了中国对外开放的序幕。此后，对外开放成为中国的一项基本国策，并开始探索建立社会主义市场经济体制。苏联的改革始于1986年。与中国相反，戈尔巴乔夫的改革先从政治领域开始，他把鼓吹民主化改革作为抓手，却没有推进经济改革和提高人民生活水平。随着戈尔巴乔夫"新思维"的推进，党内外思想全面转向西化，主流意识形态逐渐崩塌，而非主流意识形态的影响力持续增强。苏联社会政治形势持续恶化，导致政局动荡不安，最终使经济陷入崩溃的境地。在各种社会弊端和西方意识形态冲击的交织作用下，苏联共产主义意识形态彻底瓦解。1991年苏联解体，苏联的改革以失败结束。

产和商品经济一般规律的先进经营方式和管理方法，吸收和消化西方意识形态中积极进步的因素，充分利用国外资金、资源、技术、人才以及对社会主义市场经济有益补充的私营经济，即采取各种前所未有的政策措施，发展中国经济，同时也坚守主流意识形态阵地不动摇，始终把维护广大人民的根本利益作为治国理政的核心。这一切为中国在 21 世纪初成长为全球第二大经济体奠定了坚实的基础，中国开始呈现给世界一个繁荣昌盛、人民安居乐业的崭新面貌。随着国力的提升，中国对世界的影响和贡献也越来越大，并日益成为维护世界和平、引领全球化的主导力量。

中国改革的成功与两大因素密切相关，一是经济全球化的国际环境，二是坚持主流意识形态不动摇。前者使中国同时拥有了国内国际两个市场、两种资源，这为中国迅速摆脱传统观念的束缚创造了有利条件，也为中国建立社会主义市场经济提供了正反两方面的经验，使得中国在引进外资和学习外国先进技术的过程中，得以充分地理解和消化资本主义先进的管理经验和市场经济理念，加快了由以计划为主的经济模式向以市场为主的经济模式转变。这一历史过程深刻地影响了十几亿中国人的思维观念，极大地推动了中国主流意识形态的发展进步。后者则起到了保持中国政治道路稳定的作用，确保中国是一个实行改革开放的社会主义，一个进一步造福于人民的社会主义，而不是成为一个重复资本主义模式的中国。中国在改革开放导致利益多元化的情况下，能够有效地保持国家的统一和社

冲突与未来

会利益的整合，最终使得社会主义市场经济成为一种既符合市场经济一般要求，又符合社会主义本质和方向的制度模式，其结果不仅使中国融入了世界，也使中国成为一个具有世界眼光的国家，一个推动人类社会全球化进一步发展的主要力量。总而言之，正是上述两大因素的综合作用，使当代中国走向了快速发展的道路，成为世界上主要的既坚持社会主义意识形态，又能成功借鉴吸纳资本主义意识形态中的进步因素的国家。这种超越传统理论藩篱的勇气和历经万难的实践精神，不仅造就了今天的中国，也决定了未来世界进步的方向。实际上，一个完全封闭孤立的世界早已成为历史，一个相互为敌、以邻为壑的世界正在成为历史，一个互利、普惠、共赢、全面合作的时代正在来临。世界各国之间的政治、经济关系正在向着日益紧密的方向发展，对此，美国政治学家塞缪尔·亨廷顿指出："总的来说，人类在文化上正在趋同，全世界各民族正日益接受共同的价值观、信仰、方向、实践和体制。"[①] 而美国前国务卿基辛格针对 21 世纪初中美两国日益紧张的战略关系正在导致不可预知的冲突风险时，提出的太平洋共同体设想，也是对这一历史趋势的反映，他说："中国人担心美国企图遏制中国；同样，美国人担心中国试图把美国赶出亚洲。太平洋共同体概念能够缓解双方的担心。美国、中国和其他国家都属于这个地区，都参与这个地区的和平发展，这将使美国和中国成为共同

---

① [美] 塞缪尔·亨廷顿：《文明的冲突与世界秩序的重建》（修订版），周琪等译，新华出版社 2010 年版，第 35 页。

事业的部分。"① 那么"建立太平洋共同体的过程中,中美彼此之间以及和其他参加国将拥有建设性关系,而不是敌对集团的成员"②。但是,美国特朗普政府所信奉的贸易战"神器",以及加剧中美意识形态对抗的举措,却正在让这个世界背离这一历史趋势。美国在全球化立场上的大踏步后退,已经给一个正在萌芽的世界新秩序蒙上了阴影,这意味着冲突和斗争很难避免。

历史告诉我们,马克思主义是在资本主义意识形态的基础上产生的,它既是社会主义意识形态的基础,也决定了社会主义意识形态与资本主义意识形态的尖锐对立,但两者又从来都不是孤立的存在。比如,社会主义意识形态对19世纪末、20世纪初资本主义意识形态的发展进步产生了深远影响,同样自20世纪下半叶以来,资本主义意识形态也对中国社会主义意识形态的发展进步也产生了影响。这就是说,人类主流意识形态的发展进步都不是孤立的,而是遵循着辩证发展的历史逻辑。黑格尔就认为,历史服从正题、反题到合题的永久规律,一个时代(纪元或时期)的主导建制(思想、意识形态、制度等)就是正题,随着建制(思想、意识形态、制度等)趋于成熟的过程,它的发展就会逐渐停滞并滋生出新的矛盾和斗争,对立面就会随之产生,这就是反题;正题和反题产生冲突,最后的

---

① [美]亨利·基辛格:《论中国》,胡利平、林华、杨韵琴、朱敬文译,中信出版社2015年版,第516页。
② 同上,第517页。

必然结果是超越两者合而为一，成为黑格尔所说的合题。然后合题变为正题，出现反题，发生冲突，最后出现新的合题，如此反复，推动着人类历史的进步，这就是人类意识形态的历史归属。

■ 全球治理是通向未来的必由之路

经济全球化促进了世界繁荣和人类文明的发展，也产生了各种全球性问题，如国际金融危机，即任何一个国家的内部失衡都会反映为外部失衡，进而很快会影响与其具有紧密贸易和投资关系的国家，使得经济波动和危机的国际传染成为常态，以至于一国的危机极有可能将所有国家不同程度地拖入失衡与危机的境地。2008年的美国次贷危机就是如此，先是波及欧洲，然后扩展到东南亚与拉美地区，最终形成全球性的金融危机。更为复杂的是，各国政府都面临来自国内让全球化进程向本国利益方向倾斜的压力，如何保持国际政治秩序与国际经济秩序的稳定与协调，对世界和平与发展至关重要，但目前还很难有效合理地解决这一问题。目前的经济全球化完全处于"自由主义"状态，不可能在战略上形成共识，也没有一个合理有效的框架对其进行管理，虽然目前有联合国、WTO组织、大西洋领导人峰会、亚太经合组织和二十国集团峰会等，由于涉及多边利益，顶多是在一些迫在眉睫的战术问题上达成共识，更多的只能是一些眼花缭乱的"国际社交"活动，那些发表出来的"共同宣言"都不可能解决长期的实际问题,尤其是不能解决潜在的问题,对人类社会未来的发展更是一筹莫展。因此,不仅国际社会对全球化趋势的管控缺乏有力的工具,任何一个民族国家更难以把握这一客观趋势。在一定的时期里,它也许会对一部分国家的经济发展产生正效应,而对另一部分国家则产生负效应,但大多数情况下是两种效应并存。当一国在经济全球化进程中所获得的正效应小于负效应时,该国就会对经济全球化采取抵制或消极的态度,转而谋求反对、无视规则或运用国家实力进行威胁,目前的美国政府就是如此。而战争、恐怖主义、核扩散、难民危机以及应对像全球气候变暖、全球环境恶化等问题,至今都难以得到有效的治理。因此,在人类追求全球化的历史进程中,实现全球治理是通向未来的必由之路。

第二次世界大战后,成立联合国是人类社会追求全球治理的一次重要尝试,但当时的目的比较有限,主要是想通过构建集体安全的方式,防止和消除战争威胁,制止侵略行为或其他破坏和平的方式,同时也赋予它一些促进国际合作和保障人民平等权利的使命。正如人们现在所看到的,联合国越来越难以适应全球化的世界,更难以为人类社会未来的发展提供足够的治理能力,这也是多年来世界各国要求联合国改革的呼声不断高涨的根本原因。

目前,联合国已陷入现实政治的陷阱。作为联合国的创始国之一,美国在联合国发展历程中扮演着特殊的角色。在早期

冲突与未来

阶段，美国政治中的理想主义占据主导地位，它把追求解决国际冲突和实现各国平等与合作作为美国外交政策的核心。二战后的第一位美国总统杜鲁门说，"美国的外交政策坚定地建立在公平正义的原则之上"，并表示，"我们一定要努力把这一黄金原则应用到这个世界的国际事务中去"。[①] 即使在经历了朝鲜战争和越南战争失败之后的1974年，时任美国总统杰拉尔德·福特在美国国会联席会议上仍然坚持他前任们没有实现的理想。他说："成功的外交政策，是把全体美国人民的希望向外延伸，追求一个有序和平、有序改良和有序自由的世界。"[②] 这种对世界秩序的责任感，也为联合国发挥作用注入了活力。正是在这一背景下，第二次世界大战后，美国帮助重建了欧洲，支持反对殖民主义，并从孤立中国转而实行与中国合作的政策；"冷战"结束后更是大力推动经济全球化，主导设计了开放的世界贸易制度，促进了世界繁荣。尽管在这一过程中，美国的所作所为并未受到所有国家的欢迎，但美国的理想主义确实是战后建设国际秩序的动力，而联合国也就成为彰显美国全球影响力最重要的政治舞台。

但是，由于"冷战"期间受"两极"对抗因素的制约，美、苏两国相继放弃了罗斯福在世时双方保持国际秩序和谐的承诺，著名的凯南电报就充分证明了这一点。国际事务中出现了"两

[①] [美] 亨利·基辛格：《世界秩序》，胡利平、林华、曹爱菊译，中信出版社2015年版，第554页。
[②] 同上，第555页。

个世界级中心",而即使在苏联解体消失之后,也仍然面临各国不同历史、不同文化和不同社会制度的重重阻力。美国的理想主义从未得到实现,相反它不断消退,并逐渐为现实主义政治所取代,而这一点早就体现在了美国数十年来惯常运用的对外策略中:一是经济上引诱;二是政治上演变;三是通过战争把美国意志强加于别国,或者是这三种策略相互配合运用。2001年的"9·11"恐怖袭击事件,使美国本土受到了第二次世界大战期间都不曾遭到的沉重打击,造成了数千人伤亡。这使得后来美国政治精英阶层的"性情"大变,政治上的挫败感使现实主义开始取代理想主义主导美国政治的发展,而2008年美国爆发的金融危机又加速了这一变化。这一次不仅增强了美国政治上的挫败感,也使美国的经济状况和经济制度蒙上了阴影,美国人再也无力回到它曾经拥抱的理想主义时代。也正是从这一个时期开始,在经济全球化浪潮的推动下,以中国为代表的新兴国家群体快速崛起,国际政治经济格局开始变化,美国感到了霸权衰落的危机。加之国际自由主义经济规律的作用,资本家逐利的本性使美国实体经济呈现出不断空洞化的趋势,美国国债规模则达到了历史高点,而且还会继续上升。2016年特朗普当选为美国总统后,在美国国内政治、经济形势的双重压力下,彻底背叛了美国理想主义的政治传统,公开否定全球化,宣称以"美国优先"作为美国对外政策的核心,对联合国更是爱理不理,肆意践踏联合国决议,甚至一上任就"恶意"拖欠联合国会费,退出《巴黎气候协定》和《中导条约》,后又退出国际人权理事会，撕毁前任奥巴马总统签署的伊核国际协议，等等。随着美国国内政治气候的转向，美国对联合国的支持也在不断削弱。仅是美国拖欠会费一事，就足以让联合国在行动和作出决议时捉襟见肘，而这又为一些国家利用联合国经费问题大做文章提供了机会。受美国的影响，其他一些国家也以拖欠会费的方式要挟联合国。这就是当前联合国所面临的政治现实。

当然，联合国还面临许多其他问题的重重困扰，如在人类社会发展问题上，联合国虽然做了大量的工作，也签署了许多有利于全球发展的协定，但由于涉及的成员国数量多，各方利益相互交织、成分复杂、协调困难，协定的执行难度很大。一旦没有了有实力有担当的大国支持，许多协定根本就达不到预期目标，甚至大多成为"空头支票"。同样，对联合国的监督不力也是当前存在的重大问题。联合国作为一个当今世界最庞大的国际间政府组织，到底应该如何对其运转进行监督是一个迄今都没有得到解决的问题。这不仅造成了包括美国在内的一些大国的不满，也为许多中小国家所诟病。虽然联合国宪章规定，成员国有义务对联合国机构和员工进行监督，但事实上这种监督有名无实。这又为联合国产生腐败提供了宽松的环境，而且效率低下已经是当今联合国各个层级都难以治愈的通病。因此，在全球化日益发展的历史背景下，一方面是全球治理问题越来越突出，另一方面却是联合国的局限性和现实国际政治对它的限制却越来越大，这样的趋势若继续发展下去，其结局完全可

第十章 通向未来的道路

以预料。

进入 21 世纪后，伴随着美国霸权的衰落，第二次世界大战后建立起来的国际秩序逐渐走向瓦解，世界正在进入一个后秩序时代，其基本特征是国际政治秩序日渐失范，全球经济秩序日趋扭曲。围绕全球治理问题形成了两个阵营，一方是以美国为核心，它们不把联合国放在眼里，合则用，不合则弃，以"美国优先"取代全球共同利益；另一方则是以中俄为核心，坚持对联合国进行改革。欧洲主要国家则三心二意，它们有可能因利益需求暂时站在中俄一边，但最终会不得不屈服于美国的意志，这是由它们所谓的共同价值观决定的。从维护国际政治秩序的稳定来说，美国人想一直保持局面。不过从历史发展的大趋势来看，这种可能性已经很小，其最好的结果是保持美国作为世界主要国家之一的地位，继续推动全球治理问题的解决。不过，最终的结局如何，很大程度上取决于美国对其国际地位不断下降这一事实的认识及其所采取的行动，更取决于世界各国尤其是大国领导人的政治智慧。目前，由于还没有找到实现全球治理的有效途径，经济全球化或将因此陷入困境，甚至会出现停滞与倒退，取而代之的将是区域经济一体化（孤立主义已成为历史）。即各个地区实行对内开放、对外排斥的集体保护政策，国与国之间的贸易投资将与它们的政治倾向相关联，从而使全球治理陷入新的困境——集团对抗，这样的恶性循环必将使得全球性的矛盾与冲突进一步加剧。

那么，人类是否就应该放弃全球化的理想，退回到民族国家（或区域集团）各自为政的自然状态吗？答案当然是否定的。首先，若不能实现全球治理，只要人类社会不抛弃市场经济，仍受市场经济规律的支配，今天是美国实体经济的衰落，明天就有可能是欧洲，从而使经济全球化出现周期性的停滞与倒退，尤其是对全球产业链和国际经济秩序造成破坏性的影响，一些重大的全球性问题更无从得到解决。其次，在经济全球化背景下，打着"国家利益优先"的旗号损害别国（或全球）利益是开历史倒车，而且强权政治害人害己。比如，特朗普当选总统后，美国为了重新恢复经济活力，夺回全球经济主导权，逆转霸权衰落的趋势，不仅否定全球化，还不择手段地反对现有国际经济秩序。特朗普发起的全球贸易战就是如此，贸易战若不能成功改变美国的现状，接下来还会发动科技战、金融战甚至热战等，这是美国霸权心态自以为是的必然选择。事实上，美国人可能还没有清醒地认识到，经过几十年经济全球化的发展后，形成了相对稳定的国际分工，美国则处于全球产业链的顶端，是世界上最大的"食利者"。特朗普想通过贸易战打压对手，结果不仅会给对手造成伤害，也会危及美国自身的利益，增加美国企业和消费者的负担，而更大的问题是美国因此与天下为敌，伤害全球经济，因此美国发动贸易战的胜算很小。如果美国还不肯善罢甘休，继续发动科技战，虽然这一战美国有较大的优势，但科技的发展和运用是以产业为基础，美国要想彻底赢，需要对其国内经济布局进行大规模的调整，更需要整合全球资源，因此在短时期内难以奏效。这将

第十章 通向未来的道路

是一场真正的持久战,对全球经济的破坏更大。美国若是打金融战,则可能会造成更大的灾难性后果。因为利用美元霸权打击对手,一方面在打击对手的同时,也是在给全球制造麻烦;另一方面一旦局势失控,美元遭到大多数国家的抛弃,不仅会导致美元霸权的崩溃,甚至会直接造成美国的破产。当然,在一系列"冷战"之后,美国最能威慑世界的是热战,这也是美国自认为最后的"王牌"。超强的军事实力容易使美国政客头脑发昏,美国为了遏制和打压中国、俄罗斯以及其他潜在威胁到美国霸权的国家,有可能直接在欧亚大陆的边缘地带挑起战争,但最大的可能是通过代理人开战。美国自己也知道,只要中国、俄罗斯和欧洲主要国家坚决反对战争,美国企图通过战争改变世界的图谋也难以成功。总而言之,任何一个国家都不可能单独解决涉及自身利益的全球性问题,即使像美国这样拥有超强实力的霸权国家,企图以实力谋取一己之私,最终都是搬起石头砸自己的脚。

当代人类社会不再是凭借强权政治更不是通过武力威胁就可以决定世界的未来,实现全球治理是人类通向未来的必由之路。对此,中国和俄罗斯给世界的未来提出了各自的设想。前者提出了"一带一路"倡议和"人类命运共同体"理念,后者则提出了"欧亚经济联盟"的战略构想,目的都是通过推动全球化的发展,促进人类社会的共同繁荣,不断提升全球治理水平。尤其是中国构建"人类命运共同体"的理念,得到了世界上绝大多数国家的响应和联合国的认可。事实上,人类社会的

冲突与未来

历史发展到今天，进步的方向日益清晰。为了促进人类社会一个全新时代的诞生，世界上包括美国在内的所有国家，都应该有一个共同的选择，即放弃在政治上的故步自封，着眼于人类社会不同文明之间的交流、融合与共同进步，从政治、经济、文化和思想等各个方面不断推动和引领全球化的深入发展。

参考文献
REFERENCE

[1] 《马克思恩格斯选集》，北京：人民出版社，1972年。
[2] 《列宁军事文集》，北京：中国人民解放军战士出版社，1981年。
[3] 《毛泽东选集》，北京：人民出版社，1991年。
[4] 中共中央文献研究室、中国人民解放军军事科学院：《建国以来毛泽东军事文稿》，北京：军事科学出版社、中央文献出版社，2010年。
[5] 军事科学院军事历史研究所编：《抗美援朝战争史》（上卷），北京：军事科学出版社，2014年。
[6] 军事科学院世界军事研究部编：《战后世界局部战争史》（第一卷），北京：军事科学出版社，2008年。
[7] 高锐主编：《中国军事史略》，北京：军事科学出版社，1992年。
[8] 柯春桥主编：《世界军事简史》，北京：解放军出版社，2015年。
[9] 钮先钟：《西方战略思想史》，桂林：广西师范大学出版社，2003年。
[10] 德辰主编：《光荣与辉煌》，北京：红旗出版社，1996年。
[11] 陈志强：《拜占庭帝国史》，北京：商务印书馆，2017年。
[12] 王京烈：《动荡中东多视角分析》，北京：世界知识出版社，1996年。
[13] 台湾三军大学编：《中国历代战争史》，北京：中信出版社，2012年。
[14] 宋鸿兵：《货币战争》，北京：中信出版社，2007年。
[15] 林光彬：《私有化理论的局限》，北京：经济科学出版社，2008年。
[16] 弗兰克·萨克雷、约翰·芬德林主编：《世界大历史》，北京：新世界出版社，2014年。
[17] 丹尼斯·舍曼、A.汤姆·格伦费尔德、杰拉尔德·马科维茨、戴维·罗斯纳、琳达·海伍德：《世界文明史》，李义天、黄慧、阮淑俊、王娜译，北京：中国人民大学出版社，2012年。
[18] [美]塞缪尔·亨廷顿：《文明的冲突与世界秩序的重建》（修订版），周琪等译，北京：新华出版社，2010年。
[19] [美]哈里·杜鲁门：《杜鲁门回忆录》，李石译，北京：东方出版社，2007年。
[20] 马文·哈里斯：《文化的起源》，黄晴译，北京：华夏出版社，1988年。
[21] [英]戴维·格温：《罗马共和国》，王忠孝译，南京：译林出版社，2018年。
[22] [美]弗朗西斯·福山：《政治秩序的起源：从前人类时代到法国大革命》，毛俊杰译，桂林：广西师范大学出版社，2014年。
[23] [美]亨利·基辛格：《论中国》，胡利平、林华、杨韵琴、朱敬文译，北京：中信出版社，2015年。
[24] [美]亨利·基辛格：《大外交》，顾淑馨、林添贵译，海口：海南出版社，

359

1998 年。
- [25] [美]亨利·基辛格:《世界秩序》,胡利平、林华、曹爱菊译,北京:中信出版社,2015 年。
- [26] [英]理查德·艾伦:《阿拉伯—以色列冲突的背景和前途》,艾玮生等译,北京:商务印书馆,1981 年。
- [27] [德]黑格尔:《历史哲学》,王造时译,北京:商务印书馆,1963 年(本书原系三联书店 1956 年出版,自 1963 年改由商务印书馆出版)。
- [28] [以色列]阿巴·埃班:《犹太史》,阎瑞松译,北京:中国社会科学出版社,1986 年。
- [29] [美]保罗·肯尼迪:《大国的兴衰》,陈景彪等译,北京:国际文化出版公司,2006 年。